第四版

監査必携

全国町村監査委員協議会 編著

第一法規

はしがき

——監査必携の改訂にあたって——
〈第四版〉

　地方分権改革の進展に伴い、地方公共団体は今まで以上に公正で合理的かつ能率的な行財政運営を確保することが強く求められています。

　このため、監査委員の果たすべき役割はますます大きくなるとともに、地方公共団体においても監査機能を充実強化し、地方行政に対する住民の信頼を高めていくことが期待されております。

　全国町村監査委員協議会では、このような「監査」に対する期待に適切に応えるため、監査委員の必備書として『監査必携』を平成16年9月に発刊しましたが、このたび、平成29年の地方自治法等の一部を改正する法律を踏まえ、所要の見直しを行うとともに、国が指針として示した「監査基準」及び「実施要領」、「標準的な事務フローから想定されるリスク及び監査手続」及び「各団体に共通するリスクが顕在化した事案」を本会の「監査基準」等として掲載し、ここに第四版を発刊することとしました。

　本書が監査委員はもとより、広く関係者に活用され、今後とも監査委員監査の一助となれば幸いです。

令和2年3月

全国町村監査委員協議会
会　　長　　　米　口　　　稔

ご利用にあたって

1　用字用語については、「公用文における漢字使用等について」及び「文部科学省用字用語例」によった。

2　法令名の略語は、次のとおりとした。

法	地方自治法
令	地方自治法施行令
則	地方自治法施行規則
地公法	地方公務員法

　なお、「第1編　監査委員制度の概要」の（　）内の法令の条項及び「第5編　書式例（直接請求・住民監査請求による監査）」の根拠法令欄に引用した法令の条項等は、次の例のように省略して記載した。

　　　例　法96①Ⅲ＝地方自治法第96条第1項第3号

3　付録の「地方自治法（抄）」「地方公営企業法（抄）」においては、法令の原文に条文見出しのないものは、条文の内容がすぐわかるように、条文見出しを付記して解読の便宜をはかった。この場合、編集者において付記したものであることを明らかにするため、見出しを〔　〕で囲った。

——目　　次——

付　録

第1編　監査委員制度の概要

第1節　監査委員の設置

　監査委員は、地方公共団体（財産区及び地方開発事業団を除く。）が地方自治法第195条の第1項によって、必ず設置しなければならない執行機関の一つで、いわゆる行政委員会の一種である。

1　概説

　(1)　監査委員は、地方公共団体の必置機関である。

　　地方公共団体には、執行機関として長のほかに法律の定めるところにより、委員会又は委員を置くことができる（法138の4①）が、地方自治法は、都道府県及び全ての市町村に必ず設置しなければならない長以外の執行機関として、教育委員会、選挙管理委員会及び人事委員会（又は公平委員会）のほか、監査委員の四種類の執行機関を規定している（法180の5①）。

　　監査委員は、制度発足当初は都道府県のみに必置機関として設置され、市町村にあっては任意設置であったが、昭和38年の地方自治法改正によって、全ての地方公共団体が必置制とされた。これに伴い、東京都の特別区についても地方自治法第283条第1項の規定により必置機関とされた。

　　これは、改正前の監査委員を置かない市町村では、通常、監査が行われず、また、出納検査、決算審査や住民の請求による監査については、市町村長が監査委員の職務を行うものとされていたが、このようないわゆる自己監査は、その客観性、信ぴょう性が担保されず、監査の意義が失われているとの批判、指摘等が多かったことに

よる。

(2)　監査委員は、いわゆる行政委員会の一種であり、独任制の機関
　　である。

　現行地方自治制度は、長に執行権が集中し過ぎるのを防ぐため、
長のほかに、委員会及び委員を置き、執行権を分散行使する行政委
員会の制度を採用している。この制度は、アメリカにおいて行われ
ている行政委員会にならったもので、一定の行政権限のほかに、準
立法的権限、準司法的権限をも併せ有する独立的な合議制の行政機
関であり、戦後改革の一環として、広くわが国に導入されたもので
ある。

　現行の監査委員も、この行政委員会の一種にほかならず、その権
限行為について上級機関の指揮命令は受けず、長から独立してその
職務権限を行使するものである。

　ただ、他の行政委員会と違う点は、監査委員は合議制ではなく、
他の執行機関による行政の適否を監査するという任務であることか
ら、監査そのものは委員がそれぞれ単独で行うことができ、また、
監査の能率を期すために独任制の機関として構成されている点であ
る。そのため、他の行政委員会のように「監査委員会」という呼び
方はしない。

　しかしながら、監査委員が監査の結果に関する報告又は監査の結
果に基づく意見を決定するときは、合議によることになっている
（法75③④、199⑨⑫、233④、241⑥、242⑪、243の2の2⑨）。

　さらに、監査委員は、実働機関であることから、補助職員が単独
で監査を行うことはできない仕組みになっているが、都道府県や政
令市など規模の大きな地方公共団体では、条例で定数を増加させな
い限り、4人の監査委員では実際に実働機関としての役割を果たす
ことはできないことから、補助職員による監査の結果を、監査委員

が最後に決定し、監査委員の名と責任において監査を行ったことにしている。この場合には監査委員は判断機関となっている。

行政委員会が単独で規則等を制定するという準立法的権限については、地方自治法第138条の4第2項に「法律の定めるところ」によることが規定されているが、委員について何ら規定されていない。これは、特に規定する必要がないものと解されているからであろうが、このことは、監査委員の所掌事務に関して、内規・要領等のように何らかの定めをすることまでをも禁じているのではなく、当然、監査委員は、必要に応じてこれらの定めをすることができる。

(3)　監査委員は、地方公共団体の財務に関する事務の執行及び地方公共団体の経営にかかる事業の管理並びに地方公共団体の事務（政令に定めるものを除く。）の執行を監査することを基本的な職務とする（法199①②）。

監査委員の基本的な職務については、さらに法律で種々の権限を与えているが、これらについては、第4節「監査委員の職務権限」（10頁）参照。

2　監査委員の組織

監査委員は、その職務の性質上、長から独立した機関として設けられているが、広義には地方公共団体の中の執行機関の一つであることから、他の執行機関相互の分立が、行政の民主化、行政執行の便宜上等のためであることを考慮すれば、最終的には、同じ地方公共団体内の執行機関として、有機的、総合的に調和が保たれるものである。

また、監査委員は、長の総合調整権（法180の4）によって、その組織、事務局等に属する職員の定数又はこれらの職員の身分取扱いについて勧告を受ける立場にあるが、これは、あくまでも、組織・職員の定数

又は職員の身分取扱いに関する内部管理的な事務のみにおよぶものであって、監査委員の職務権限の内容にまで立ち入り、干渉することまではおよばないことは、言うまでもない。

3　監査委員の義務

　監査委員は、議会、長又はその他の執行機関あるいは外部の圧力等によって何らの干渉を受けることなく、また、特定の者や集団に特定の利益又は不利益を与えることなく、常に法令及び条例、規則に従い、自らの判断と責任において、誠実かつ厳正に、その職務を遂行すべき基本的義務を有している。

　すなわち、地方公共団体の執行機関が遵守すべき一般的な義務規定である地方自治法第138条の２の、「普通地方公共団体の執行機関は、当該普通地方公共団体の条例、予算その他の議会の議決に基づく事務及び法令、規則その他の規程に基づく当該普通地方公共団体の事務を、自らの判断と責任において、誠実に管理し及び執行する義務を負う。」との適用を監査委員は執行機関の一つであることから当然受けることになる。

　地方分権下の地方行政を展開する上で、常に、公正かつ能率的に運営されているということが、住民の信頼を得、真の地方分権を実現し、地方自治を深化せしめる前提条件であることからすれば、監査委員に課せられた義務と責任は、極めて大きいと言える。

第2節　監査委員の選任

1　定数及び選任権

　各地方公共団体が、何人の監査委員を置かなければならないかという監査委員の定数については、各団体の規模等によってそれぞれ定められている（法195②、令140の２）。

　都道府県及び人口25万以上の市にあっては４人、その他の市は条例の

定めのあるところにより3人又は2人とし、町村は2人である。

　ただし、識見の監査委員については、平成18年の地方自治法改正により、条例でその定数を増加することができるようになった。

　町村の監査委員定数については、平成9年の地方自治法改正で、それまで「条例で定める2人又は1人」であったものを「2人」としたところであったが、各地方公共団体の自主性、自律性を強化するという観点から、全国町村監査委員協議会でも、従来から「監査委員の定数については、地方公共団体が地域の実情に応じて自主的に決定できるようにすべきである。」との要望書を国に提出してきたところであり、その後の平成18年の地方自治法改正でその実現が図られたところである。

　また、監査委員は地方公務員法上は特別職に属する職員ということになり（地公法3③Ⅰ）、選任は、長が議会の同意を得て行うものであることから、同意を得ないで行った選任は、無効とされる。

2　監査委員の資格要件

　監査委員に選任される上で必要な資格要件は二つある。

　その一つは、「人格が高潔で、普通地方公共団体の財務管理、事業の経営管理その他行政運営に関し優れた識見を有する者（以下「識見を有する者」という。）」であり、もう一つは、「議員のうちから選任」されるもの（以下「議選委員」という。）である（法196①本文）。

　議選委員の数は、都道府県及び人口25万以上の市にあっては2人又は1人、その他の市及び町村にあっては1人とされている（法196⑥）。

　ただし、条例で議選委員を選任しないことができることとされている（法196①ただし書）。

　識見を有する者から選任される監査委員の数が2人以上である地方公共団体は、少なくともその1人以上はその地方公共団体の常勤の職員（法第196条第4項に規定する監査委員を除くものとし、法附則第8条の

規定により官吏とされる職員及び警察法第56条第1項に規定する地方警察官を含む。）及び短時間勤務職員（地公法28の5①）でなかった者でなければならないものとされている（法196②、令140の3）。

　また、監査委員は、地方公共団体の常勤の職員及び短時間勤務職員（地公法28の5①）と兼ねることができない（法196③）。「常勤の職員」とは、地方公務員法第3条第3項第2号及び同項第3号にいう「非常勤」に対応する観念で、常時勤務する職員であれば、一般職、特別職の別を問わない。

　学識経験者として選任されている監査委員が、議員になる場合には、いずれかの職を辞すべきものとされている（昭30.11.2行実）。

3　監査委員の常勤・非常勤

　行政委員会の委員は、非常勤とされるのが原則であるが（法180の5⑤）、監査委員については、識見委員は、常勤とすることができる（法196④）。

　この場合、条例にその旨を明記しておくことが適当である。

　監査委員の選任は、任期満了前に行うことはできないが、選任の前提要件である「議会の同意」をあらかじめ受けておくことは可能であると解されている。

　なお、長が議会に対して監査委員の選任同意を求める場合、案件を一括して提案する例が見受けられるが、その中の特定の者については同意あるいは不同意というように議員の意思が分かれた場合、本来であれば、1人1件として提案されるべきものであることから、議長は議事を整理し、原則1人ずつ諮る運用をすべきものである。

4　代表監査委員

　監査委員は、その定数が3人以上の場合には、識見を有する者のうち

の１人を、２人の場合は識見を有する者を代表監査委員としなければならない（法199の３①）。

　代表監査委員の職務は、対外的に監査を代表するものではなく、監査委員の内部管理事務を代表して処理するというものである。この点、他の行政委員会の委員長が、委員会の権限を代表する立場にあるのとは異なっている。

5　監査専門委員

　監査委員に常設又は臨時の監査専門委員を置くことができるものとし、監査専門委員は、専門の学識経験を有する者の中から、代表監査委員が、代表監査委員以外の監査委員の意見を聴いて選任する（法200条の２①②）とともに、監査委員の委託を受け、その権限に属する事務に関し必要な事項を調査する（法200条の２③）。なお、調査の委託において、監査専門委員は、高度の専門性が求められるＩＣＴ、建築、環境等の分野に加え、財政的援助団体監査における当該団体の財務状況の調査のために公認会計士を活用するなど、様々な専門家や特定の事項に精通した方を選任することが想定される。

　また、監査専門委員は、非常勤とされ（法200条の２④）、平成29年６月９日の地方自治法等の一部を改正する法律の公布及び施行について（以下「施行通知」という。）では、「監査専門委員に対する報酬及び費用弁償の額並びにその支給方法は、法203条の２④の規定に基づき、条例で定めなければならない」と示されている。

6　条例により実施する地方公共団体の包括外部監査

　政令で定める市以外の市又は町村で、契約に基づく監査を受けることを条例により定めたものの長は、条例で定める会計年度において、当該会計年度に係る包括外部監査契約を、速やかに、一の者と締結しなけれ

ばならない。この場合においては、あらかじめ監査委員の意見を聴くとともに、議会の議決を経なければならない（法252条の36②関係）。

7　監査委員の任期

　監査委員の任期は、識見を有する者は4年、議選委員については、議員の任期によるとされているが（法197）、議選委員についての「議員の任期」は、一般の規定のほか、次の二つの場合が規定されている。

　一つは、補欠選挙によって選挙された議員は、その前任者の残任期間が任期となる。もう一つは、議員定数に異動が生じたために新たに選挙された議員は、一般選挙によって選挙された議員の任期満了の日までが任期となる（公職選挙法260）。

　監査委員は、その任期満了とともに退職することが原則だが、任期の途中でも長の承認を得れば退職することができる（法198）。

8　監査委員の服務

　監査委員は、その職務を遂行するに当たつては、法令に特別の定めがある場合を除くほか、監査基準（法令の規定により監査委員が行うこととされている監査、検査、審査その他の行為の適切かつ有効な実施を図るための基準をいう。）に従い、常に公正不偏の態度を保持して、監査等をしなければならない（法198の3①）。

　また、職務上知り得た秘密を漏らしてはならず、これはその職を退いた後も同じである（法198の3②）。これらの規定は、平成3年の地方自治法改正により規定されたものである。この服務規程が整備されたことにより、特に守秘義務が課されたことに伴い、公務員の守秘義務を理由に執行機関が監査委員に対する資料提供や説明を拒否することはできなくなったと言える。

　監査委員がこの守秘義務に違反した場合、罰則等の明文の規定はない

が、職務上の守秘義務違反として、罷免の理由になり得る。

9 監査基準

　監査基準は、監査委員が定めるものであり（法198の4①）、監査基準の策定は、監査委員の合議による（法198の4②）。

　監査委員は、監査基準を定めたときは、直ちに議会、長等に通知するとともに、これを公表しなければならない（法198の4③）。

　また、監査基準を変更する場合も、法198の4②③の規定が準用される（法198の4④）。

　なお、「施行通知」では、「監査委員は、総務大臣が示す指針を踏まえて監査基準を策定又は変更されたい。また、既に自主的に監査の実施に関する基準を定めている普通地方公共団体においては、当該基準が法第198条の3①の監査基準と同様の性質・内容であれば、当該基準を監査基準として位置づけることも可能であるが、当該指針を踏まえ、必要な検討を行うことが求められる。」と示されている。

第3節　監査事務局

　監査委員の事務を補助するため、事務局又は書記、その他の職員を置くこととされている（法200）。

　事務局については、都道府県は必置、市町村は条例で置くことができるとされている（法200①②）。

　町村については、平成9年の地方自治法改正で市と同様な規定となったが、それ以前は規定そのものがなかったため、むしろ、事務局は置けない、と解されていた。そこで、全国町村監査委員協議会では平成3年の発足以来、町村においても事務局が置けるよう、国等に働きかけている。

　なお、平成31年4月1日現在、全国町村監査委員協議会に加入してい

る758町村中、300町村（39.6％）で事務局を設置している。

　事務局を置かないところは、書記その他の職員を置くこととされている（法200④）。この場合の職員は、必ずしも専任の職員でなくてもよいとされている（法180の3）。

第4節　監査委員の職務権限

1　基本的権限

　監査委員の基本的権限は、その所属する地方公共団体の財務に関する事務の執行及び当該団体の経営にかかる事業の管理を監査することである（法199①）。

　さらに、監査委員は、必要があると認めるときは、当該団体の事務又は当該地方公共団体の長等の執行機関の権限に属する事務の執行（令第140条の5で定めるものを除く。）について監査をすることができる（法199②）。

　この行政監査ができるようになったのは、平成3年の地方自治法改正によるが、それまで監査委員の一般監査は、地方自治法第199条第1項に規定するいわゆる財務監査に限られていたものである。

　そして、監査する際には、当該団体の財務に関する事務の執行及び経営に係る事業の管理又は当該団体の事務の執行が地方自治法第2条第14項及び15項に規定する事務処理の能率性と組織、運営の合理化の趣旨に添ってなされているかどうかに特に意を用いなければならないとされている（法199③）。

2　監査の対象

　監査委員の基本的権限は、当該団体の事務はもとより、平成12年4月から施行された「地方分権一括法」により、原則法定受託事務についてもおよぶこととなった。もちろん、議会や委員会の権限に属するもの

でも監査の対象となることは言うまでもない。

　このほか、一定の場合には当該地方公共団体の事務事業でないものについても、監査ができることとされている。

(1)　財政援助団体に対する監査（法199⑦）

　　　監査委員が必要があると認めるとき又は長の要求があるときは、当該団体が補助金、交付金、負担金、貸付金、損失補償、利子補給その他の財政的援助を与えているものの出納その他の事務の執行で、当該財政援助にかかるものを監査することができる。

　　　ただ、財政援助をしていれば、その名目を問わないが、監査の対象は、法文上は財政援助にかかるもので、その出納その他それに関連した事務に限られる。

(2)　出資団体等に対する監査（法199⑦）

　　　(1)の財政援助団体に準じて、次の①～④の場合、監査ができる。

　　　　①　当該普通地方公共団体が資本金、基本金その他これらに準ずるものの４分の１以上を出資している団体（令140の7①）

　　　　　当該普通地方公共団体及び１又は２以上の地方自治法施行令第152条第１項第２号に掲げる法人（同条第２項の規定により同号に掲げる法人とみなされる法人を含む。）が資本金、基本金その他これらに準ずるものの４分の１以上を出資している団体（令140の7②）

　　　　②　当該普通地方公共団体が借入金の元金又は利子の支払を保証しているもの

　　　　③　当該普通地方公共団体が受益権を有する不動産の信託についてその受託者となっているもの（令140の7③）

　　　　④　当該普通地方公共団体が地方自治法第244条の2第3項の規定に基づき公の施設の管理を行わせているもの（＝指

定管理者）

(3)　指定金融機関に対する監査（法235の2②）

　　指定金融機関についても、監査委員は必要と認めるとき又は当該普通地方公共団体の長の要求があるときは、指定金融機関が取り扱う当該普通地方公共団体の公金の収納又は支払の事務について監査を行うことができる。

これら監査の種類をまとめてみると次のとおりである。

> 1　監査委員本来の権限によるもの
> (1)一般監査
> 　①定期監査　当該団体の事務の執行及び事業の管理
> 　②随時監査　当該団体の事務の執行及び事業の管理、財政援助団
> 　　　　　　　体等の監査
> (2)特別監査　長から要求があった場合、職員の賠償責任、議会の要
> 　　　　求のあった場合、事務監査請求、住民監査請求
> 2　法律で特に定められた権限によるもの
> 　例月出納検査、請願の審査、決算の審査、職員の賠償責任の免除の審査

3　監査の方法

　具体的に監査をどのように行うかは、それぞれの監査委員の判断によるべきところが大きいが、法令上で規定されているものとしては、次の3点が挙げられる。

①　監査委員は、監査のため必要があると認めるときは、関係人の出頭を求め、若しくは関係人について調査し、若しくは関係人に対し帳簿、書類その他の記録の提出を求め、又は学識経験を有する者等から意見を聴くことができる（法199⑧）。

②　監査の公正を期するため、監査委員は自己若しくは父母、祖父母、配偶者、子、孫若しくは兄弟姉妹の一身上に関する事件又は自

己若しくはこれらの者の従事する業務に直接の利害関係のある事件については、監査することができないとされている（法199の2）。

③　本来、監査委員は独任制であるが、例月出納検査等一部を除いては、平成3年の地方自治法改正により、合議制が拡大された。

4　監査の結果

監査の結果は、監査の種類によって、方式が法で規定されていることから、監査委員は監査した結果について、当該団体の議会、長等に提出するとともにこれを公表しなければならない（法199⑨）。

また、監査の結果に基づいて必要があると認めるときは、当該地方公共団体の組織及び運営の合理化に資するため、報告に添えて意見を提出することができる。この場合において、監査委員は、当該意見の内容を公表しなければならない（法199⑩）。

5　勧告制度

監査委員は、監査の結果に関する報告のうち、議会、長等において特に措置を講ずる必要があると認める事項については、その者に対し、理由を付して、必要な措置を講ずべきことを勧告することができ、当該勧告の決定は、監査委員の合議による。この場合において、監査委員は、当該勧告の内容を公表しなければならない（法199⑪及び⑫関係）。

監査委員から勧告を受けた議会、長等は、当該勧告に基づき必要な措置を講ずるとともに、当該措置の内容を監査委員に通知しなければならない。この場合において、監査委員は、当該措置の内容を公表しなければならない（法199⑮関係）。

6　合議不調時における対応

監査委員は、監査の結果に関する報告の決定について、各監査委員の

意見が一致しないことにより、合議により決定することができない事項がある場合には、その旨及び当該事項についての各監査委員の意見を議会、長等に提出するとともに、公表しなければならない（法75⑤及び法199⑬関係）。

7　長等の損害賠償責任等

(1)　普通地方公共団体は、条例で、長等（243条の2の2③の規定による賠償の命令の対象となる者を除く）の当該普通地方公共団体に対する損害を賠償する責任を、長等が職務を行うにつき善意でかつ重大な過失がないときは、長等が賠償の責任を負う額から、長等の職責その他の事情を考慮して政令で定める基準を参酌して、政令で定める額以上で当該条例で定める額を控除して得た額について免れさせる旨を定めることができる（法243条の2①関係）。

　　「施行通知」では、「職務を行うにつき善意でかつ重大な過失がない」とは、一般的には、長等が違法な職務行為によって、当該普通地方公共団体に損害を及ぼすことを認識しておらず、かつ、認識しなかったことについて著しい不注意がない場合を指すと示されている。

(2)　住民監査請求があったときは、監査委員は、直ちに当該請求の要旨を議会及び長に通知しなければならない（法242条③）。

(3)　議会は、住民監査請求があった後に、当該請求に係る行為又は怠る事実に関する損害賠償又は不当利得返還の請求権その他の権利の放棄に関する議決をしようとするときは、あらかじめ監査委員の意見を聴かなければならず、当該意見の決定は、監査委員の合議による（法242条⑩及び⑪関係）。

第2編　監査基準等

監査基準

第1章　一般基準

（監査委員が行うこととされている監査、検査、審査その他の行為の目的）

第1条　地方公共団体において監査委員が行うこととされている監査、検査、審査その他の行為は、当該地方公共団体の事務の管理及び執行等について、法令に適合し、正確で、経済的、効率的かつ効果的な実施を確保し、住民の福祉の増進に資することを目的とする。

2　監査委員は、監査基準に従い公正不偏の態度を保持し、正当な注意を払ってその職務を遂行する。それによって自ら入手した証拠に基づき意見等を形成し、結果に関する報告等を決定し、これを議会及び長等に提出する。

（監査等の範囲及び目的）

第2条　監査、検査、審査その他の行為のうち、本基準における監査等は次に掲げるものとし、それぞれ当該各号に定めることを目的とする。

一　財務監査[1]　財務に関する事務の執行及び経営に係る事業の管理が法令に適合し、正確で、最少の経費で最大の効果を挙げるようにし、その組織及び運営の合理化に努めているか監査すること

---

[1]　地方自治法（昭和22年法律第67号。以下「法」という。）第199条第1項

二　行政監査[2]　事務の執行が法令に適合し、正確で、最少の経費で最大の効果を挙げるようにし、その組織及び運営の合理化に努めているか監査すること

三　財政援助団体等監査[3]　補助金、交付金、負担金等の財政的援助を与えている団体、出資している団体、借入金の元金又は利子の支払を保証している団体、信託の受託者及び公の施設の管理を行わせている団体の当該財政的援助等に係る出納その他の事務の執行が当該財政的援助等の目的に沿って行われているか監査すること

四　決算審査[4]　決算その他関係書類が法令に適合し、かつ正確であるか審査すること

五　例月出納検査[5]　会計管理者等[6]の現金の出納事務が正確に行われているか検査すること

六　基金運用審査[7]　基金の運用の状況を示す書類の計数が正確であり、基金の運用が確実かつ効率的に行われているか審査すること

七　健全化判断比率等審査[8]　健全化判断比率[9]及び資金不足比率[10]並びにそれらの算定の基礎となる事項を記載した書類が法令に適合し、かつ正確であるか審査すること

八　内部統制評価報告書審査[11]　長が作成した内部統制評価報告書について、長による評価が適切に実施され、内部統制の不備について重大な不備に当たるかどうかの判断が適切に行われているか審査す

---

[2]　法第199条第2項
[3]　法第199条第7項
[4]　法第233条第2項及び地方公営企業法（昭和27年法律第292号）第30条第2項
[5]　法第235条の2第1項
[6]　地方公営企業においては管理者
[7]　法第241条第5項
[8]　地方公共団体の財政の健全化に関する法律（平成19年法律第94号）第3条第1項及び第22条第1項
[9]　地方公共団体の財政の健全化に関する法律第3条第1項
[10]　地方公共団体の財政の健全化に関する法律第22条第2項
[11]　法第150条第5項

ること

2　法令の規定により監査委員が行うこととされている監査、検査、審査その他の行為（監査等を除く。）については、法令の規定に基づき、かつ、本基準の趣旨に鑑み、実施するものとする。

（倫理規範）

第3条　監査委員は、高潔な人格を維持し、誠実に、かつ、本基準に則ってその職務を遂行するものとする。

（独立性、公正不偏の態度及び正当な注意）

第4条　監査委員は、独立的かつ客観的な立場で公正不偏の態度を保持し、その職務を遂行するものとする。

2　監査委員は、正当な注意を払ってその職務を遂行するものとする。

（専門性）

第5条　監査委員は、地方公共団体の財務管理、事業の経営管理その他行政運営に関し優れた識見を有することが求められ、その職務を遂行するため、自らの専門能力の向上と知識の蓄積を図り、その専門性を維持及び確保するため研鑽に努めるものとする。

2　監査委員は、監査委員の事務を補助する職員に対し、監査委員の職務が本基準に則って遂行されるよう、地方公共団体の財務管理、事業の経営管理その他行政運営に関して、自らの専門能力の向上と知識の蓄積を図るよう研鑽に努めさせるものとする。

（質の管理）

第6条　監査委員は、本基準に則って、その職務を遂行するに当たり求められる質を確保するものとする。そのために、監査委員の事務を補助する職員に対して、適切に指揮及び監督を行うものとする。

2　監査委員は、監査計画、監査等の内容、判断の過程、証拠及び結果その他の監査委員が必要と認める事項を監査調書等として作成し、保存するものとする。

第2章　実施基準

（監査計画）

第7条　監査委員は、監査等を効率的かつ効果的に実施することができるよう、リスク（組織目的の達成を阻害する要因をいう。以下同じ。）の内容及び程度、過去の監査結果、監査結果の措置状況、監査資源等を総合的に勘案し、監査計画を策定するものとする。監査計画には、監査等の種類、対象、時期、実施体制等を定めるものとする。

2　監査委員は、監査計画の前提として把握した事象若しくは状況が変化した場合又は監査等の実施過程で新たな事実を発見した場合には、必要に応じて適宜、監査計画を修正するものとする。

（リスクの識別と対応）

第8条　監査委員は、監査等（内部統制評価報告書審査を除く。本条、次条第2項並びに第15条第3項及び第4項において同じ。）の対象のリスクを識別し、そのリスクの内容及び程度を検討した上で、監査等を実施するものとする。

（内部統制に依拠した監査等）

第9条　前条のリスクの内容及び程度の検討にあたっては、内部統制の整備状況及び運用状況について情報を集め、判断するものとする。

2　監査委員は、監査等の種類に応じ、内部統制に依拠する程度を勘案し、適切に監査等を行うものとする。

（監査等の実施手続）

第10条　監査委員は、必要な監査等の証拠を効率的かつ効果的に入手するため、監査計画に基づき、実施すべき監査等の手続を選択し、実施するものとする。

（監査等の証拠入手）

第11条　監査委員は、監査等の結果を形成するため、必要な監査等の証

拠を入手するものとする。

2　監査委員は、監査等の証拠を評価した結果、想定していなかった事象若しくは状況が生じた場合又は新たな事実を発見した場合には、適宜監査等の手続を追加して必要な監査等の証拠を入手するものとする。

（各種の監査等の有機的な連携及び調整）

第12条　監査委員は、各種の監査等が相互に有機的に連携して行われるよう調整し、監査等を行うものとする。

（監査専門委員、外部監査人等との連携）

第13条　監査委員は、必要に応じて監査専門委員を選任し、必要な事項を調査させることができる。

2　監査委員は、監査等の実施に当たり、効率的かつ効果的に実施することができるよう、監査専門委員、外部監査人等との連携を図るものとする。

第3章　報告基準

（監査等の結果に関する報告等の作成及び提出）

第14条　監査委員は、財務監査、行政監査及び財政援助団体等監査に係る監査の結果に関する報告を作成し、議会、長及び関係のある委員会又は委員に提出するものとする。

2　監査委員は、前項の監査の結果に関する報告については、当該報告に添えてその意見[12]を提出することができるとともに、当該報告のうち特に措置を講ずる必要があると認める事項については勧告[13]することができる。

3　監査委員は、例月出納検査の結果に関する報告を作成し、議会及び

12　法第199条第10項
13　法第199条第11項

長に提出するものとする。

4　監査委員は、決算審査、基金運用審査、健全化判断比率等審査及び内部統制評価報告書審査を終了したときは、意見を長に提出するものとする。

（監査等の結果に関する報告等への記載事項）

第15条　監査等の結果に関する報告等には、原則として次に掲げる事項その他監査委員が必要と認める事項を記載するものとする。

一　本基準に準拠している旨

二　監査等の種類

三　監査等の対象

四　監査等の着眼点（評価項目）

五　監査等の実施内容

六　監査等の結果

2　前項第6号の監査等の結果には、次の各号に掲げる監査等の種類に応じて、重要な点において当該各号に定める事項が認められる場合にはその旨その他監査委員が必要と認める事項を記載するものとする。

一　財務監査　前項第1号から第5号までの記載事項のとおり監査した限りにおいて、監査の対象となった事務が法令に適合し、正確に行われ、最少の経費で最大の効果を挙げるようにし、その組織及び運営の合理化に努めていること

二　行政監査　前項第1号から第5号までの記載事項のとおり監査した限りにおいて、監査の対象となった事務が法令に適合し、正確に行われ、最少の経費で最大の効果を挙げるようにし、その組織及び運営の合理化に努めていること

三　財政援助団体等監査　前項第1号から第5号までの記載事項のとおり監査した限りにおいて、監査の対象となった財政援助団体等の当該財政的援助等に係る出納その他の事務の執行が当該財政的援助

等の目的に沿って行われていること

四　決算審査　前項第1号から第5号までの記載事項のとおり審査した限りにおいて、決算その他関係書類が法令に適合し、かつ正確であること

五　例月出納検査　前項第1号から第5号までの記載事項のとおり検査した限りにおいて、会計管理者等の現金の出納事務が正確に行われていること

六　基金運用審査　前項第1号から第5号までの記載事項のとおり審査した限りにおいて、長から提出された基金の運用の状況を示す書類の計数が正確であると認められ、基金の運用が確実かつ効率的に行われていること

七　健全化判断比率等審査　健全化判断比率及び資金不足比率並びにそれらの算定の基礎となる事項を記載した書類が法令に適合し、かつ正確であること

八　内部統制評価報告書審査　長が作成した内部統制評価報告書について、監査委員が確認した内部統制の整備状況及び運用状況、評価に係る資料並びに監査委員が行うこととされている監査、検査、審査その他の行為によって得られた知見に基づき、長による評価が評価手続に沿って適切に実施されたか及び内部統制の不備について重大な不備に当たるかどうかの判断が適切に行われているかという観点から検証を行い審査した限りにおいて、内部統制評価報告書の評価手続及び評価結果に係る記載は相当であること

3　第1項第6号の監査等の結果には、前項各号に掲げる監査等の種類に応じて、重要な点において当該各号に定める事項が認められない場合にはその旨その他監査委員が必要と認める事項を記載するものとする。

4　監査委員は、是正又は改善が必要である事項が認められる場合、そ

の内容を監査等の結果に記載するとともに、必要に応じて、監査等の実施過程で明らかとなった当該事項の原因等を記載するよう努めるものとする。

5　監査委員は、内部統制評価報告書審査においては、長による評価が評価手続に沿って適切に実施されていないと考えられる場合及び内部統制の不備について重大な不備に当たるかどうかの判断が適切に行われていないと考えられる場合は、その内容を記載するものとする。

（合議）

第16条　監査等のうち、次に掲げる事項については、監査委員の合議によるものとする。

一　監査の結果に関する報告（財務監査、行政監査及び財政援助団体等監査に係るものに限る。以下同じ。）の決定

二　監査の結果に関する報告に添える意見[14]の決定

三　監査の結果に関する報告に係る勧告の決定

四　決算審査に係る意見[15]の決定

五　基金運用審査に係る意見の決定

六　健全化判断比率等審査に係る意見の決定

七　内部統制評価報告書審査に係る意見の決定

2　監査委員は、監査の結果に関する報告の決定について、各監査委員の意見が一致しないことにより、前項の合議により決定することができない事項がある場合には、その旨及び当該事項についての各監査委員の意見を議会、長及び関係のある委員会又は委員に提出するとともに公表するものとする。

14　法第199条第10項
15　法第233条第3項及び地方公営企業法第30条第4項

（公表）

第17条　監査委員は、次に掲げる事項を監査委員全員の連名で公表する
ものとする。

一　監査の結果に関する報告の内容

二　監査の結果に関する報告に添える意見の内容

三　監査の結果に関する報告に係る勧告の内容

（措置状況の公表等）

第18条　監査委員は、監査の結果に関する報告を提出した者及び監査の
結果に関する報告に係る勧告をした者から、措置の内容の通知を受け
た場合は当該措置の内容を公表するものとする。

2　監査委員は、監査の結果に関する報告を提出した者及び監査の結果
に関する報告に係る勧告をした者に、適時、措置状況の報告を求める
よう努めるものとする。

　　　　附　則

本基準は、令和元年6月21日から施行する。

資料1　内部統制制度が導入及び実施されていない団体に係る監査基準について

内部統制制度が導入及び実施されている団体

第1章　一般基準

　（監査委員が行うこととされている監査、検査、審査その他の行為の目的）

第1条　地方公共団体において監査委員が行うこととされている監査、検査、審査その他の行為は、当該地方公共団体の事務の管理及び執行等について、法令に適合し、正確で、経済的、効率的かつ効果的な実施を確保し、住民の福祉の増進に資することを目的とする。

2　監査委員は、監査基準に従い公正不偏の態度を保持し、正当な注意を払ってその職務を遂行する。それによって自ら入手した証拠に基づき意見等を形成し、結果に関する報告等を決定し、これを議会及び長等に提出する。

　（監査等の範囲及び目的）

第2条　監査、検査、審査その他の行為のうち、本基準における監査等は次に掲げるものとし、それぞれ当該各号に定めることを目的とする。

　一　財務監査　財務に関する事務の執行及び経営に係る事業の管理が法令に適合し、正確で、最少の経費で最大の効果を挙げるようにし、その組織及び運営の合理化に努めているか監査すること

　二　行政監査　事務の執行が法令に適合し、正確で、最少の経費で最大の効果を挙げるようにし、その組織及び運営の合理化に努めているか監査すること

　三　財政援助団体等監査　補助金、交付金、負担金等の財政的援助を与えている団体、出資している団体、借入金の元金又は利子の支払を保証している団体、信託の受託者及び公の施設の管理を行わせている団体の当該財政的援助等に係る出納その他の事務の執行が当該財政的援助等の目的に沿って行われているか監査すること

　四　決算審査　決算その他関係書類が法令に適合し、かつ正確であるか審査すること

　五　例月出納検査　会計管理者等の現金の出納事務が正確に行われているか検査すること

　六　基金運用審査　基金の運用状況を示す書類の計数が正確であり、基金の運用が確実かつ効率的に行われているか審査すること

　七　健全化判断比率等審査　健全化判断比率及び資金不足比率並びにそれらの算定の基礎となる事項を記載した書類が法令に適合し、かつ正確であるか審査すること

　八　内部統制評価報告書審査　長が作成した内部統制評価報告書について、長による評価が適切に実施され、内部統制の不備について重大な不備に当たるかどうかの判断が適切に行われているか審査すること

2　法令の規定により監査委員が行うこととされている監査、検査、審査その他の行為（監査等を除く。）については、法令の規定に基づき、かつ、本基準の趣旨に鑑み、

内部統制制度が導入及び実施されていない団体

第1章　一般基準

（監査委員が行うこととされている監査、検査、審査その他の行為の目的）

第1条　地方公共団体において監査委員が行うこととされている監査、検査、審査その他の行為は、当該地方公共団体の事務の管理及び執行等について、法令に適合し、正確で、経済的、効率的かつ効果的な実施を確保し、住民の福祉の増進に資することを目的とする。

2　監査委員は、監査基準に従い公正不偏の態度を保持し、正当な注意を払ってその職務を遂行する。それによって自ら入手した証拠に基づき意見等を形成し、結果に関する報告等を決定し、これを議会及び長等に提出する。

（監査等の範囲及び目的）

第2条　監査、検査、審査その他の行為のうち、本基準における監査等は次に掲げるものとし、それぞれ当該各号に定めることを目的とする。

一　財務監査　財務に関する事務の執行及び経営に係る事業の管理が法令に適合し、正確で、最少の経費で最大の効果を挙げるようにし、その組織及び運営の合理化に努めているか監査すること

二　行政監査　事務の執行が法令に適合し、正確で、最少の経費で最大の効果を挙げるようにし、その組織及び運営の合理化に努めているか監査すること

三　財政援助団体等監査　補助金、交付金、負担金等の財政的援助を与えている団体、出資している団体、借入金の元金又は利子の支払を保証している団体、信託の受託者及び公の施設の管理を行わせている団体の当該財政的援助等に係る出納その他の事務の執行が当該財政的援助等の目的に沿って行われているか監査すること

四　決算審査　決算その他関係書類が法令に適合し、かつ正確であるか審査すること

五　例月出納検査　会計管理者等の現金の出納事務が正確に行われているか検査すること

六　基金運用審査　基金の運用状況を示す書類の計数が正確であり、基金の運用が確実かつ効率的に行われているか審査すること

七　健全化判断比率等審査　健全化判断比率及び資金不足比率並びにそれらの算定の基礎となる事項を記載した書類が法令に適合し、かつ正確であるか審査すること

八　内部統制評価報告書審査　長が作成した内部統制評価報告書について、長による評価が適切に実施され、内部統制の不備について重大な不備に当たるかどうかの判断が適切に行われているか審査すること

2　法令の規定により監査委員が行うこととされている監査、検査、審査その他の行為（監査等を除く。）については、法令の規定に基づき、かつ、本基準の趣旨に鑑み、

内部統制制度が導入及び実施されている団体

実施するものとする。

（倫理規範）
第3条 監査委員は、高潔な人格を維持し、誠実に、かつ、本基準に則ってその職務を遂行するものとする。

（独立性、公正不偏の態度及び正当な注意）
第4条 監査委員は、独立的かつ客観的な立場で公正不偏の態度を保持し、その職務を遂行するものとする。
2　監査委員は、正当な注意を払ってその職務を遂行するものとする。

（専門性）
第5条 監査委員は、地方公共団体の財務管理、事業の経営管理その他行政運営に関し優れた識見を有することが求められ、その職務を遂行するため、自らの専門能力の向上と知識の蓄積を図り、その専門性を維持確保するため研鑽に努めるものとする。
2　監査委員は、監査委員の事務を補助する職員に対し、監査委員の職務が本基準に則って遂行されるよう、地方公共団体の財務管理、事業の経営管理その他行政運営に関して、自らの専門能力の向上と知識の蓄積を図るよう研鑽に努めさせるものとする。

（質の管理）
第6条 監査委員は、本基準に則って、その職務を遂行するに当たり求められる質を確保するものとする。そのために、監査委員の事務を補助する職員に対して、適切に指揮及び監督を行うものとする。
2　監査委員は、監査計画、監査等の内容、判断の過程、証拠及び結果その他の監査委員が必要と認める事項を監査調書等として作成し、保存するものとする。

第2章 実施基準
（監査計画）
第7条 監査委員は、監査等を効率的かつ効果的に実施することができるよう、リスク（組織目的の達成を阻害する要因をいう。以下同じ。）の内容及び程度、過去の監査結果、監査結果の措置状況、監査資源等を総合的に勘案し、監査計画を策定するものとする。監査計画には、監査等の種類、対象、時期、実施体制等を定めるものとする。
2　監査委員は、監査計画の前提として把握した事象若しくは状況が変化した場合又は監査等の実施過程で新たな事実を発見した場合には、必要に応じて適宜監査計画を修正するものとする。

（リスクの識別と対応）

内部統制制度が導入及び実施されていない団体

実施するものとする。

（倫理規範）

第3条 監査委員は、高潔な人格を維持し、誠実に、かつ、本基準に則ってその職務を遂行するものとする。

（独立性、公正不偏の態度及び正当な注意）

第4条 監査委員は、独立的かつ客観的な立場で公正不偏の態度を保持し、その職務を遂行するものとする。

2 監査委員は、正当な注意を払ってその職務を遂行するものとする。

（専門性）

第5条 監査委員は、地方公共団体の財務管理、事業の経営管理その他行政運営に関し優れた識見を有することが求められ、その職務を遂行するため、自らの専門能力の向上と知識の蓄積を図り、その専門性を維持確保するため研鑽に努めるものとする。

2 監査委員は、監査委員の事務を補助する職員に対し、監査委員の職務が本基準に則って遂行されるよう、地方公共団体の財務管理、事業の経営管理その他行政運営に関して、自らの専門能力の向上と知識の蓄積を図るよう研鑽に努めさせるものとする。

（質の管理）

第6条 監査委員は、本基準に則って、その職務を遂行するに当たり求められる質を確保するものとする。そのために、監査委員の事務を補助する職員に対して、適切に指揮及び監督を行うものとする。

2 監査委員は、監査計画、監査等の内容、判断の過程、証拠及び結果その他の監査委員が必要と認める事項を監査調書等として作成し、保存するものとする。

第2章 実施基準

（監査計画）

第7条 監査委員は、監査等を効率的かつ効果的に実施することができるよう、リスク（組織目的の達成を阻害する要因をいう。以下同じ。）の内容及び程度、過去の監査結果、監査結果の措置状況、監査資源等を総合的に勘案し、監査計画を策定するものとする。監査計画には、監査等の種類、対象、時期、実施体制等を定めるものとする。

2 監査委員は、監査計画の前提として把握した事象若しくは状況が変化した場合又は監査等の実施過程で新たな事実を発見した場合には、必要に応じて適宜監査計画を修正するものとする。

（リスクの識別と対応）

内部統制制度が導入及び実施されている団体

第8条 監査委員は、監査等（内部統制評価報告書審査を除く。本条、次条第2項並びに第15条第3項及び第4項において同じ。）の対象のリスクを識別し、そのリスクの内容及び程度を検討した上で、監査等を実施するものとする。

（内部統制に依拠した監査等）
第9条 前条のリスクの内容及び程度の検討にあたっては、内部統制の整備状況及び運用状況について情報を集め、判断するものとする。
2 監査委員は、監査等の種類に応じ、内部統制に依拠する程度を勘案し、適切に監査等を行うものとする。

（監査等の実施手続）
第10条 監査委員は、必要な監査等の証拠を効率的かつ効果的に入手するため、監査計画に基づき、実施すべき監査等の手続を選択し、実施するものとする。

（監査等の証拠入手）
第11条 監査委員は、監査等の結果を形成するため、必要な監査等の証拠を入手するものとする。
2 監査委員は、監査等の証拠を評価した結果、想定していなかった事象若しくは状況が生じた場合又は新たな事実を発見した場合には、適宜監査等の手続を追加して必要な監査等の証拠を入手するものとする。

（各種の監査等の有機的な連携及び調整）
第12条 監査委員は、各種の監査等が相互に有機的に連携して行われるよう調整し、監査等を行うものとする。

（監査専門委員、外部監査人等との連携）
第13条 監査委員は、必要に応じて監査専門委員を選任し、必要な事項を調査させることができる。
2 監査委員は、監査等の実施に当たり、効率的かつ効果的に実施することができるよう、監査専門委員、外部監査人等との連携を図るものとする。

第3章 報告基準
（監査等の結果に関する報告等の作成及び提出）
第14条 監査委員は、財務監査、行政監査及び財政援助団体等監査に係る監査の結果に関する報告を作成し、議会、長及び関係のある委員会又は委員に提出するものとする。
2 監査委員は、前項の監査の結果に関する報告については、当該報告に添えてその意見を提出することができるとともに、当該報告のうち特に措置を講ずる必要があると

内部統制制度が導入及び実施されていない団体

第8条 監査委員は、監査等（内部統制評価報告書審査を除く。本条、次条第2項並びに第15条第3項及び第4項において同じ。）の対象のリスクを識別し、そのリスクの内容及び程度を検討した上で、監査等を実施するものとする。

（内部統制に依拠した監査等）
第9条 前条のリスクの内容及び程度の検討にあたっては、内部統制の整備状況及び運用状況について情報を集め、判断するものとする。
2 監査委員は、監査等の種類に応じ、内部統制に依拠する程度を勘案し、適切に監査等を行うものとする。

（監査等の実施手続）
第10条 監査委員は、必要な監査等の証拠を効率的かつ効果的に入手するため、監査計画に基づき、実施すべき監査等の手続を選択し、実施するものとする。

（監査等の証拠入手）
第11条 監査委員は、監査等の結果を形成するため、必要な監査等の証拠を入手するものとする。
2 監査委員は、監査等の証拠を評価した結果、想定していなかった事象若しくは状況が生じた場合又は新たな事実を発見した場合には、適宜監査等の手続を追加して必要な監査等の証拠を入手するものとする。

（各種の監査等の有機的な連携及び調整）
第12条 監査委員は、各種の監査等が相互に有機的に連携して行われるよう調整し、監査等を行うものとする。

（監査専門委員、外部監査人等との連携）
第13条 監査委員は、必要に応じて監査専門委員を選任し、必要な事項を調査させることができる。
2 監査委員は、監査等の実施に当たり、効率的かつ効果的に実施することができるよう、監査専門委員、外部監査人等との連携を図るものとする。

第3章 報告基準
（監査等の結果に関する報告等の作成及び提出）
第14条 監査委員は、財務監査、行政監査及び財政援助団体等監査に係る監査の結果に関する報告を作成し、議会、長及び関係のある委員会又は委員に提出するものとする。
2 監査委員は、前項の監査の結果に関する報告については、当該報告に添えてその意見を提出することができるとともに、当該報告のうち特に措置を講ずる必要があると

内部統制制度が導入及び実施されている団体

認める事項については勧告することができる。

3　監査委員は、例月出納検査の結果に関する報告を作成し、議会及び長に提出するものとする。

4　監査委員は、決算審査、基金運用審査、健全化判断比率等審査及び内部統制評価報告書審査を終了したときは、意見を長に提出するものとする。

（監査等の結果に関する報告等への記載事項）

第15条　監査等の結果に関する報告等には、原則として次に掲げる事項その他監査委員が必要と認める事項を記載するものとする。

一　本基準に準拠している旨

二　監査等の種類

三　監査等の対象

四　監査等の着眼点（評価項目）

五　監査等の実施内容

六　監査等の結果

2　前項第6号の監査等の結果には、次の各号に掲げる監査等の種類に応じて、重要な点において当該各号に定める事項が認められる場合にはその旨その他監査委員が必要と認める事項を記載するものとする。

一　財務監査　前項第1号から第5号までの記載事項のとおり監査した限りにおいて、監査の対象となった事務が法令に適合し、正確に行われ、最少の経費で最大の効果を挙げるようにし、その組織及び運営の合理化に努めていること

二　行政監査　前項第1号から第5号までの記載事項のとおり監査した限りにおいて、監査の対象となった事務が法令に適合し、正確に行われ、最少の経費で最大の効果を挙げるようにし、その組織及び運営の合理化に努めていること

三　財政援助団体等監査　前項第1号から第5号までの記載事項のとおり監査した限りにおいて、監査の対象となった財政援助団体等の当該財政的援助等に係る出納その他の事務の執行が当該財政的援助等の目的に沿って行われていること

四　決算審査　前項第1号から第5号までの記載事項のとおり審査した限りにおいて、決算その他関係書類が法令に適合し、かつ正確であること

五　例月出納検査　前項第1号から第5号までの記載事項のとおり検査した限りにおいて、会計管理者等の現金の出納事務が正確に行われていること

六　基金運用審査　前項第1号から第5号までの記載事項のとおり審査した限りにおいて、長から提出された基金の運用の状況を示す書類の計数が正確であると認められ、基金の運用が確実かつ効率的に行われていること

七　健全化判断比率等審査　健全化判断比率及び資金不足比率並びにその算定の基礎となる事項を記載した書類が法令に適合し、かつ正確であること

八　内部統制評価報告書審査　長が作成した内部統制評価報告書について、監査委員が確認した内部統制の整備状況及び運用状況、評価に係る資料並びに監査委員が行

内部統制制度が導入及び実施されていない団体

認める事項については勧告することができる。

3　監査委員は、例月出納検査の結果に関する報告を作成し、議会及び長に提出するものとする。

4　監査委員は、決算審査、基金運用審査及び一健全化判断比率等審査及び内部統制評価報告書審査を終了したときは、意見を長に提出するものとする。

（監査等の結果に関する報告等への記載事項）

第15条　監査等の結果に関する報告等には、原則として次に掲げる事項その他監査委員が必要と認める事項を記載するものとする。

一　本基準に準拠している旨

二　監査等の種類

三　監査等の対象

四　監査等の着眼点（評価項目）

五　監査等の実施内容

六　監査等の結果

2　前項第6号の監査等の結果には、次の各号に掲げる監査等の種類に応じて、重要な点において当該各号に定める事項が認められる場合にはその旨その他監査委員が必要と認める事項を記載するものとする。

一　財務監査　前項第1号から第5号までの記載事項のとおり監査した限りにおいて、監査の対象となった事務が法令に適合し、正確に行われ、最少の経費で最大の効果を挙げるようにし、その組織及び運営の合理化に努めていること

二　行政監査　前項第1号から第5号までの記載事項のとおり監査した限りにおいて、監査の対象となった事務が法令に適合し、正確に行われ、最少の経費で最大の効果を挙げるようにし、その組織及び運営の合理化に努めていること

三　財政援助団体等監査　前項第1号から第5号までの記載事項のとおり監査した限りにおいて、監査の対象となった財政援助団体等の当該財政的援助等に係る出納その他の事務の執行が当該財政的援助等の目的に沿って行われていること

四　決算審査　前項第1号から第5号までの記載事項のとおり審査した限りにおいて、決算その他関係書類が法令に適合し、かつ正確であること

五　例月出納検査　前項第1号から第5号までの記載事項のとおり検査した限りにおいて、会計管理者等の現金の出納事務が正確に行われていること

六　基金運用審査　前項第1号から第5号までの記載事項のとおり審査した限りにおいて、長から提出された基金の運用の状況を示す書類の計数が正確であると認められ、基金の運用が確実かつ効率的に行われていること

七　健全化判断比率等審査　健全化判断比率及び資金不足比率並びにその算定の基礎となる事項を記載した書類が法令に適合し、かつ正確であること

八　内部統制評価報告書審査　長が作成した内部統制評価報告書について、監査委員が確認した内部統制の整備状況及び運用状況、評価に係る資料並びに監査委員が行

内部統制制度が導入及び実施されている団体
うこととされている監査、検査、審査その他の行為によって得られた知見に基づき、長による評価が評価手続に沿って適切に実施されたか及び内部統制の不備について重大な不備に当たるかどうかの判断が適切に行われているかという観点から検証を行い審査した限りにおいて、内部統制評価報告書の評価手続及び評価結果に係る記載は相当であること 3　第1項第6号の監査等の結果には、前項各号に掲げる監査等の種類に応じて、重要な点において当該各号に定める事項が認められない場合にはその旨その他監査委員が必要と認める事項を記載するものとする。 4　監査委員は、是正又は改善が必要である事項が認められる場合、その内容を監査等の結果に記載するとともに、必要に応じて、監査等の過程で明らかとなった当該事項の原因等を記載するよう努めるものとする。 5　監査委員は、内部統制評価報告書審査においては、長による評価が評価手続に沿って適切に実施されていないと考えられる場合及び内部統制の不備について重大な不備に当たるかどうかの判断が適切に行われていないと考えられる場合は、その内容を記載するものとする。 （合議） **第16条**　監査等のうち、次に掲げる事項については、監査委員の合議によるものとする。 　一　監査の結果に関する報告（財務監査、行政監査及び財政援助団体等監査に係るものに限る。以下同じ。）の決定 　二　監査の結果に関する報告に添える意見の決定 　三　監査の結果に関する報告に係る勧告の決定 　四　決算審査に係る意見の決定 　五　基金運用審査に係る意見の決定 　六　健全化判断比率等審査に係る意見の決定 　七　内部統制評価報告書審査に係る意見の決定 2　監査委員は、監査の結果に関する報告の決定について、各監査委員の意見が一致しないことにより、前項の合議により決定することができない事項がある場合には、その旨及び当該事項についての各監査委員の意見を議会、長及び関係のある委員会又は委員に提出するとともに公表するものとする。 （公表） **第17条**　監査委員は、次に掲げる事項を監査委員全員の連名で公表するものとする。 　一　監査の結果に関する報告の内容 　二　監査の結果に関する報告に添える意見の内容 　三　監査の結果に関する報告に係る勧告の内容 （措置状況の公表等）

うこととされている監査、検査、審査その他の行為によって得られた知見に基づき、長による評価が評価手続に沿って適切に実施されたか及び内部統制の不備について重大な不備に当たるかどうかの判断が適切に行われているかという観点から検証を行い審査した限りにおいて、内部統制評価報告書の評価手続及び評価結果に係る記載は相当であること

3　第1項第6号の監査等の結果には、前項各号に掲げる監査等の種類に応じて、重要な点において当該各号に定める事項が認められない場合にはその旨その他監査委員が必要と認める事項を記載するものとする。

4　監査委員は、是正又は改善が必要である事項が認められる場合、その内容を監査等の結果に記載するとともに、必要に応じて、監査等の過程で明らかとなった当該事項の原因等を記載するよう努めるものとする。

5　監査委員は、内部統制評価報告書審査においては、長による評価が評価手続に沿って適切に実施されていないと考えられる場合及び内部統制の不備について重大な不備に当たるかどうかの判断が適切に行われていないと考えられる場合は、その内容を記載するものとする。

（合議）
第16条　監査等のうち、次に掲げる事項については、監査委員の合議によるものとする。
一　監査の結果に関する報告（財務監査、行政監査及び財政援助団体等監査に係るものに限る。以下同じ。）の決定
二　監査の結果に関する報告に添える意見の決定
三　監査の結果に関する報告に係る勧告の決定
四　決算審査に係る意見の決定
五　基金運用審査に係る意見の決定
六　健全化判断比率等審査に係る意見の決定
七　内部統制評価報告書審査に係る意見の決定

2　監査委員は、監査の結果に関する報告の決定について、各監査委員の意見が一致しないことにより、前項の合議により決定することができない事項がある場合には、その旨及び当該事項についての各監査委員の意見を議会、長及び関係のある委員会又は委員に提出するとともに公表するものとする。

（公表）
第17条　監査委員は、次に掲げる事項を監査委員全員の連名で公表するものとする。
一　監査の結果に関する報告の内容
二　監査の結果に関する報告に添える意見の内容
三　監査の結果に関する報告に係る勧告の内容

（措置状況の公表等）

内部統制制度が導入及び実施されている団体

第18条 監査委員は、監査の結果に関する報告を提出した者及び監査の結果に関する報告に係る勧告をした者から、措置の内容の通知を受けた場合は当該措置の内容を公表するものとする。

2 監査委員は、監査の結果に関する報告を提出した者及び監査の結果に関する報告に係る勧告をした者に、適時、措置状況の報告を求めるよう努めるものとする。

    附　則
本基準は、令和元年6月21日から施行する。

内部統制制度が導入及び実施されていない団体

第18条 監査委員は、監査の結果に関する報告を提出した者及び監査の結果に関する報告に係る勧告をした者から、措置の内容の通知を受けた場合は当該措置の内容を公表するものとする。

2 監査委員は、監査の結果に関する報告を提出した者及び監査の結果に関する報告に係る勧告をした者に、適時、措置状況の報告を求めるよう努めるものとする。

　　附　則

本基準は、令和元年6月21日から施行する。

実施要領

　実施要領は、監査委員が行うこととされている監査、検査、審査その他の行為を監査基準に沿って行うために、監査基準に規定する項目のうち、特に留意を要する事項に係る実務のあり方について、詳細な説明、具体例、望ましい実務を記載するものである。

　今後、本実施要領に記載する項目については、必要に応じて追加や見直しを行うものである。

1．経済性、効率性かつ有効性の監査等

(1)　財務監査及び行政監査

　　地方自治法（昭和22年法律第67号）第199条第3項において、監査委員は、財務監査及び行政監査を行うに当たっては事務の執行及び経営に係る事業の管理が同法第2条第14項及び第15項の規定の趣旨に則ってなされているかどうかについて、特に、意を用いなければならないと規定されている。このことから、監査基準第2条第1項第1号及び第2号においても、同様に規定したところであり、事務の執行及び経営に係る事業の管理が、経済的（より少ない費用で実施すること）、効率的（同じ費用でより大きな成果を得ること、あるいは費用との対比で最大限の成果を得ること）かつ効果的（所期の目的を達成していること、また、効果を挙げていること）に行われているかについて監査することが求められる。（第2条第1項関係）

(2) 決算審査

決算審査については、監査基準において、決算その他関係書類が法令に適合し、かつ正確であるか審査することが求められているが、実施可能な地方公共団体においては、これに加え、予算の執行又は事業の経営が、経済的、効率的かつ効果的に行われているかについて審査することも考えられる。(第2条第1項関係)

(3) (1)及び(2)以外の監査等

(1)及び(2)以外の監査等についても、例えば、内部統制評価報告書審査において、長による評価手続が経済的、効率的かつ効果的に行われているかについて審査を行う等、可能な範囲で、経済的、効率的かつ効果的に行われているかについて監査等を行うことが考えられる。(第2条第1項関係)

2. 議決による権利放棄に関する監査委員の意見

住民監査請求に係る行為又は怠る事実に関する損害賠償又は不当利得返還の請求権その他の権利の放棄に関する議決に係る監査委員の意見の決定[1]については、財務会計行為の性質、長若しくは委員会の委員若しくは委員又は職員(以下「長等」という。)の帰責性の程度、当該権利の放棄による影響、長等の損害賠償責任の一部免責に関する条例を制定することが可能であることその他監査委員が必要と認める事項を考慮することが求められる。(第2条第2項関係)

---

[1] 監査基準第2条第2項に規定する「法令の規定により監査委員が行うこととされている監査、検査、審査その他の行為(監査等を除く。)」のうちの1つ。

3．リスクの識別、評価及び対応

　効率的かつ効果的に監査等を実施するためには、監査等の対象のリスク（組織目的の達成を阻害する要因をいう。以下同じ。）を識別し、そのリスクの内容及び程度を評価した上で、自らの団体においてリスクが高い事務事業に監査資源を配分することが求められる。（第8条関係）

　(1)　リスクの識別

　　・自らの団体の事務手続の流れを基に、自らの団体においてリスクが存在する事務事業を優先的に特定

　　・自らの団体及び他団体においてリスクが顕在化した事案を基に、自らの団体において同様の事案があるかどうかを確認

　等の方法を活用して、監査委員は自らの団体のリスクを識別する。

　　監査等の結果として過去に指摘した事項から、自らの団体におけるリスクを識別することも考えられる。

　　なお、リスクの識別に当たっては、参考1「標準的な事務フローから想定されるリスク及び監査手続（以下「事務フロー」という。）」、参考2「各団体に共通するリスクが顕在化した事案集（以下「リスク事案集」という。）」が参考となる。

　　事務フローは、主な事務について、標準的な事務フローに沿って事務処理毎に想定されるリスクを抽出し、それぞれのリスク毎に想定される各部局の対応策を記載し、その確認に必要な監査手続を整理したものである。

　　リスク事案集は、過去に全国の地方公共団体においてリスクが顕在化した事案を事務処理毎に区分し、それを防ぐために必要であったと考えられる想定される対応策を記載し、その確認に必要な監査手続を整理したものである。

(2)　リスクの評価

　(1)により識別したリスクについて、量的重要性及び質的重要性を評価する。

　量的重要性については、当該リスクが生じる可能性及び当該リスクがもたらす影響の大きさの観点から検討を行う。その際、当該リスクが生じる可能性については、高・中・低等、当該リスクがもたらす影響の大きさについては、大・中・小等と段階に分けて評価することも考えられる。金額としての影響を見積もることができるものについては、金額により、その他のものについては、例えば、総件数や総人数の一定割合といった一定の指標によることが考えられる。

　質的重要性については、行政に求められる信頼性や公平性、住民の安全の確保等の観点から検討を行う。

(3)　リスクへの対応

　(2)により量的重要性及び質的重要性が高いと評価したリスクについては、その発現を看過する可能性を低い水準に抑えなくてはならない。そのため、監査の重点項目として、監査資源を優先的に配分した手続を実施することが必要となる。

　他方、量的重要性及び質的重要性が低いリスクに対しては、合理的に監査資源を配分した手続によりリスクの発現を看過する可能性を低い水準に抑えることができるものと考えられる。

４．内部統制に依拠した監査等

　地方自治法等の一部を改正する法律（平成29年法律第54号）により、長による財務に関する事務等の管理及び執行が法令に適合し、かつ、適正に行われることを確保するための方針の策定及びこれに基づく必要な

体制（内部統制体制）の整備が、都道府県及び指定都市に義務付けられ、その他の市町村には努力義務が課せられた。他方、地方公共団体は、既に団体ごとの特性に応じて様々な形で事務の適正な執行の確保に努めており、既に一定の内部統制が存在していると考えられる。すなわち、想定されるリスクを基にした、何らかの事前の対策が講じられているものと考えられる。

　このため、内部統制を前提として、内部統制に依拠した監査等により、より本質的な監査実務に人的及び時間的資源を重点的に振り向けていくことは、内部統制制度が導入及び実施されている地方公共団体に限らず、全ての地方公共団体にとって必要な考え方である。（第9条関係）

(1)　内部統制制度が導入及び実施されている団体

　　地方自治法に基づき内部統制制度が導入及び実施されている地方公共団体においては、内部統制評価報告書の長による作成及び監査委員による審査が行われているため、その評価及び審査結果を前提に、内部統制に依拠し、効率的かつ効果的な監査を行うことができる。その際、監査委員は、監査等の実施に当たって、内部統制の整備及び運用状況を検討する際に、内部統制評価報告書審査の過程で得られた証拠を利用することが想定される[2]。

　　監査等の実施に当たって、長による内部統制の評価の対象となった事務については、内部統制評価報告書審査における証拠を監査等においても利用することが想定される。一方で、長による内部統制

---

[2] 令和元年度においては、内部統制評価報告書の審査がまだ行われていないため、関連文書の入手及び確認や担当者等への質問等により、監査等の実施時点における長による内部統制の整備状況及び運用状況について適時に確認し、内部統制に依拠できる程度を検討する必要がある。ただし、監査等の実施に当たって、長による内部統制の評価が試行的に行われている場合には、長との意見交換等を行い、その過程で得られた証拠を監査等において利用することが想定される。

の評価の対象とされていない事務[3]については、監査委員は、必要に応じて、監査委員自らの判断で個別に評価対象に追加し、内部統制の整備状況及び運用状況について情報を収集する必要がある（具体的な情報を収集する方法については、４．(2)本文参照。）。

　以上により、監査等の実施に当たって、地方自治法に基づき内部統制が整備及び運用されており、内部統制に整備上又は運用上の不備がない場合には、量的重要性及び質的重要性が高いリスクに対しても、内部統制が適切に整備及び運用されており、リスクの程度が低い水準に抑えられていると考えられる。このため、監査範囲を縮小（サンプルサイズを小さくする等）することや試査等の対象から外すことも考えられる。この結果、本質的な監査業務に人的及び時間的資源を重点的に振り向けていくことが可能となる。

　他方、内部統制に整備上又は運用上の不備がある場合には、その不備による影響の程度に応じて、内部統制に依拠できる程度を勘案し、監査範囲の拡大や関係職員へのヒアリングを実施する等、監査等の深度を深める。その際、内部統制が有効に機能していない原因について検討した上で是正又は改善を求めることに努める。

　なお、内部統制評価報告書の審査は、「地方公共団体における内部統制制度の導入・実施ガイドライン」（令和２年３月総務省）に沿って行うこととなるが、「地方公共団体における内部統制制度の導入・実施ガイドライン」においては、監査委員による内部統制評価報告書の審査は、監査委員が確認した資料やその他の監査等によって得られた知見に基づいて行うこととしている。

3　財務に関する事務以外の事務又は長以外の執行機関の事務。ただし、財務に関する事務以外の事務についても、地方自治法第150条第１項第２号又は同条第２項第２号の規定に基づき、長が認めるものとして内部統制対象事務として追加を行った場合には、財務に関する事務と同様、内部統制評価報告書審査の過程で得られた証拠を利用することが想定される。

　内部統制に依拠した監査等を行うことにより、内部統制評価報告書の審査時点において、既に内部統制の整備状況及び運用状況について十分な知見を得ていることから、内部統制評価報告書の審査も効率的かつ効果的に行うことができるものと考えられる。

　また、内部統制に関する方針の策定、内部統制体制の整備、評価項目や評価方法の検討等に当たって、必要に応じ、長と意見交換等を行うことにより、監査委員の視点を長の効果的な内部統制の整備及び運用につなげることが可能となると考えられる。このことにより、内部統制評価報告書の審査を円滑に実施することに加え、内部統制に依拠できる程度を向上させ、監査等を効率的かつ効果的に実施することにつながる。

(2)　内部統制制度が導入及び実施されていない団体

　内部統制制度が導入及び実施されていない地方公共団体にあっては、長において、内部統制の整備状況及び運用状況を評価し、監査委員が審査を行う仕組みが構築されていないため、その代わりに監査委員が、想定されるリスクを基にした内部統制の整備状況及び運用状況について情報を収集する必要がある。文書化された業務のマニュアル等関連文書の閲覧、ルールに即して業務が行われているか等内部統制に関係する適切な担当者への質問、業務の観察等を行う等により情報を収集し、内部統制の整備状況及び運用状況を検討することが考えられる。

　その際、「事務フロー」及び「リスク事案集」における「想定される各課の対応策」の内容と自らの団体の対応策を比較し、「想定される各課の対応策」が自らの団体において行われていない場合には代替策を講じているか質問する等、両者のギャップの有無から内部統制の整備状況を検討することや「想定されるリスク」が実際に

生じたか否かを質問する等により運用状況を検討することも考えられる。

なお、内部統制の整備状況及び運用状況を監査委員が検討することで、その過程で得た内部統制の整備状況及び運用状況についての知見を、必要に応じて意見交換等を通じて長に伝達することにより、長による効果的な内部統制の整備及び運用を促し、監査等の効率的かつ効果的な実施につなげることができると考えられる。

① 内部統制に依拠した監査等が実施できる場合

監査委員が内部統制の整備状況及び運用状況について情報を収集し、その結果、内部統制に依拠した監査等を実施できると評価できる場合には、(1)と同様に、内部統制に依拠し、効果的かつ効率的な監査を行うことができる。

全ての業務又は部署ではなくとも、その一部について内部統制に依拠した監査等が実施できる場合には、当該業務又は部署の一部について、部分的にでも内部統制に依拠した監査等を実施することができる。

② 内部統制に依拠した監査等を実施できない場合

監査委員が内部統制の整備状況及び運用状況について情報を収集し、その結果、内部統制に依拠した監査等を実施できると評価できない場合には、従来どおり、内部統制に依拠せず、リスクの重要性に応じて監査等を行う必要がある（3(3)参照）。

内部統制によりリスクの程度を低い水準に抑えられていないため、監査委員は、量的重要性及び質的重要性が高いリスクについて、監査範囲の拡大や関係職員へのヒアリング等、重点的に監査等を行うことが求められる。

業務又は部署の一部について部分的にでも監査等を効率的かつ効果的に実施するためにも、監査委員が業務又は部署の一部について把握した内部統制の不備について、適切な是正又は改善を促すため、担当部局等に聞き取り等の確認又は是正若しくは改善の助言を行うことに加え、必要に応じて長との意見交換等を通じ、監査委員の知見を長による効果的な内部統制の整備及び運用に生かしていくことが期待される。

5．指導的機能の発揮

監査委員は、監査等を実施する過程において、監査等の目的を果たす一環として、監査等の対象組織に対し、

・　決算審査の過程において、決算その他関係書類と証拠書類の計数が符合しない場合には、正確な計数への修正を求める、

・　監査の過程で発見された内部統制の重大な不備については、速やかな是正を指示し、同様の事例が発生しないよう必要な対応を講ずるよう求める、

・　監査の過程で発見された経営に係る事業の管理が経済的、効率的かつ効果的に行われていない事例に対して、改善策を提言する、

等、必要に応じて是正又は改善を行うよう助言等を行い、指導的機能を発揮するよう努める。（第11条関係）

6．各種の監査等の有機的な連携及び調整

(1)　各種の監査等の有機的な連携及び調整

現行の監査実務上、「決算審査」「例月出納検査」「財務監査」等は、法律上は目的に応じて区別されているが、その目的や手続等は関連する部分もあることから、「決算審査における例月出納検査や財務監査との連携」「例月出納検査と財務監査の連携」等により、

監査等の効率化が図られ、その結果、監査資源を有効活用すること
ができる（資料2「「6．各種の監査等の有機的な連携及び調整」
の例」参照）。（第12条関係）

① 決算審査と財務監査の連携

　決算審査については、数値の正確性に加え、数値の裏付けとな
る資料等（契約関係書類等）を審査する場合、既に財務監査にお
いて数値の裏付けとなる資料等を確認している部分については、
その結果を決算審査に活用することで当該審査の効率化が図ら
れ、例えば決算審査において予算執行の効率性の確認や財務分析
に注力すること等、決算審査の充実及び強化を図ることが可能と
なる。

② 決算審査と例月出納検査の連携

　既に例月出納検査において数値の裏付けとなる資料等を確認し
ている部分については、①と同様、その結果を決算審査に活用す
ることで当該審査の効率化が図られ、決算審査の充実及び強化を
図ることが可能となる。

(2) 常勤の監査委員を置かない地方公共団体における留意事項

　人口25万人未満の常勤の監査委員を置かない市町村においては、
例月出納検査が監査委員が登庁する貴重な機会となっている。この
ため、毎月の例月出納検査における「現金出納」の帳簿等の確認に
併せて、財務監査や決算審査の一部（例：当該出納に係る関係書類
（支出伝票等）の確認）を実施することで、その後の財務監査や決
算審査を効率的に実施することが可能となる。（第12条関係）

7．監査専門委員及び外部監査人との連携

(1) 監査専門委員との連携

　監査委員は、監査等の独立性を確保しつつ専門性を高める観点から、必要に応じ、監査専門委員を選任し、調査を委託することができる。監査委員は、ＩＣＴ、建築、環境等の専門性が求められる分野について、監査専門委員を選任し、連携して監査等を行うことで、専門的な知識の裏付けに基づいた監査等を行うことができる。（第13条関係）

(2) 外部監査人との連携

　監査委員は、監査等を実施するに当たっては、外部監査人の監査等の実施に支障を来さないよう、相互の連携を図り、必要に応じ、外部監査人と意見交換を行う等の連携を図らなければならない。監査委員と外部監査人との間に有効な双方向の意思疎通が行われ、それぞれの監査結果を活用することにより、それぞれが担う監査等を効果的かつ効率的に行うことができると考えられる。（第13条関係）

8．監査等の事後検証

　監査委員は、監査等の結果に関する報告等及び意見を提出した事項並びに勧告をした事項について、適時、措置状況の報告を求め、その状況を的確に把握するよう努める。当該措置が十分でない場合等には、必要に応じて監査等の対象組織と意見交換を行い、改めて次年度の監査対象とすること、新たに勧告を行うこと、勧告において措置を講ずる期限を設けること又は複数回勧告を行うこと等の必要な対応を講じることにより監査等の実効性を高めることが可能となる。

　また、監査等の結果に関する報告等及び意見を提出した事項並びに勧告をした事項について、その原因や是正又は改善の取組を含めて、監査

対象部局のみならず全庁的に共有することで、各部局の主体的な業務の改善につながる。（第18条関係）

附　則

第1　施行期日

　本実施要領は、令和元年6月21日から施行する。

資料2　実施要領「6．各種の監査等の有機的な連携及び調整」の例

1．常勤の監査委員を置く地方公共団体における例

(1)　常勤の監査委員を置く地方公共団体における前提事項

　　人口25万人以上の地方公共団体は常勤の監査委員を置くこととされており、非常勤の監査委員の場合と比較して、監査委員と監査委員事務局職員は定期的に情報を共有することが可能である。

　　一方、出先機関の数も多いことから、当該機関に会計管理者の事務を補助させるための出納員（又はその他の会計職員）を設置し、直接、現金出納を扱っている場合も多いと想定される。そのため、契約や収支等に関する関係書類は、本庁ではなく出先機関にも分散している。

　　地方自治法等の一部を改正する法律（平成29年法律第54号）により、都道府県及び指定都市の監査委員は、新たに内部統制評価報告書審査を行うこととなったが、決算審査の実施時期と重複することが想定される。

(2)　具体的な例

　　決算審査は、決算その他関係書類が法令に適合しかつ正確であるか、「手続の合規性」及び「数値の正確性」を審査することとなるが、

- 　財務監査においては、決算の数値の裏付けとなる個々の手続（契約、補助金の交付等）の合規性を確認し、
- 　例月出納検査においては、月の収支の合計を確認し、

　これらの監査等において確認した「手続の合規性」及び「数値の

正確性」については、これらの監査等の結果を活用することができれば、決算審査の効率化につながると考えられる。

【事例】

・　例月出納検査は、特定の費目については、例月出納検査において証憑検査を行う等、決算審査の一つの手続きとして位置づけて実施する。

・　例月出納検査は、財政収支の動態を主として計数面から把握して決算審査と有機的な連携を図り、実施する。

2. 常勤の監査委員を置かない地方公共団体における例

(1)　常勤の監査委員を置かない地方公共団体の前提

人口25万人未満の市町村においては、常勤の監査委員は必置ではないことから、監査委員と監査委員事務局職員が情報共有する機会には限りがある。そのため、例月出納検査は監査委員が役場に出向く貴重な機会となっている。

また、出先機関の数も大規模な団体と比較して少ないことなどから、本庁において現金出納機能が集約されている状況がある。

(2)　具体的な例

例月出納検査に併せて、毎月財務監査を実施することとし、

・　例月出納検査の対象は「現金の出納」に限定せず、全ての収支を対象とし、財務監査は支出や収入の手続上の是非まで遡って確認し、

・　財務監査の対象は、事前に監査計画においてリスクが高いものや、一定の金額・規模を有するものとして整理した事務事業のほか、前年同月や前月との比較で変動が大きい事務事業などの合規性を中心に監査を実施する。

　また、限られた監査資源等を配分する観点から、監査実務上の取組として、

- 　収支の変動が少ない時期（年度末及び年度始め（出納整理期間）等の時期以外を想定）に実施する財務監査においては、特にリスクが高い事務事業や、繁忙期に頻出する事務事業等について、手続等に不備があれば改善を促すよう監査を実施し、
- 　収支の変動が大きい時期（年度末及び年度始め（出納整理期間）等の時期を想定）に実施する財務監査においては、当該不備が改善されたことを前提に監査の対象を限定して実施すること

等により監査資源の平準化を図ることとし、その内容を事前に監査計画に反映させることが考えられる。

　なお、支出の手続は出納整理期間に集中することが想定されるが、出納整理期間以外の期間に支出の前提となる手続（入札手続の事務等）について、前もって確認することにより、更なる監査資源の平準化を図ることができると考えられる。

参考1　標準的な事務フローから想定されるリスク及び監査手続

＜一般競争入札（委託）の場合＞

監査の目的：適切な積算に基づき決定権者により契約の意思決定がなされ、その契約を踏まえ適切に業務が履行されているか。

事務フロー	想定されるリスク（番号はH21内部統制報告書のリスク例を参照）	想定される各課の対応策（内部統制）
①仕様内容等の検討	⒅不適切な内容で契約	【当該契約の必要性について、実施時期、予算、効果等の観点から十分に精査する】 ・事業の目的・目標に照らして、必要十分な仕様内容等となっていること等を確認する。 ・仕様検討段階において、業者に対してRFI（情報提供依頼書）を行うことにより、業者から提供された情報を加味した仕様書を作成する等、入札に複数業者が参加するよう工夫する。
②経費の積算	⒇不適切な価格で契約 ⒀発注価格の誤り（資産保全の観点）	【仕様に記載してある必要経費を正しく積算する】 ・積算根拠を定めた契約事務マニュアル等に基づき積算する。 ・積算根拠を定められない場合は、契約事務マニュアル等に基づき、複数者から見積書を徴取するなど、適正な見積価格を設定する。
	⒅不適切な内容で契約	【契約規則等に基づき、適正に積算された経費により執行決定書を作成す

○：監査を受ける部局に提出を求めるもの／●：提出書類に基づき確認すべき点

監査手続		
第1段階 （金額の多寡、過去の指摘事項等を踏まえ、リスクが高いと想定される事務をサンプリング調査）	第2段階 （第1段階で不備が見受けられた場合）	備考
○当該契約にかかる予算が確保されていることがわかる書面の提出 ○事業の目的・目標が明確にわかる書面の提出 ●当該契約の内容と予算内容、事業の目的・目標に齟齬がないか、または、過大なものとなっていないかを確認する。	・監査対象を広げてサンプルを増やす。 ・関係職員へのヒアリング等により確認 ＜確認内容：予算の確保がなされていない契約の有無　等＞	
○積算基準・積算根拠を定めた書面の提出 ●積算が適正に行われているかについて、積算基準・積算根拠を定めた書面と積算内訳を定めた書面を確認する。 ●積算根拠の改訂や見積書徴取の相手方の妥当性等を検証する。	・監査対象を広げてサンプルを増やす。 ・関係職員へのヒアリング等により確認 ＜確認内容：積算基準・積算根拠、見積書の不備及び積算内訳がない理由、対応策が不十分な理由、原因まで遡った今後の対応策　等＞	
○執行決定書及び関連する必要な書類 　（委託業務の内容、目的、対象範囲、	・監査対象を広げてサンプルを増やす。	

事務フロー	想定されるリスク	想定される各課の対応策
③執行決定書の作成	(8)意思決定プロセスの無視	る】 ・経済的合理性・公正性等に反した分割発注等がないよう、経費の積算に応じて、入札設定の妥当性等を確認する。 ・経費の積算、入札設定の妥当性、関係法令の手続の遵守等を確認した上で、決裁権者が決裁する。
④入札の公告	・入札内容が正確に公告されない ・入札公告期間が守られない 〔リスクとしての重要性は低い〕	【契約規則等に基づき、入札の内容を正確に公告する】 ・入札公告に必要な項目が記載されているかどうか、チェックリストで確認する。 ・公告予定日を把握し、適切な進捗管理を行う。
⑤入札説明書等の交付	・誤った入札説明書が交付される〔リスクとしての重要性は低い〕 ・競争性が適切に確保されず、経済的な調達ができない。	【希望者に正確な入札説明書を交付する】 ・④の手続きに合わせて、入札説明書の必要項目についてチェックリストで確認する。 ・入札参加資格を明示しているか確認する。
⑥入札参加資格審査（資格審査決定書、資格審査結果通知書）	(11)契約の内容が適正に履行されない	【入札説明書に基づき、入札参加資格審査を適切に行う】 ・入札参加資格を証する書類を提出させ、入札参加資格を満たしているか審査を行い、当該業務を履行することができる資格があるか確認する。 ・資格があると認められた者に対し

監査手続		備考
第1段階	第2段階	
期間、契約方法、入札保証金の扱い、契約書案、業務処理要領、予算科目、経理現況等がわかる書類）の提出、同一時期に行った同一種類の契約書等の書類の提出 ●執行決定書に必要な事項が適切に記載されているか確認する。 ●経済的合理性・公正性等に反した分割発注ではないことを確認する。 ●決裁書類等により決裁権者が適切に承認しているかを確認する。 ●複数の部局をまたいだ共同発注の是非等を検証する。	・関係職員へのヒアリング等により確認 ＜確認内容：分割発注及び入札の妥当性の理由、執行決定書への記載事項の漏れ・ミス等について、発生原因の分析や執行体制の状況、原因まで遡った今後の対応策　等＞	
○入札公告書の作成に係るチェックリストや進捗管理表の提出 ●チェックリストや進捗管理表が適切に活用され、入札の内容が正確に公告されていることを確認する。	・チェックリスト等が無い場合、どのように確認しているかを確認 ＜確認内容：入札公告の手続が様々になっていないか　等＞	
○入札説明書の作成にかかるチェックリストや進捗管理表の提出 ●チェックリストや進捗管理表が適切に活用され、入札説明書が正確に作成されていることを確認する。	・チェックリスト等が無い場合、どのように確認しているかを確認 ＜確認内容：入札公告の手続が様々になっていないか　等＞	
○資格審査内容を証する書類の提出 ●入札説明書に記載された資格を有していることを、適正に審査しているか確認する。 ●事故又は不履行があった場合、当該契約にかかる資格審査そのものが妥当であるか確認する。	・資格審査内容を証する書類等が無い場合、どのように確認しているかを確認 ＜確認内容：資格審査手続が適切になされているか　等＞	

事務フロー	想定されるリスク	想定される各課の対応策
		て、資格審査結果通知書を送付する。
⑦予定価格調書の作成	㊵不適切な価格で契約 ・競争性が適切に確保されず、経済的な調達ができない。 ㊿発注価格の誤り（資産保全の観点）	【適正に積算された金額に基づき、一定のルールのもと、予定価格調書を作成する】 ・積算根拠を定めた契約事務マニュアル等に基づき予定価格を設定する。 ・積算根拠を定めたものがない場合は、契約事務マニュアル等に基づき複数者から見積書を徴取するなど、適正な予定価格を設定する。 ・担当者はルールに従った予定価格の設定が行われていることを確認する。 ・決裁権者は予定価格の設定などについて予定価格調書を確認し、決裁する。 ・予定価格を事後公表としている場合にあっては、漏洩しないよう、必要な措置を講じる。
⑧入札保証金の徴収	・入札保証金の金額を誤る ・入札保証金を徴収しない 〔リスクとしての重要性は低い〕	【入札実施内容で公表した入札保証金を徴収する】 ・マニュアル等により、入札保証金を徴収する手続を明記する。
⑨入札の執行（入札書、入札手順書）	・入札が無効になる 〔リスクとしての重要性は低い〕	【マニュアル等に沿った手順により入札を執行する】 ・マニュアル等により入札の執行手順を定める。
⑩開札（入札書、	・入札が無効となる 〔リスクとしての重要性は低い〕	【マニュアル等に沿った手順により開札する】 ・マニュアル等により開札の手順を定

監査手続		
第1段階	第2段階	備考
○予定価格の積算基準・積算根拠を定めた書面の提出 ●積算が適正に行われているか、積算基準・積算根拠を定めた書面と、積算内訳を定めた書面を確認する。 ●予定価格調書によって、確認・決裁が行われていることを確認する。 ●契約不調の状況等を踏まえた、予定価格の積算の妥当性を検証する。 ●予定価格が漏洩しないための必要な措置の内容を確認し、その妥当性を検証する。	・監査対象を広げてサンプルを増やす。 ・関係職員へのヒアリング等により確認 ＜確認内容：予定価格の積算基準・積算根拠の理由、対応策が不十分な理由、原因まで遡った今後の対応策等＞	
○入札保証金の納入書類を提出 ●すべての入札参加者が正しく入札保証金を納入しているかどうか確認する。 ●入札保証金を免除されている場合は、その理由を確認する。	・免除すべき理由が無いにもかかわらず、納入書類が無い場合は、その取扱いについてヒアリングを行う。	
○入札の執行手順を定めたマニュアル等の提出 ●入札がマニュアルどおり実施されているか実地調査又はヒアリングにより確認する。	・手続を定めたマニュアルが無い場合、具体的な入札執行についてヒアリングを行う。 ＜確認内容：入札手続が適切になされているか　等＞	
○入札の執行手順を定めたマニュアル等の提出 ●入札がマニュアルどおり実施されてい	・手続を定めたマニュアルが無い場合、具体的な入札執行についてヒアリングを行う。	

事務フロー	想定されるリスク	想定される各課の対応策
入札結果等）		・める。 ・再度入札や不落随意契約となった場合の事務手続が適正か確認する。
⑪落札者の決定及び通知（決定書）	⑩不適切な価格で契約 ・競争性が適切に確保されず、経済的な調達ができない。	【マニュアル等に沿った手順により落札者の決定を行い、参加者に通知する】 ・落札者の決定にあたっては、開札後の決裁時点で入札結果を複数人で確認する。 ・談合情報等があった場合、状況の確認、入札の中止、関係当局へ通報するなどの必要な措置を取る。
⑫契約保証金の徴収	⑪契約の内容が適切に履行されない	【入札実施内容で公表した契約保証金を徴収する】 ・マニュアル等により、契約保証金を徴収する。 ・免除を行う場合は、マニュアル等に従って決定し、決裁権者は免除の決裁を行う。
⑬契約締結決定書の作成	⑱不適切な内容で契約 ・成果物が適切な水準のものであるか ⑪契約の内容が適切に履行されない ⑻意思決定プロセスの無視	【入札条件に記載された内容に基づき、契約相手方が履行すべき内容が明確に記載された契約締結決定書を作成する】 ・契約事務マニュアル等により、標準約款等ひな形を利用する。 ・業務処理内容と契約書の内容を一致させる。 ・入札関係法令等を確認し、契約書へ必要事項を記載する。 ・契約事務マニュアル等に基づき、担当者は標準約款等で規定された項目以外の項目を設定する場合は、リーガルチェックを行う。 ・入札の手続を経て落札者が確定したことを確認した上で、決裁権者が決裁する。

監査手続		備考
第1段階	第2段階	
るか実地調査又はヒアリングにより確認する。	<確認内容：入札手続が適切になされているか　等>	
○入札の執行手順を定めたマニュアル等の提出 ●入札がマニュアルどおり実施されているか実地調査又はヒアリングにより確認する。 ●落札者の決定がルールに従ったものとなっていることを確認する。	・手続を定めたマニュアルが無い場合、具体的な入札執行についてヒアリングを行う。<確認内容：入札手続が適切になされているか　等>	
○契約保証金の納入書類を提出 ●サンプルを抽出して、契約に従った金額を徴収していることを確認する。 ●免除を行っている場合は、マニュアル等に従った適正な理由により免除され、決裁権者が免除の決裁を行っていることを確認する。	・免除すべき理由が無いにもかかわらず、納入書類が無い場合は、その取扱いについてヒアリングを行う。	
○業務処理内容がわかる書類、契約書、決裁書類等を書面により提出 ●契約書の内容と決定した業務処理内容が符合するか確認する。 ●契約書の作成時期が適正か確認する。 ●契約書を閲覧し、契約書への必要記載事項（契約の当事者、契約金額、契約目的、契約の履行期限、場所、契約保証金、危険負担、対価の支払の時期及び方法、その他）が記載されているか確認する。 ●契約内容に、標準約款等で規定された項目以外の項目が設定されている場合は、リーガルチェックの有無を確認する。 ●決裁書類等により決裁権者が適切に承認しているか確認する。	・監査対象を広げてサンプルを増やす。 ・関係職員へのヒアリング等により確認 <確認内容：落札者とのやりとりの状況、必要事項の記載漏れの理由、契約前に業務が開始された理由、契約における執行体制の状況、原因まで遡った今後の対応策　等>	

事務フロー	想定されるリスク	想定される各課の対応策
↓ ⑭契約書等の作成	⒅不適切な内容で契約	【双方が契約書の内容を確認し、押印する】 ・契約書の内容が契約締結決定書に従ったものであり、決裁権者が決裁していることを確認して、押印する。 ・業務開始前に契約を締結する。
↓ ⑮入札結果の公表	・入札結果が正しく公表されない。 〔リスクとしての重要性は低い〕	【マニュアル等に沿った手順により、入札結果を公表する。】 入札結果について、入札の翌日までに公表するよう手続を定め、確認する。
↓ ⑯受注者の業務処理責任者及び業務担当者のわかる書類、作業計画書の提出	⑾契約の内容が適切に履行されない	【契約書及び仕様書に基づき、受注者の業務処理責任者及び業務担当者、作業計画書を把握する】 ・受注者から業務処理責任者及び業務担当者のわかる書類、作業計画書の提出を受ける。 ・業務処理責任者に対し、業務内容の打ち合わせや連絡調整を行う。
↓ ⑰契約に基づく業務の実施（検査については、⑲の手続と重複）	⑾契約の内容が適切に履行されない	【契約相手方は、契約書に記載の内容を誠実に履行する】 ・契約事務マニュアル等に基づき委託した業務が契約どおりに行われているか検査を実施する。 ・担当者は契約に従って実績報告書等を提出させ、実績報告が目的に従った成果を挙げているかを確認する。
↓ ⑱業務完了届及び報告書等の提出	⑾契約の内容が適切に履行されない	【契約相手方は、実績報告書等を業務終了後○日以内に提出する】 ・契約書に実績報告書等を提出させる旨を明記する。

監査手続		
第1段階	第2段階	備考
○契約書等の提出 ●⑬の手続に合わせて、契約書が正しく作成され、双方の押印がなされているか確認する。	・契約書が無い場合は、正当な契約手続が行われていない理由を確認する。	
○入札結果の公表資料を提出 ●⑨〜⑪の手続の結果を踏まえて入札結果が公表されているか確認する。	・入札結果を公表していない、又は、入札結果の資料を作成していない場合は、その理由を確認する。	
○業務処理責任者及び業務担当者の一覧表の提出 ○作業計画書を提出 ●契約ごとに業務処理責任者及び業務担当者が選任される仕組みとなっているか、また、実際に選任されているか確認する。 ●委託業務が、契約書及び仕様書に基づき行われていることを確認する。	・監査対象を広げてサンプルを増やす。 ・関係職員へのヒアリング等により確認 ＜確認内容：業務責任者及び作業計画書が未提出の理由、履行中の確認体制、原因まで遡った今後の対応策等＞	
○契約書、実績報告書、成果物の提出。成果物の電子データの提出。 ●契約書、実績報告書、成果物により委託業務が契約どおりに行われているか確認。電子データによって、作成日を確認。	・監査対象を広げてサンプルを増やす。 ・関係職員へのヒアリング等により確認 ＜確認内容：契約内容が履行されていない理由、委託先及び契約履行中の確認体制、原因まで遡った今後の対応策 等＞	
●⑰の手続に合わせて、実績報告書が契約書で定められた期日内に提出されているか確認する。 ●実績報告書の記載内容が業務の目的、目標に合致しているか確認し、契約した事業の効果や契約そのものの必要性	・実績報告書が契約書で定められた期日内に提出されていない、又は履行内容の記載が不十分である場合、その理由や未記載の内容をどのように確認したか、担当職員へのヒアリング等により確認する。	

事務フロー	想定されるリスク	想定される各課の対応策
⑲履行確認・検査・額の確定（概算払、精算払）	㊴契約金額と相違する支払 ⑾契約の内容が適切に履行されない ・成果物が適切な水準のものであるか	【契約相手方から提出された委託業務の成果物の内容を確認し、契約書に記載の内容が確実に履行されたことを確認し、契約金額に基づく支払額を確定し、契約相手方からの請求を受けて、30日以内に支出する】 ・契約書、実績報告書、請求書、領収書等を照合させる。 ・委託業務の成果物について、担当者は、その内容が正しいかどうか確認し、委託業務が適切に履行されたかどうかの検査を行う、 ・当該検査の結果を踏まえて、契約に対する出来高を算定し、契約金額に基づく支払額を決定する。 ・請求書が適法なものであることを確認し、請求を受けてから30日以内に支払いを行う。 ・これらの手続きについて、マニュアル等で具体的な実施方法を定める。

監査手続		
第1段階	第2段階	備考
等について検証する。 ○契約書、実績報告書、請求書の写し、領収書の写しの提出 ●支出が実在しているかどうか、支出書類と確認する。 ●検査内容と齟齬がないか確認する。 ●支払いの行為が政府支払遅延防止法に違反していないか確認する。 ●支払い事務に関するマニュアルが作成されている場合、マニュアルどおりに実施されているか確認する。	＜確認内容：契約内容が履行されていない理由、委託先及び契約履行中の確認体制、原因まで遡った今後の対応策　等＞ ・監査対象を広げてサンプルを増やす。 ・関係職員へのヒアリング等により確認 ＜確認内容：支払ミスの理由、執行体制の状況、原因まで遡った今後の対応策　等＞	

＜一般競争入札（工事）の場合＞

監査の目的：適切な積算に基づき決定権者により契約の意思決定がなされ、その契約を踏まえ適切に業務が履行されているか。

事務フロー	想定されるリスク（番号はH21内部統制報告書のリスク例を参照）	想定される各課の対応策（内部統制）
①工事内容等の検討	⒅不適切な内容で契約	【当該契約の必要性について、実施時期、予算、効果等の観点から十分に精査する】 ・事業の目的 ・完成図に照らして、必要十分な仕様内容等となっていること等を確認する。 ・工事発注にあたり、現場環境が整っているか確認する。
②経費の積算	⑽不適切な価格で契約 ⒅発注価格の誤り（資産保全の観点）	【仕様内容に必要な経費を正しく積算する】 ・積算根拠を定めた契約事務マニュアル等に基づき積算する。 ・工事の発注時期や工期の設定は適切か確認する。 ・設計が法令や指針に従っているか確認する。
③起工決定書の作成	⒅不適切な内容で契約 ⑻意思決定プロセスの無視	【契約規則等に基づき、適正に積算された経費により起工決定書を作成する】 ・経済的合理性 ・公正性等に反した分割発注等がないよう、経費の積算に応じて、入札設定の妥当性、議会同意手続等を確認する。 ・経費の積算、入札設定の妥当性、関係法令の手続の遵守等を確認した上で、決裁権者が決裁する。設計や積

○：監査を受ける部局に提出を求めるもの／●：提出書類に基づき確認すべき点

監査手続		
第1段階 （金額の多寡、過去の指摘事項等を踏まえ、リスクが高いと想定される事務をサンプリング調査）	第2段階 （第1段階で不備が見受けられた場合）	備考
○当該契約に係る予算が確保されていることがわかる書面の提出 ○事業の目的・完成図が明確にわかる書面の提出 ●当該契約の内容と予算内容、事業の目的・完成図に齟齬がないか、または、過大なものとなっていないかを確認する。	・監査対象を広げてサンプルを増やす。 ・関係職員へのヒアリング等により確認 ＜確認内容：予算の確保がなされていない契約の有無　等＞	
○積算基準・積算根拠を定めた書面の提出 ●積算が適切に行われているかについて、積算基準・積算根拠を定めた書面と積算内訳を定めた書面を確認	・監査対象を広げてサンプルを増やす。 ・関係職員へのヒアリング等により確認 ＜確認内容：積算基準・積算根拠、見積書の不備及び積算内訳がない理由、対応策が不十分な理由、原因まで遡った今後の対応策　等＞	
○起工決定書及び関連する必要な書類（工事の内容、目的、対象範囲、期間、契約方法、入札保証金の扱い、契約書案、業務処理要領、予算科目、経理現況等がわかる書類）の提出、同一時期に行った同一種類の契約書等の書類の提出 ●起工決定書に必要な事項が適切に記載されているか確認する。 ●経済的合理性・公正性等に反した分割発注ではないことを確認する。	・監査対象を広げてサンプルを増やす。 ・関係職員へのヒアリング等により確認 ＜確認内容：分割発注及び入札の妥当性の理由、起工決定書への記載事項の漏れ・ミス等について、発生原因の分析や執行体制の状況、原因まで遡った今後の対応策　等＞	

事務フロー	想定されるリスク	想定される各課の対応策
		算の業務を請負工事業者に無償で行わせていないか、また、適正な処遇のための経費が正しく計上されているか確認する。
④入札の公告	・入札内容が正確に公告されない ・入札公告期間が守られない 〔リスクとしての重要性は低い〕	【契約規則等に基づき、入札の内容を正確に公告する】 ・入札公告に必要な項目が記載されているかどうか、チェックリストで確認する。 ・公告予定日を把握し、適切な進捗管理を行う。
⑤入札説明書等の交付	・誤った入札説明書が交付される 〔リスクとしての重要性は低い〕 ・競争性が適切に確保されず、経済的な調達ができない	【希望者に正確な入札説明書を交付する】 ・④の手続に合わせて、入札説明書の必要項目についてチェックリストで確認する。 ・入札参加資格を明示しているか確認する。
⑥入札参加資格審査（資格審査決定書、資格審査結果通知書）	⑪契約の内容が適切に履行されない	【入札説明書に基づき、入札参加資格審査を適切に行う】 ・入札参加資格を証する書類を提出させ、入札参加資格を満たしているか審査を行い、当該業務を履行することができる資格があるか確認する。 ・資格があると認められた者に対して、資格審査結果通知書を送付する。
	⑩不適切な価格で契約 ・競争性が適切に確保されず、経済的な調達ができない ⑬発注価格の誤り（資産保全の観点）	【適正に積算された金額に基づき、一定のルールのもと、予定価格調書を作成する】 ・積算根拠を定めた契約事務マニュアル等に基づき、予定価格を設定する。 ・積算根拠を定めたものがない場合は、契約事務マニュアル等に基づき

監査手続		
第1段階	第2段階	備考
●決裁書類等により決裁権者が適切に承認しているかを確認する。 ●複数の部局をまたいだ共同発注の是非等を検証する。		
○入札公告書の作成にかかるチェックリストや進捗管理表の提出 ●チェックリストや進捗管理表が適切に活用され、入札の内容が正確に公告されていることを確認する。	・チェックリスト等が無い場合、どのように確認しているかを確認 <確認内容：入札公告の手続が様々になっていないか　等>	
○入札説明書の作成にかかるチェックリストや進捗管理表の提出 ●チェックリストや進捗管理表が適切に活用され、入札説明書が正確に作成されていることを確認する。	・チェックリスト等が無い場合、どのように確認しているかを精査 <確認内容：入札公告の手続が様々になっていないか　等>	
○資格審査内容を証する書類の提出 ●入札説明書に記載された資格を有していることを、適正に審査しているか確認する。 ●事故又は不履行があった場合、当該契約にかかる資格審査そのものが妥当であるか確認する。	・資格審査内容を証する書類等が無い場合、どのように確認しているかを確認 <確認内容：資格審査手続が適切になされているか　等>	
○予定価格の積算基準・積算根拠を定めた書面の提出 ●積算が適正に行われているか、積算基準・積算根拠を定めた書面と、積算内訳を定めた書面を確認する。 ●予定価格調書によって、確認・決裁が行われていることを確認する。 ●契約不調の状況等を踏まえた、予定価	・監査対象を広げてサンプルを増やす。 ・関係職員へのヒアリング等により確認 <確認内容：予定価格の積算基準・積算根拠の理由、対応策が不十分な理由、原因まで遡った今後の対応策等>	

事務フロー	想定されるリスク	想定される各課の対応策
⑦予定価格調書の作成		複数者から見積書を徴取するなど、適正な予定価格を設定する。 ・担当者はルールに従った予定価格の設定が行われていることを確認する。 ・決裁権者は予定価格の設定などについて予定価格調書を確認し、決裁する。 ・予定価格を事後公表としている場合にあっては、予定価格が漏洩しないよう、必要な措置を講じる。
⑧入札保証金の徴収	・入札保証金の金額を誤る ・入札保証金を徴収しない 〔リスクとしての重要性は低い〕	【入札実施内容で公表した入札保証金を徴収する】 ・マニュアル等により、入札保証金を徴収する手続きを明記する。
⑨入札の執行（入札書、入札手順書）	・入札が無効になる 〔リスクとしての重要性は低い〕	【マニュアル等に沿った手順により入札を執行する】 ・マニュアル等により入札の執行手順を定める。 ・公告において入札参加者から工事内訳書の提出を求めている場合は、その内容が適正か確認する。
⑩開札（入札書、入札結果等）	・入札が無効となる 〔リスクとしての重要性は低い〕	【マニュアル等に沿った手順により開札する】 ・マニュアル等により開札の手順を定める。 ・再度入札や不落随意契約となった場合の事務手続が適正か確認する。
⑪落札者の決定及び	⑩不適切な価格で契約 ・競争性が適切に確保されず、経済的な調達ができない	【マニュアル等に沿った手順により落札者の決定を行い、参加者に通知する】 ・落札者の決定にあたっては、開札後の決裁時点で入札結果を複数人で

監査手続		備考
第1段階	第2段階	
格の積算及び設計内容の妥当性を検証する。 ●予定価格が漏洩しないための必要な措置に内容を確認し、その妥当性を検証する。		
○入札保証金の納入書類を提出 ●すべての入札参加者が正しく入札保証金を納入しているかどうか確認する。 ●入札保証金を免除されている場合は、その理由を確認する。	・免除すべき理由が無いにもかかわらず、納入書類が無い場合は、その取扱いについてヒアリングを行う。	
○入札の執行手順を定めたマニュアル等の提出 ●入札がマニュアルどおり実施されているか実地調査又はヒアリングにより確認する。	・手続を定めたマニュアルが無い場合、具体的な入札執行についてヒアリングを行う。 <確認内容：入札手続が適切になされているか　等>	
○入札の執行手順を定めたマニュアル等の提出 ●入札がマニュアルどおり実施されているか実地調査又はヒアリングにより確認する。	・手続を定めたマニュアルが無い場合、具体的な入札執行についてヒアリングを行う。 <確認内容：入札手続が適切になされているか　等>	
○入札の執行手順を定めたマニュアル等の提出 ●入札がマニュアルどおり実施されているか実地調査又はヒアリングにより確認する。	・手続を定めたマニュアルが無い場合、具体的な入札執行についてヒアリングを行う。 <確認内容：入札手続が適切になされているか　等>	

事務フロー	想定されるリスク	想定される各課の対応策
通知（決定書）		確認する。 ・談合情報等があった場合、入札を中止、関係当局へ通報するなどの必要な措置を取る。
⑫契約保証金の徴収	(11)契約の内容が適切に履行されない	【入札実施内容で公表した契約保証金を徴収する】 ・マニュアル等により、契約保証金を徴収する。 ・免除を行う場合は、マニュアル等に従って決定し、決裁権者は免除の決裁を行う。
⑬契約締結決定書の作成	(18)不適切な内容で契約 (11)契約の内容が適切に履行されない (8)意思決定プロセスの無視	【入札条件に記載された内容に基づき、契約相手方が履行すべき内容が明確に記載された契約締結決定書を作成する】 ・契約事務マニュアル等により、標準約款等ひな形を利用する。 ・業務処理内容と契約書の内容を一致させる。 ・入札関係法令等を確認し、契約書へ必要事項を記載する。 ・契約事務マニュアル等に基づき、標準約款等で規定された項目以外の項目を設定する場合は、リーガルチェックを行う。 ・入札の手続を経て落札者が確定したことを確認した上で、決裁権者が決裁する。
⑭契約書等の作成	(18)不適切な内容で契約	【双方が契約書の内容を確認し、押印する】 ・契約書の内容が契約締結決定書に従ったものであり、決裁権者が決裁していることを確認して、押印する。 ・業務開始前に契約を締結する。

監査手続		備考
第1段階	第2段階	
●落札者の決定がルールに従ったものとなっていることを確認する。		
○契約保証金の納入書類を提出 ●サンプルで抽出して、契約に従った金額を徴収していることを確認する。 ●免除を行っている場合は、マニュアル等に従った適正な理由により免除され、決裁権者が免除の決裁を行っていることを確認する。	・免除すべき理由が無いにもかかわらず、納入書類が無い場合は、その取扱いについてヒアリングを行う。	
○業務処理内容がわかる書類、契約書、決裁書類等を書面により提出 ●契約書の内容と決定した業務処理内容が符合するか確認する。 ●契約書の作成時期が適正か確認する。 ●契約書を閲覧し、契約書への必要記載事項（契約の当事者、契約金額、契約目的、契約の履行期限、場所、契約保証金、危険負担、対価の支払の時期及び方法、その他）が記載されているか確認する。 ●契約内容に、標準約款等で規定された項目以外の項目を設定する場合は、リーガルチェックの有無を確認する。 ●決裁書類等により決裁権者が適切に承認しているか確認する。	・監査対象を広げてサンプルを増やす。 ・関係職員へのヒアリング等により確認 ＜確認内容：落札者とのやりとりの状況、必要事項の記載漏れの理由、契約前に業務が開始された理由、契約における執行体制の状況、原因まで遡った今後の対応策　等＞	
○契約書等の提出 ●⑬の手続に合わせて、契約書が正しく作成され、双方の押印がなされているか確認する。	・契約書が無い場合は、正当な契約手続が行われていない理由を確認する。	

事務フロー	想定されるリスク	想定される各課の対応策
⑮入札結果の公表	・入札結果が正しく公表されない。〔リスクとしての重要性は低い〕	【マニュアル等に沿った手順により、入札結果を公表する】 ・入札結果について、入札の翌日までに公表するよう手続を定め、確認する。
⑯業務処理責任者、業務担当者等の選定・通知	⑪契約の内容が適切に履行されない	【契約書及び仕様書に基づき、受注者の業務処理責任者及び業務担当者、工事計画書を把握する】 ・受注者から業務処理責任者及び業務担当者のわかる書類、工事計画書の提出を受ける。 ・工事の一括下請負や主要な部分の下請負が行われていないか、指示簿が作成され現場に反映されているか、安全管理が適切に行われているかなどを確認する。
⑰契約に基づく給付（検査については、⑲の手続と重複）	⑪契約の内容が適切に履行されない	【契約相手方は、契約書に記載の内容を誠実に履行する】 ・契約事務マニュアル等に基づき発注した工事が完成しているか検査を実施する。 ・契約に従って工事記録等を提出させ、実績報告が仕様に沿った内容となっているかを確認する。
⑱工事終了後の検収	⑪契約の内容が適切に履行されない	【契約相手方は、工事終了後、発注者による工事完了に伴う確認を受ける】 ・契約書に工事記録や現場写真等を提出させる旨を明記する。

監査手続		
第1段階	第2段階	備考
○入札結果の公表資料を提出 ●⑨～⑪の手続の結果を踏まえて入札結果が公表されているか確認する。	・入札結果を公表していない、又は、入札結果の資料を作成していない場合は、その理由を確認する。	
○業務処理責任者及び業務担当者の一覧表を提出 ○工事計画書を提出 ●契約ごとに業務処理責任者及び業務担当者が選任される仕組みとなっているか、また、実際に選任されているか確認する。 ●工事が、契約書及び仕様書に基づき行われていることを確認する。	・業務処理責任者及び業務担当者が選任されていない場合、契約内容の監督、検査をどのように行っているか担当職員へのヒアリング等により確認する。 ＜確認内容：監督・検査体制が構築されているか　等＞	
○契約書、工事記録、現場写真等の提出 ●契約書、工事記録、現場写真等により工事が契約どおりに行われているか確認する。	・監査対象を広げてサンプルを増やす。 ・関係職員へのヒアリング等により確認 ＜確認内容：現場での履行状況、契約内容が履行されていない理由、請負先及び契約履行中の確認体制、原因まで遡った今後の対応策　等＞	
●⑰の手続に合わせて、工事が契約書で定められた期日内に完了されているか確認する。 ●工事記録の記載内容が工事の仕様に合致しているか確認し、契約した工事の効果や契約そのものの必要性等について検証	・工事記録等が契約書で定められた期日内に提出されていない、又は履行内容の記載が不十分である場合、その理由や未記載の内容をどのように確認したか、担当職員へのヒアリング等により確認する。 ＜確認内容：現場での履行状況、契約内容が履行されていない理由、請負先及び契約履行中の確認体制、原因まで遡った今後の対応策　等＞	

事務フロー	想定されるリスク	想定される各課の対応策
↓ ⑲履行確認・検査・額の確定（概算払、精算払）	㊴契約金額と相違する支払 ⑾契約の内容が適切に履行されない	【担当者は、契約相手方から提出された工事の成果物の内容を確認し、契約書に記載の内容が確実に履行されたことを確認し、契約金額に基づく支払額を確定し、契約相手方からの請求を受けて、40日以内に支出する】 ・契約書、工事記録、現場写真、請求書、領収書等を照合させる。 ・工事請負の成果物について、担当者かどうかの検査を行う。 ・当該検査の結果を踏まえて、契約に対する出来高を算定し、契約金額に基づく支払額を決定する。 ・請求書が適法なものであることを確認し、請求を受けてから40日以内に支払いを行う。 ・これらの手続について、マニュアル等で具体的な実施方法を定める。

監査手続		
第1段階	第2段階	備考
○契約書、工事記録、現場写真、請求書の写し、領収書の写しの提出 ●支出が実在しているかどうか、支出書類と確認 ●検査内容と齟齬がないか確認 ●支払いの行為が政府支払遅延防止法に違反していないか確認 ●支払い事務に関するマニュアルが作成されているか確認	・監査対象を広げてサンプルを増やす。 ・関係職員へのヒアリング等により確認 <確認内容：支払ミスの理由、執行体制の状況、原因まで遡った今後の対応策　等>	

＜随意契約（委託）の場合＞

監査の目的：適切な積算に基づき決定権者により契約の意思決定がなされ、その契約を踏まえ適切に業務が履行されているか。

事務フロー	想定されるリスク（番号はH21内部統制報告書のリスク例を参照）	想定される各課の対応策（内部統制）
①仕様内容等の検討	⑱不適切な内容で契約	【当該契約の必要性について、実施時期、予算、効果等の観点から十分に精査する】 ・事業の目的・目標に照らして、必要十分な仕様内容等となっていること等を確認する。
↓		
②経費の積算	㊵不適切な価格で契約 (63)発注価格の誤り（資産保全の観点）	【仕様に記載してある必要経費を正しく積算する】 ・積算根拠を定めた契約事務マニュアル等に基づき積算する。 ・積算根拠を定められない場合は、契約事務マニュアル等に基づき、複数者から見積書を徴取するなど、適正な見積価格を設定する。特に少額随意契約の場合にあっては、随意契約の相手方からの見積書のみをもって積算していないか確認する。
↓		
	⑻意思決定プロセスの無視 ⒄予算消化のための経費支出 ⑱不適切な内容で契約 ㊲収賄 ㊳横領	【契約規則等に基づき、適正に積算された経費により執行決定書を作成する】 ・経済的合理性・公正性等に反する分割発注等がないよう、経費の積算に応じて、随意契約設定の妥当性を確認する。

○：監査を受ける部局に提出を求めるもの／●：提出書類に基づき確認すべき点

監査手続		
第1段階 （金額の多寡、過去の指摘事項等を踏まえ、リスクが高いと想定される事務をサンプリング調査）	第2段階 （第1段階で不備が見受けられた場合）	備考
○当該契約にかかる予算が確保されていることがわかる書面の提出 ○事業の目的・目標が明確にわかる書面の提出 ●当該契約の内容と予算内容、事業の目的・目標に齟齬がないか、または、過大なものとなっていないかを確認する。 ●随意契約を採用する理由が合理的であるかどうかを確認する。	・監査対象を広げてサンプルを増やす。 ・関係職員へのヒアリング等により確認 <確認内容：予算の確保がなされていない契約の有無　等>	
○積算基準・積算根拠を定めた書面の提出 ●適正な予定価格が適正に算定されているかどうかについて、積算基準・積算根拠を定めた書面と積算内訳を定めた書面を確認する。 ●積算根拠の改訂や見積書徴取の相手方の妥当性等を検証する。	・監査対象を広げてサンプル絵を増やす。 ・関係職員へのヒアリング等により確認 <確認内容：積算基準・積算根拠、見積書の不備及び積算内訳がない理由、対応策が不十分な理由、原因まで遡った今後の対応策　等>	
○執行決定書及び関連する必要な書類（委託業務の内容、目的、対象範囲、期間、契約方法、契約書案、業務処理要領、予算科目、経理現況等がわかる書類）の提出、同一時期に行った同一種類の契約書等の書類の提出 ●執行決定書に必要な事項（特に、随意	・監査対象を広げてサンプルを増やす。 ・関係職員へのヒアリング等により確認 <確認内容：分割発注及び契約の妥当性の理由、執行決定書への記載事項の漏れ・ミス等について、発生原	

事務フロー	想定されるリスク	想定される各課の対応策
③執行決定書の作成・委託業者の選定		・経費の積算、随意契約設定の妥当性、関係法令の手続の遵守等を確認した上で、決裁権者が決裁する。 ・決裁権者は、少額随契において業者の固定化が癒着を招いていないか、理由があって特定の業者を選定している場合はその理由を確認する。 ・担当者は、定期的に少額随意契約の一覧を作成し、少額随意契約において業者の固定化が癒着を招いていないか、理由があって特定の業者を選定している場合はその理由を確認する
④見積書の提出に係る通知	・誤った契約説明書が交付される〔リスクとしての重要性は低い〕	【希望者に正確な契約説明書を交付する】 ・契約説明書の必要項目についてチェックリストで確認する。 ・契約参加資格を明示しているか確認する。
⑤契約参加資格審査（資格審査決定書、資格審査結果通知書）	⑾契約の内容が適切に履行されない	【契約説明書に基づき、契約参加資格審査を適切に行う】 ・随意契約であっても、契約の相手方が入札参加資格を有していることを確認する。 ・入札参加資格を証する書類を提出させ、契約参加資格を満たしているか審査を行い、当該業務を履行することができる資格があるか確認する。 ・資格があると認められた者に対して、資格審査結果通知書を送付する。
	⑽不適切な価格で契約 ⒀発注価格の誤り（資産保全の観点）	【適正に積算された金額に基づき、一定のルールのもと、予定価格調書を作成する】 ・積算根拠を定めた契約事務マニュア

監査手続		備考
第1段階	第2段階	
契約を設定の妥当性）が適切に記載されているか確認する。 ●経済的合理性・公正性等に反した分割発注ではないことを確認する。 ●業者の固定化の有無が生じていないかなどについて確認した上で、決裁書類等により決裁権者が適切に承認しているかを確認する。 ●複数の部局をまたいだ共同発注の是非等を検証する。	因の分析や執行体制の状況、原因まで遡った今後の対応策　等＞	
○契約説明書の作成にかかるチェックリストや進捗管理表の提出 ●チェックリストや進捗管理表が適切に活用され、契約説明書が正確に作成されていることを確認する。	・チェックリスト等が無い場合、どのように確認しているかを確認	
○資格審査内容を証する書類の提出 ●契約説明書に記載された資格を有していることを、適正に審査しているか確認する。 ●事故又は不履行があった場合、当該契約にかかる資格審査そのものが妥当であるか確認する。	・資格審査内容を称する書類等が無い場合、どのように確認しているかを確認 ＜確認内容：資格審査手続が適切になされているか　等＞	
○予定価格の積算基準・積算根拠を定めた書面の提出 ●積算が適正に行われているか、積算基準・積算根拠を定めた書面と、積算内	・監査対象を広げてサンプルを増やす。 ・関係職員へのヒアリング等により確認	

事務フロー	想定されるリスク	想定される各課の対応策
⑥予定価格調書の作成		ル等に基づき予定価格を設定する。 ・積算根拠を定めたものがない場合は、契約事務マニュアル等に基づき複数者から見積書を徴取するなど、適正な予定価格を設定する。 ・担当者はルールに従った予定価格の設定が行われていることを確認する。 ・決裁権者は予定価格の設定などについて予定価格調書を確認し、決裁する。
⑦見積合わせ	・見積合わせが無効になる〔リスクとしての重要性は低い〕	【マニュアル等に沿った手順により見積合わせを執行する】 ・マニュアル等により見積合わせの執行手順を定める。
⑧契約者の決定及び通知（決定書）	⑩不適切な価格で契約	【マニュアル等に沿った手順により契約者の決定を行い、参加者に通知する】 ・契約者の決定にあたっては、見積合わせ結果を複数人で確認する。
⑨契約保証金の徴収	⑪契約の内容が適切に履行されない	【契約実施内容で公表した契約保証金を徴収する】 マニュアル等により、契約保証金を徴収する。 免除を行う場合は、マニュアル等に従って決定し、決裁権者は免除の決裁を行う。
	⑱不適切な内容で契約 ⑪契約の内容が適切に履行されない ⑧意思決定プロセスの無視	【契約条件に記載された内容に基づき、契約相手方が履行すべき内容が明確に記載された契約締結決定書を作成する。】 ・契約事務マニュアル等により、標準

監査手続		備考
第1段階	第2段階	
訳を定めた書面を確認する。 ●予定価格調書によって、確認・決裁が行われていることを確認する。 ●契約不調の状況等を踏まえた、予定価格の積算の妥当性を検証する。 ●予定価格が漏洩しないための必要な措置に内容を確認し、その妥当性を検証する。	＜確認内容：予定価格の積算基準・積算根拠の理由、対応策が不十分な理由、原因まで遡った今後の対応策等＞	
○見積合わせの執行手順を定めたマニュアル等の提出 ●見積合わせがマニュアルどおり実施されているか実地調査又はヒアリングにより確認する。	・手続を定めたマニュアルが無い場合、具体的な見積合わせ執行についてヒアリングを行う。 ＜確認内容：見積合わせ手続が適切になされているか　等＞	
○契約の執行手順を定めたマニュアル等の提出 ●契約がマニュアルどおりに実施されているか実地調査又はヒアリングにより確認する。 ●契約者の決定がルールに従ったものとなっていることを確認する。	・手続を定めたマニュアルが無い場合、具体的な見積合わせ執行についてヒアリングを行う。 ＜確認内容：見積合わせ手続が適切になされているか　等＞	
○契約保証金の納入書類を提出 ●サンプルで抽出して、契約に従った金額を徴収していることを確認する。 ●免除を行っている場合は、マニュアル等に従った適正な理由により免除され、決裁権者が免除の決裁を行っていることを確認する。	・免除すべき理由が無いにもかかわらず、納入書類が無い場合は、その取扱いについてヒアリングを行う。	
○業務処理内容がわかる書類、契約書、決裁書類等を書面により提出 ●契約書の内容と決定した業務処理内容が符合するか確認する。 ●契約書の作成時期が適正が確認する。	・監査対象を広げてサンプルを増やす。 ・関係職員へのヒアリング等により確認 ＜確認内容：落札者とのやりとりの	

事務フロー	想定されるリスク	想定される各課の対応策
⑩契約締結決定書の作成		約款等ひな形を利用する。 ・業務処理内容と契約書の内容を一致させる。 ・契約関係法令等を確認し、契約書へ必要事項を記載する。・契約事務マニュアル等に基づき、標準約款等で規定された項目以外の項目を設定する場合は、リーガルチェックを行う。 ・見積合わせの手続を経て契約者が確定したことを確認した上で、決裁権者が決裁する。
⑪契約書等の作成	⑱不適切な内容で契約	【双方が契約書の内容を確認し、押印する。】 ・契約書の内容が契約締結書に従ったものであり、決裁権者が決裁していることを確認して、押印する。 ・業務開始前に契約を締結する。
⑫受注者の業務処理責任者及び業務担当者のわかる書類、作業計画書の提出	⑪契約の内容が適切に履行されない	【契約書及び仕様書に基づき、受注者の業務処理責任者及び業務担当者、作業計画書を把握する。】 ・受注者から業務処理責任者及び業務担当者のわかる書類、作業計画書の提出を受ける。 ・業務処理責任者に対し、業務内容の打ち合わせや連絡調整を行う。
⑬契約に基づく業務の実施（検査については、一般競争入札（委託）⑮の手続と重複）	⑪契約の内容が適切に履行されない	【契約相手方は、契約書に記載の内容を誠実に履行する。】 ・契約事務マニュアル等に基づき、委託した業務が契約どおりに行われているか検査を実施する。 ・契約に従って実績報告書等を提出させ、実績報告が目的に従った成果を挙げているかを確認する。

監査手続		備考
第1段階	第2段階	
●契約書を閲覧し、契約書への必要記載事項（契約の当事者、契約金額、契約目的、契約の履行期限、場所、契約保証金、危険負担、対価の支払の時期及び方法、その他）が記載されているか確認する。 ●契約内容に、標準約款等で規定された項目以外の項目を設定する場合は、リーガルチェックの有無を確認する。 ●決裁書類等により決裁権者が適切に承認しているか確認する。	状況、必要事項の記載漏れの理由、契約前に業務が開始された理由、契約における執行体制の状況、原因まで遡った今後の対応策　等＞	
○契約書等の提出 ●⑩の手続きに合わせて、契約書が正しく作成され、双方の押印がなされているか確認する。	・契約書が無い場合は、正当な契約手続きが行われていない理由を確認する。	
○業務処理責任者及び業務担当者のわかる書類、作業計画書の提出 ●委託業務が、契約書及び仕様書に基づき行われていることを確認する。	・監査対象を広げてサンプルを増やす。 ・関係職員へのヒアリング等により確認 ＜確認内容：業務責任者及び作業計画書が未提出の理由、履行中の確認体制、原因まで遡った今後の対応策等＞	
○契約書、実績報告書、成果物の提出 ●契約書、実績報告書、成果物により委託業務が契約どおりに行われているか確認	・監査対象を広げてサンプルを増やす。 ・関係職員へのヒアリング等により確認 ＜確認内容：契約内容が履行されていない理由、委託先及び契約履行中の確認体制、原因まで遡った今後の対応策　等＞	

事務フロー	想定されるリスク	想定される各課の対応策
↓ ⑭業務完了届及び報告書等の提出	⑾契約の内容が適切に履行されない	【契約相手方は、実績報告書等を業務終了後○日以内に提出する。】 ・契約書に実績報告書等を提出させる旨を明記する。
↓ ⑮履行確認・検査・額の確定（概算払、精算払)	㊴契約金額と相違する支払 ⑾契約の内容が適切に履行されない	【担当者は、契約相手方から提出された委託業務の成果物の内容を確認し、契約書に記載の内容が確実に履行されたことを確認し、契約金額に基づく支払額を確定し、契約相手方からの請求を受けて、30日以内に支出する】 ・契約書、履行確認報告書、請求書、領収書等を照合させる。 ・委託業務の成果物について、業務責任者、業務担当者は、その内容が正しいかどうか確認し、委託業務が適切に履行されたかどうかの検査を行う。 ・当該検査の結果を踏まえて、契約に対する出来高を算定し、契約金額に基づく支払額を決定する。 ・請求書が適法なものであることを確認し、請求を受けてから30日以内に支払いを行う。 ・これらの手続について、マニュアル等で具体的な実施方法を定める。

監査手続		備考
第1段階	第2段階	
●⑬の手続に合わせて、実績報告書が契約書で定められた期日内に提出されているか確認する。 ●実績報告書の記載内容が業務の目的、目標に合致しているか確認し、契約した事業の効果や契約そのものの必要性等について検証	・実績報告書が契約書で定められた期日内に提出されていない、また、履行内容の記載が不十分である場合、その理由や未記載の内容をどのように確認したか、担当職員へのヒアリング等により確認する。 <確認内容：契約内容が履行されていない理由、委託先及び契約履行中の確認体制、原因まで遡った今後の対応策　等>	
○契約書、実績報告書、請求書の写し、領収書の写しの提出 ●支出が実在しているかどうか、支出書類と確認 ●検査内容と齟齬がないか確認 ●支払いの行為が政府支払遅延防止法に違反していないか確認 ●支払い事務に関するマニュアルが作成されているか確認	・監査対象を広げてサンプルを増やす。 ・関係職員へのヒアリング等により確認 <確認内容：支払ミスの理由、執行体制の状況、原因まで遡った今後の対応策　等>	

＜随意契約（工事）の場合＞

監査の目的：適切な積算に基づき決定権者により契約の意思決定がなされ、その契約を踏まえ適切に業務が履行されているか。

事務フロー	想定されるリスク（番号はH21内部統制報告書のリスク例を参照）	想定される各課の対応策（内部統制）
①工事内容等の検討 ↓	⒅不適切な内容で契約	【当該契約の必要性について、実施時期、予算、効果等の観点から十分に精査する】 ・事業の目的・完成図に照らして、必要十分な仕様内容等となっていること等を確認する。 ・工事発注にあたり、現場環境が整っているかを確認する。
②経費の積算 ↓	㊵不適切な価格で契約 (63)発注価格の誤り（資産保全の観点）	【契約内容に必要な経費を正しく積算する】 ・積算根拠を定めた契約事務マニュアル等に基づき積算する。 ・積算根拠を定められない場合は、契約事務マニュアル等に基づき、複数者から見積書を徴取するなど、適正な見積価格を設定する。特に少額随契の場合にあっては、随意契約の相手方からの見積書のみをもって積算していないか確認する。 ・工事の発注時期や工期の設定は適切か確認する。 ・設計が法令や指針に従っているか確認する。
	⑻意思決定プロセスの無視 ⒄予算消化のための経費支出 ⒅不適切な内容で契約	【契約規則等に基づき、適正に積算された経費により起工決定書を作成する】 ・経済的合理性・公正性等に反した分割発注等がないよう、経費の積算に

○：監査を受ける部局に提出を求めるもの／●：提出書類に基づき確認すべき点

監査手続		
第1段階 （金額の多寡、過去の指摘事項等を踏まえ、リスクが高いと想定される事務をサンプリング調査）	第2段階 （第1段階で不備が見受けられた場合）	備考
○当該契約にかかる予算が確保されていることがわかる書面の提出 ○事業の目的・完成図が明確にわかる書面の提出 ●当該契約の内容と予算内容、事業の目的・完成図に齟齬がないか、または、過大なものとなっていないかを確認する。	・監査対象を広げてサンプルを増やす。 ・関係職員へのヒアリング等により確認 ＜確認内容：予算の確保がなされていない契約の有無　等＞	
○積算基準・積算根拠を定めた書面の提出 ●積算が適正に行われているかについて、積算基準・積算根拠を定めた書面と積算内訳を定めた書面を確認する。 ●積算根拠の改訂や見積書聴取の相手方の妥当性等を検証する。	・監査対象を広げてサンプルを増やす。 ・関係職員へのヒアリング等により確認 ＜確認内容：積算基準・積算根拠、見積書の不備及び積算内訳がない理由、対応策が不十分な理由、原因まで遡った今後の対応策等＞	
○起工決定書及び関連する必要な書類（工事業務の内容、目的、対象範囲、期間、契約方法、契約案書、業務処理要領、予算科目、経理現況等がわかる書類）の提出、同一時期に行った同一	・監査対象を広げてサンプルを増やす。 ・関係職員へのヒアリング等により確認 ＜確認内容：分割発注及び随意契約	

事務フロー	想定されるリスク	想定される各課の対応策
③起工決定書の作成・委託業者の選定	㊲収賄 ㊳横領	応じて、随意契約設定の妥当性、随意契約の要件、議会同意手続等を確認する。 ・経費の積算、随意契約設定の妥当性、関係法令の手続の遵守等を確認した上で、決裁権者が決裁する。設計や積算の業務を請負工事業者に無償で行わせていないか、また、適正な処遇のための経費が計上されているか確認する。 ・工事用地の確保又は地権者からの起工承諾が行われているか確認する。 ・決裁権者は、少額随意契約において業者の固定化が癒着を招いていないか、理由があって特定の業者を選定している場合はその理由を確認する。 ・担当者は、定期的に少額随意契約の一覧を作成し、少額随意契約において業者の固定化が癒着を招いていないか、理由があって特定の業者を選定している場合はその理由を確認する。
④見積書の提出に係る通知	・誤った契約説明書が交付される〔リスクとしての重要性は低い〕	【希望者に正確な契約説明書を交付する】 ・契約説明書の必要項目についてチェックリストで確認する。 ・契約参加資格を明示しているか確認する。
⑤契約参加資格審査（資格審査決定書、資格審査結果	⑪契約の内容が適切に履行されない	【契約説明書に基づき、契約参加資格審査を適切に行う】 ・随意契約であっても、原則として入札参加資格を有していることを確認する。 ・入札参加資格を証する書類を提出させ、契約参加資格を満たしているか

監査手続		備考
第1段階	第2段階	
種類の契約書等の書類の提出 ●起工決定書に必要な事項（特に、随意契約を設定の妥当性）が適切に記載されているか確認する。 ●経済的合理性・公正性等に反した分割発注による契約ではないことを確認する。 ●業者の固定化の有無が生じていないかなどについて確認した上で、決裁書類等により決裁権者が適切に承認しているかを確認する。 ●複数の部局をまたいだ共同発注の是非等を検証する。	の妥当性の理由、起工決定書への記載事項の漏れ・ミス等について、発生原因の分析や執行体制の状況、原因まで遡った今後の対応策　等＞	
○契約説明書の作成にかかるチェックリストや進捗管理表の提出 ●チェックリストや進捗管理表が適切に活用され、契約説明書が正確に作成されていることを確認する。	・チェックリスト等が無い場合、どのように確認しているかを精査確認	
○資格審査内容を証する書類の提出 ●契約説明書に記載された資格を有していることを、適正に審査しているか確認する。 ●事故又は不履行があった場合、当該契約にかかる資格審査そのものが妥当であるか確認する。	・資格審査内容を称する書類等が無い場合、どのように確認しているかを確認 ＜確認内容：資格審査手続が適切になされているか　等＞	

事務フロー	想定されるリスク	想定される各課の対応策
通知書)		審査を行い、当該業務を履行することができる資格があるか確認する。 ・資格があると認められた者に対して、資格審査結果通知書を送付する。
⑥予定価格調書の作成	㊵不適切な価格で契約 ㊿発注価格の誤り（資産保全の観点）	【適正に積算された金額に基づき、一定のルールのもと、予定価格調書を作成する】 ・積算根拠を定めた契約事務マニュアル等に基づき予定価格を設定する。 ・積算根拠を定めたものがない場合は、契約事務マニュアル等に基づき複数者から見積書を徴取するなど、適正な予定価格を設定する。 ・担当者はルールに従った予定価格の設定が行われていることを確認する。 ・決裁権者は予定価格の設定などについて予定価格調書を確認し、決裁する。 ・予定価格を事後公表としてる場合にあっては、予定価格が漏洩しないよう、必要な措置を講じる。
⑦見積合わせ	・見積合わせが無効になる〔リスクとしての重要性は低い〕	【マニュアル等に沿った手順により見積合わせを執行する】 ・マニュアル等により見積合わせの執行手順を定める。 ・通知により見積合わせ参加者から工事内訳書の提出を求めている場合は、その内容が適正か確認する。
⑧契約者の決定及び通知（決定書）	㊵不適切な価格で契約	【マニュアル等に沿った手順により契約者の決定を行い、参加者に通知する】 ・契約者の決定にあたっては、見積合わせ結果を複数人で確認する。

監査手続		
第1段階	第2段階	備考
○予定価格の積算基準・積算根拠を定めた書面の提出 ●積算が適正に行われているか、積算基準・積算根拠を定めた書面と、積算内訳を定めた書面を確認 ●予定価格調書によって、確認・決裁が行われていることを確認 ●契約不調の状況等を踏まえた、予定価格の積算の妥当性を検証 ●予定価格が漏洩しないための必要な措置に内容を確認し、その妥当性を検証する。	・監査対象を広げてサンプルを増やす。 ・関係職員へのヒアリング等により確認 <確認内容：予定価格の積算基準・積算根拠の理由、対応策が不十分な理由、原因まで遡った今後の対応策等>	
○見積合わせの執行手順を定めたマニュアル等の提出 ●見積合わせがマニュアルどおり実施されているか実地調査又はヒアリングにより確認する。	・手続を定めたマニュアルが無い場合、具体的な見積合わせ執行についてヒアリングを行う。 <確認内容：見積合わせ手続が適切になされているか　等>	
○契約の執行手順を定めたマニュアル等の提出 ●契約がマニュアルどおり実施されているか実地調査又はヒアリングにより確認する。	・手続を定めたマニュアルが無い場合、具体的な見積合わせ執行についてヒアリングを行う。 <確認内容：見積合わせ手続が適切になされているか　等>	

事務フロー	想定されるリスク	想定される各課の対応策
⑨契約保証金の徴収	⑪契約の内容が適切に履行されない	【契約実施内容で公表した契約保証金を徴収する】 ・マニュアル等により、契約保証金を徴収する。 ・免除を行う場合は、マニュアル等に従って決定し、決裁権者は免除の決裁を行う。
⑩契約締結決定書の作成	⑱不適切な内容で契約 ⑪契約の内容が適切に履行されない ⑧意思決定プロセスの無視	【契約条件に記載された内容に基づき、契約相手方が履行すべき内容が明確に記載された契約締結決定書を作成する】 ・契約事務マニュアル等により、標準約款等ひな形を利用する。 ・業務処理内容と契約書の内容を一致させる。 ・契約関係法令等を確認し、契約書へ必要事項を記載する。・契約事務マニュアル等に基づき、標準約款等で規定された項目以外の項目を設定する場合は、リーガルチェックを行う。 ・見積合わせの手続を経て落札者が確定したことを確認した上で、決裁権者が決裁する。
⑪契約書等の作成	⑱不適切な内容で契約	【双方が契約書の内容を確認し、押印する】 ・契約書の内容が契約締結書に従ったものであり、決裁権者が決裁していることを確認して、押印する。 ・業務開始前に契約を締結する。
	⑪契約の内容が適切に履行されない	【契約書及び仕様書に基づき、受注者の業務処理責任者及び業務担当者、工

監査手続		備考
第1段階	第2段階	
●契約者の決定がルールに従ったものとなっていることを確認する。 ○契約保証金の納入書類を提出 ●サンプルで抽出して、契約に従った金額を徴収していることを確認する。 ●免除を行っている場合は、マニュアル等に従った適正な理由により免除され、決裁権者が免除の決裁を行っていることを確認する。	・免除すべき理由がないにもかかわらず、納入書類がない場合は、その取扱いについてヒアリングを行う。	
○業務処理内容がわかる書類、契約書、決裁書類等を書面により提出 ●契約書の内容と決定した業務処理内容が符合するか確認する。 ●契約書の作成時期が適正が確認する。 ●契約書を閲覧し、契約書への必要記載事項（契約の当事者、契約金額、契約目的、契約の履行期限、場所、契約保証金、危険負担、対価の支払の時期及び方法、その他）が記載されているか確認する。 ●契約内容に、標準約款等で規定された項目以外の項目を設定する場合は、リーガルチェックの有無を確認する。 ●決裁書類等により決裁権者が適切に承認しているか確認する。	・監査対象を広げてサンプルを増やす。 ・関係職員へのヒアリング等により確認 <確認内容：契約者とのやりとりの状況、必要事項の記載漏れの理由、契約前に業務が開始された理由、契約における執行体制の状況、原因まで遡った今後の対応策　等>	
⑩の手続に合わせて、契約書が正しく作成され、双方の押印がなされているか確認する。	・契約書が無い場合は、正当な契約手続きが行われていないと判断する。	
○業務処理責任者及び業務担当者の一覧表を提出	・業務処理責任者及び業務担当者が選任されていない場合、契約内容	

事務フロー	想定されるリスク	想定される各課の対応策
⑫業務処理責任者、業務担当者等の選定・通知		事計画書を把握する】 ・受注者から業務処理責任者及び業務担当者のわかる書類、工事計画書の提出を受ける。 ・工事の一括下請負や主要な部分の下請負が行われていないか、指示簿が作成され現場に反映されているか、安全管理が適切に行われているかなどを確認する。
⑬契約に基づく給付（検査については、一般競争入札（工事）⑮の手続と重複）	(11)契約の内容が適切に履行されない	【契約相手方は、契約書に記載の内容を誠実に履行する】 ・契約事務マニュアル等に基づき、発注した工事が完成しているか検査を実施する。 ・契約に従って実績報告書等を提出させ、実績報告が仕様に沿った内容となっているかを確認する。
⑭工事終了後の検収	(11)契約の内容が適切に履行されない	【契約相手方は、工事終了後、発注者による工事完了に伴う確認を受ける】 ・契約書に工事記録や現場写真等を提出させる旨を明記する。
	㊸契約金額と相違する支払 (11)契約の内容が適切に履行されない	【担当者は、契約相手方から提出された工事の成果物の内容を確認し、契約書に記載の内容が確実に履行されたことを確認し、契約金額に基づく支払額を確定し、契約相手方からの請求を受けて、40日以内に支出する】 ・契約書、工事記録、現場写真、請求書、領収書等を照合させる。

監査手続		備考
第1段階	第2段階	
●契約ごとに業務処理責任者及び業務担当者が選任される仕組みとなっているか、また、実際に選任されているか確認する。	の監督、検査をどのように行っているか担当職員へのヒアリング等により確認する。 <確認内容：監督・検査体制が構築されているか　等>	
○契約書、工事記録、現場写真等の提出 ●契約書、工事記録、現場写真等により工事が契約どおりに行われているか確認する。	・監査対象を広げてサンプルを増やす。 ・関係職員へのヒアリング等により確認 <確認内容：現場での履行状況、契約内容が履行されていない理由、請負先及び契約履行中の確認体制、原因まで遡った今後の対応策　等>	
●⑬の手続に合わせて、工事が契約書で定められた期日内に完了しているか確認する。 ●工事記録等の記載内容が工事の仕様に合致しているか確認し、契約した工事の効果や契約そのものの必要性等について検証する。	・工事記録等が契約書で定められた期日内に提出されていない、又は履行内容の記載が不十分である場合、その理由や未記載の内容をどのように確認したか、担当職員へのヒアリング等により確認する。 <確認内容：現場での履行状況、契約内容が履行されていない理由、請負先及び契約履行中の確認体制、原因まで遡った今後の対応策　等>	
○契約書、工事記録、現場写真、請求書の写し、領収書の写しの提出 ●支出が実在しているかどうか、支出書類と確認 ●検査内容と離齬がないか確認 ●支払いの行為が政府支払遅延防止法に違反していないか確認 ●支払い事務に関するマニュアルが作成	・監査対象を広げてサンプルを増やす。 ・関係職員へのヒアリング等により確認 <確認内容：支払ミスの理由、執行体制の状況、原因まで遡った今後の対応策　等>	

事務フロー	想定されるリスク	想定される各課の対応策
⑮履行確認・検査・額の確定（概算払、精算払）		・工事請負の成果物について、その内容が正しいかどうか確認し、委託業務が適切に履行されたかどうかの検査を行う。 ・当該検査の結果を踏まえて、契約に対する出来高を算定し、契約金額に基づく支払額を決定する。 ・請求書が適法なものであることを確認し、請求を受けてから40日以内に支払いを行う。 ・これらの手続について、マニュアル等で具体的な実施方法を定める。

監査手続		
第1段階	第2段階	備考
されているか確認		

＜補助金の場合＞

監査の目的：公益のために適切に補助金が支出されているか、支出のプロセス、補助対象経費の判断は適切に行われているか確認する。

事務フロー	想定されるリスク（番号はH21内部統制報告書のリスク例を参照）	想定される各課の対応策（内部統制）
①補助事業の制度設計	⒅不適切な内容で契約（不適切な内容の補助） ・補助の目的は適切か	【補助事業の必要性について、公益性、予算の観点から十分に精査する】 ・事業の目的・目標に照らして必要な交付要綱等を整備し、予算の措置を行う。
②補助告示	⑽不適切な価格で契約（不適切な額の補助）	【補助告示を適正に行う】 ・補助対象経費として事業の目的・目標に照らして必要なものを盛り込んでいることを確認する。 ・補助事業者、対象事業、交付申請書に添付する書類などを明記し、補助告示を行う。
③補助金交付申請	⑻意思決定プロセスの無視 ⒅不適切な内容で契約（不適切な内容の補助）	【補助告示に基づき、適正な補助金交付申請を提出させる】 ・提出された交付申請書が補助告示に記載された内容に照らして適切な内容であるか確認する。
④補助金交付決定	⑻意思決定プロセスの無視 ⒅不適切な内容で契約（不適切な内容の補	【交付要綱に基づいた適切な補助金交付決定を行う】 ・提出された補助金交付申請が適切であることを確認したうえで、支出負

○：監査を受ける部局に提出を求めるもの／●：提出書類に基づき確認すべき点

監査手続		
第1段階 （金額の多寡、過去の指摘事項等を踏まえ、リスクが高いと想定される事務をサンプリング調査）	第2段階 （第1段階で不備が見受けられた場合）	備考
○当該補助事業にかかる予算が確保されていることがわかる書面の提出 ○事業の目的・目標が明確にわかる書面の提出 ●当該補助の内容と予算内容、事業の目的・目標に齟齬がないか、または、過大なものとなっていないかを確認する。	・監査対象を広げてサンプルを増やす。 ・関係職員へのヒアリング等により確認 ＜確認内容：予算未確保の理由、補助内容と目標・目的に齟齬が生じている理由、齟齬の認識の有無、今後見直しの予定　等＞	
○補助事業者、対象事業、交付申請書に添付する書類などが明記された補助告示の提出 ○補助告示の根拠となる積算等の書類の提出 ●妥当性等を検証する。	・監査対象を広げてサンプルを増やす。 ・関係職員へのヒアリング等により確認 ＜確認内容：補助根拠の不存在理由、補助根拠と目的の不整合の理由、補助添付資料の不足の理由等＞	
○補助金交付申請書の提出 ●補助事業の内容、目的、補助事業者、補助事業期間など必要な事項が適切に記載されているか確認する。 ●交付申請の時機を逸していないか確認する。	・監査対象を広げてサンプルを増やす。 ・関係職員へのヒアリング等により確認 ＜確認内容：必要事項や時期で不備となる記載があるにもかかわらず決裁した理由、申請方法の周知方法等＞	
○交付決定通知書等の提出 ●補助金交付申請の内容を精査の上、適切に支出負担を行っているか確認する。	・監査対象を広げてサンプルを増やす。 ・関係職員へのヒアリング等により確認	

事務フロー	想定されるリスク	想定される各課の対応策
	助)	担行為を行う。 ・決定通知に財産処分の制限等の必要な条件を記載する。
⑤概算払	㊻支払誤り	【概算払を適切に行う】 ・概算払により補助金を支出する場合のルールについて定め、これにもとづき適切に支出を行う。
⑥補助事業の実施	(3)進捗管理の未実施 (11)契約の内容が適切に履行されない（補助事業が適切に履行されない）	【補助事業の適切な報告を行わせる】 ・補助事業の実施状況を報告するための書式を定め、必要に応じ提出させる。
⑦補助金変更申請、変更交付決定	(3)進捗管理の未実施 (8)意思決定プロセスの無視 (18)不適切な内容で契約（不適切な内容の補助） ・補助金変更申請の理由が合理的でない	【補助金変更申請を適切に行わせる】 ・補助金の額を実績に応じて変更する場合の手続について定め、実績報告書や補助金変更申請書が適切に提出されているか確認する。
⑧補助事業の完了		
⑨実績報告書の提出	(3)進捗管理の未実施 (8)意思決定プロセスの無視	【当初、または変更後の申請に基づく報告書を適切に提出させる】 ・補助事業の実績を確認するための報告書を適切に定める。

監査手続		備考
第1段階	第2段階	
●決定通知に財産処分の制限等、必要な補助条件が付されているか確認する。	<確認内容交付決定に不備がある理由、必要な補助条件が付されていない理由　等>	
○概算払の支出関係書類の提出 ●概算払が適切な方法、時期に行われているか確認する。	・監査対象を広げてサンプルを増やす。 ・関係職員へのヒアリング等により確認 <確認内容：概算払の方法、時期に不備があるのに概算払が認められた理由　等>	
○中間報告書等の提出 ●補助事業の実施中に中間報告書等が適切に記載されているか確認する。	・監査対象を広げてサンプルを増やす。 ・関係職員へのヒアリング等により確認 <確認内容：中間報告書の未提出の理由、中間報告書に不備が発生しているにもかかわらず受領した理由、中間報告書の修正を求めていない理由　等>	
○補助金変更申請書の提出 ○変更交付決定書の提出 ●補助金変更申請書が適切に提出されており、申請の内容に基づいて適切に変更処理が行われているか確認する。	・監査対象を広げてサンプルを増やす。 ・関係職員へのヒアリング等により確認 <確認内容：変更申請書が未提出の理由、変更申請書の提出を網羅的に確認する仕組みの有無、変更申請書の提出事項の周知方法、変更申請書の記載不備があるにもかかわらず、受領した理由　等>	
○実績報告書の提出 ●当初、または変更後の申請に基づき事業が適切に行われているか確認する。 ●交付要綱に沿った補助内容になってい	・監査対象を広げてサンプルを増やす。 ・関係職員へのヒアリング等により確認	

事務フロー	想定されるリスク	想定される各課の対応策
		・補助金交付申請や交付要綱の規定に合致する実績報告書が提出されているか確認する。
⑩現地調査等	(9)事前調査の未実施 ㉔書類の偽造 ㊺不十分な資産管理	【適切な証拠書類や現地の調査を行う】 ・実績報告書にあわせ、必要に応じて提出すべき書類が提出されているか確認する。 ・事業の実施状況を現地で確認する必要がある場合は現地調査を行い適切な履行を確認する。
⑪額の決定	(8)意思決定プロセスの無視	【実績報告書や証拠書類等により適切に額を決定する】 ・実績報告書や証拠書類、現地調査等により補助事業の実施状況が補助金交付要綱および補助決定通知書に示された補助内容に合致しているか確認し、該当する額について額を確定する。 ・確定通知書が送付されたかを確認する。
⑫交付請求、支出金精算書提出	(3)進捗管理の未実施	【交付請求書等の受領】 ・出納整理期間に支払いが間に合う時期に必要書類を提出するよう、補助対象事業者を促す。
⑬補助事業の完了	㊻支払誤り ㊴契約金額と相違する支払（確定金額と相違する支払） (3)進捗管理の未実施	【交付請求書に基づく支出】 ・決定通知額と交付請求額が一致しているか確認したうえで交付する。 ・（戻入が必要な場合には、）適切な時期までに終了するよう補助対象事業者を促す。

監査手続		備考
第1段階	第2段階	
るか確認する。	＜確認内容：実績報告書の未入手の理由、実績報告書に不備があるにもかかわらず、受領した理由　等＞	
○証拠書類の提出 ●額の確定前に証拠書類等によって適切な確認が行われているか確認する。 ●補助金の交付要綱に合致させることを目的として実際の成果物と書類上の成果物が異なっていないか確認する。	・監査対象を広げてサンプルを増やす。 ・関係職員へのヒアリング等により確認 ＜確認内容：証拠書類の未入手の理由、証拠書類の適切な確認が行われていない理由　等＞	
○額確定通知の提出 ●同一の経費が他の補助金申請にも用いられているなど重複による額の決定が無いか確認する。 ●前段までの調査により適切な補助対象経費に対する補助額の決定が行われているか確認する。	・監査対象を広げてサンプルを増やす。 ・関係職員へのヒアリング等により確認 ＜確認内容：補助金の申請が重複している理由、補助額の決定までに確認が行われていない理由　等＞	
○交付請求書等の提出 ●交付請求が適正に行われているか確認する。	・監査対象を広げてサンプルを増やす。 ・関係職員へのヒアリング等により確認 ＜確認内容：交付請求が適正に行われていない理由、交付請求の実施の周知方法　等＞	
○支出・精算に係る書類の提出 ●決定通知額と交付額が一致しているか確認する。 ●（戻入がある場合）戻入は適切に行われているか確認する。	・監査対象を広げてサンプルを増やす。 ・関係職員へのヒアリング等により確認 ＜確認内容：支出・精算の書類の未提出の理由、決定通知と交付額が不一致となっている理由、戻入が行われていない理由　等＞	

＜人件費の場合＞

> 監査の目的：支給根拠が不合理と考えられる手当がないか、業務内容に比べて職員数が多すぎないか、退職手当の資金手当が担保されているか、職員の配置について適材適所が図られているか確認する。

事務フロー	想定されるリスク （番号はH21内部統制報告書のリスク例を参照）	想定される各課の対応策 （内部統制）
【報酬】 ①特別職・非常勤職員の任用決定	(8)意思決定プロセスの無視 ⑩不適切な価格で契約	【任用決定書等により任用決定を適切に行う】 ・条例に従って任用の決定を適切に行い任用決定書を作成する。
↓ ②勤務実績の確認、報酬の支給	㊴契約金額と相違する支払	【勤務の実績に応じた報酬の支払いを行う】 ・勤務実態を把握するための勤務実績簿、報酬支払調書を作成する。 ・勤務実績簿、報酬支払い調書に照らし合わせて、勤務実態を確認した上で支払を行う。
【給料】 勤務実績の確認、給料の支給	㊴契約金額と相違する支払	【勤務の実績に応じた給料の支払いを行う】 ・勤務実態を把握するための出勤簿、年休処理簿、旅行命令簿等を整備する。 ・勤務実績簿、報酬支払い調書に照らし合わせて、勤務実態を確認した上で支払を行う。 ・定期的に業務量の分析を実施し、合理的な組織となっているかを検証

○：監査を受ける部局に提出を求めるもの／●：提出書類に基づき確認すべき点

監査手続		
第1段階 （金額の多寡、過去の指摘事項等を踏まえ、リスクが高いと想定される事務をサンプリング調査）	第2段階 （第1段階で不備が見受けられた場合）	備考
○任用決定書等の提出 ●任用決定は適切に行われているか確認する。 ●特別職の待遇を定める条例に従った内容になっているか確認する。	・監査対象を広げてサンプルを増やす。 ・関係職員へのヒアリング等により確認 ＜確認内容：任用決定が不適切であった理由、特別職の待遇を定めた条例に従った支給を行っていない理由　等＞	
○勤務実績簿、報酬支払調書の提出 ●適切に勤務しており、勤務の実態に応じて報酬が支払われているか確認する。 ●条例の限度額を超えて報酬を支給していないか確認する。	・監査対象を広げてサンプルを増やす。 ・関係職員へのヒアリング等により確認 ＜確認内容：勤務実態が確認できない理由、勤務実態が確認できないのに支払った理由、条例を上回る支給を行った理由　等＞	
○出勤簿、年休処理簿、旅行命令簿等の提出 ●適切に勤務しており、勤務の実態に応じて給料が支払われているか確認する。 ●住民サービス窓口・福祉関係の業務（例えば、区役所など）・学校など類似した業務を行っている複数職場において、業務量・人員配置の状況・超過勤務の状況を比較し、業務量に見合っ	・監査対象を広げてサンプルを増やす。 ・関係職員へのヒアリング等により確認 ＜確認内容：業務量に分析が行われていない理由、業務量に差異があるにもかかわらず、是正が行われていない理由　等＞	

事務フロー	想定されるリスク	想定される各課の対応策
		し、それに見合った人員配置を行う。
【手当】 勤務実績等の確認、手当の支給	㉞勤務時間の過大報告 ㉟カラ出張 ㊱不必要な出張の実施 ㊴契約金額と相違する支払	【支給要件に応じた適切な手当の支給を行う】 ・勤務実態を把握するための実績簿、命令簿、出勤簿等を整備する。 ・勤務実績簿、報酬支払い調書に照らし合わせて、勤務実態を確認した上で支払を行う。 ・特別手当の支給対象となる業務については、3年に1度他都市の状況を踏まえて、見直しを行う。
【報償費】 会議等の開催、講師等への依頼決定、謝金の支出	(8)意思決定プロセスの無視 ㊴契約金額と相違する支払 ㊵不適切な価格で契約	【会議の開催や講師等への依頼の決定を適切に行い、謝金の額は定められた基準に応じて支出する】 ・会議出席や、講師謝金などの規定をあらかじめ定めておき、時間や職給に応じた支出を行う。

監査手続		備考
第1段階	第2段階	
た人員配置になっているかについて比較分析を行う。		
○支給要件の分かる書類と実績を管理する書類の提出 ○特定の手当についての他都市の比較（内容・金額など） ●時間に応じたもの、職級に応じたものなど、支給の要件に応じて実績通りに支払われているか確認する。 ●手当の支給項目が他都市と比べて、手厚い手当や過大な手当となっていないかの検証が行われているかを確認する。 ●検証が行われている場合、それは合理的な内容になっているかを確認する。	・監査対象を広げてサンプルを増やす。 ・関係職員へのヒアリング等により確認 ＜確認内容：支給要件を満たしていることを確認できない理由、支給要件を満たさない支払いが行われた理由　等＞	
○会議、講演開催の関係書類の提出 ○謝金等に関する規定を定める書類の提出 ●会議、講演が公的な目的達成のために適切に設定されているか、謝金は規定通りに支出されているか確認する。	・監査対象を広げてサンプルを増やす。 ・関係職員へのヒアリング等により確認 ＜確認内容：会議、講演などが公的な目的でないのに、設定された理由、規定に従っていない謝金の支出が行われた理由　等＞	

＜旅費の場合＞

監査の目的：適切に旅行が行われ、規定に従い算定された旅費が支給されている。

事務フロー	想定されるリスク（番号はH21内部統制報告書のリスク例を参照）	想定される各課の対応策（内部統制）
【普通旅費】 ①旅程等の決定	(9)事前調査の未実施 ㉟カラ出張 ㊱不要な出張の実施 ㊵不適切な価格で契約	【行程、旅費の算定を適切に行う】 ・旅費規定を適切に定め、経済的かつ合理的な経路により旅費を支給する。宿泊についても、必要性を精査する。 ・目的を達成するために必要な旅行であるか、必要最小限の人数であるか確認する。 ・早期割引など活用できる仕組みのうち最も経済的な方法を選択しているか確認する。 ・承認権者は、上記の内容を踏まえ、当該出張の必要性を確認し、承認する。
②旅行命令	㊵不適切な価格で契約	【決定した旅程に基づき、旅行命令を行う】 ・配偶者等の居住する地域を用務地とする旅行等において特別の定めがある場合、適切に旅費を調整する。 ・鉄道賃、航空賃、車賃等を正しく算定する。 ・承認権者は、旅行命令書を事前に承認する。 ・部門長等トップの旅行に対する承認ルールを定める。 ・承認権者の不在や緊急の旅行等の例外時の承認ルールを定める。
	㊻支払誤り	【旅行命令に基づき適切に支出する】 ・財務規則等に定められた適切な支出

○：監査を受ける部局に提出を求めるもの／●：提出書類に基づき確認すべき点

監査手続		備考
第1段階 （金額の多寡、過去の指摘事項等を踏まえ、リスクが高いと想定される事務をサンプリング調査）	第2段階 （第1段階で不備が見受けられた場合）	
○研修や会議の開催案内など旅行の必要性が分かる書類の提出 ○旅費規定及び行程表の提出 ●目的、行程及び旅費の算定の妥当性を検証する。 ●同規模都市等を比較することによる旅費規定の妥当性を検証する。 ●定期的な規定の見直しの有無の確認する。	・監査対象を広げてサンプルを増やす。 ・関係職員へのヒアリング等により確認 ＜確認内容：目的・行程・旅費の算定で不備があった理由、他都市と比べて、旅費規定が妥当性を欠いている理由、今後の規定の見直しの予定、定期的な見直しを行っていない理由　等＞	
○旅行命令書の提出 ●妥当性を検証する。 ●自己承認・事後承認の有無を確認する。	・監査対象を広げてサンプルを増やす。 ・関係職員へのヒアリング等により確認 ＜確認内容：命令書が妥当性を欠いている理由、命令書に自己承認や事後承認が行われている理由　等＞	
○支出関係書類の提出 ●妥当性を検証する。	・監査対象を広げてサンプルを増やす。	

事務フロー	想定されるリスク	想定される各課の対応策
③概算払		を行う。
④旅費、復命	㉔書類の偽造 ㉟カラ出張 ㊱不必要な出張の実施 ㊵不適切な価格で契約	【旅行の結果が適切に復命されている】 ・当初の旅行命令、旅程に従って適切に旅行が行われているか、確認する。 ・実際に旅行した目的を達成するための関係書類を含んだ復命書を作成する。 ・当初の旅行命令、旅程から変更の必要があった場合は、決裁権者から旅行命令の変更が行われた上で変更後の旅程に基づき旅行が行われたか確認する。 ・旅行開始後に日程の変更などがあった場合に決裁権者の指示を受けて、旅行命令の変更が適切に行われているか確認する。 ・承認権者は復命書により、所期の目的を達成していることを確認し、承認する。
⑤精算、精算払い	㊻支払誤り	【概算払の精算、または精算払を適切に行う】 ・航空賃について、支出の事実が確認できるものを添付させる。 ・パック旅行の場合、支出の事実が確認できるものを添付させる。 ・概算払いは漏れなく、精算処理が行われる仕組みとなっていることから、過不足がある場合に戻入または追給が確実になされているか確認する。 ・承認権者は、支出関係書類を確認の上、承認する。

監査手続		備考
第1段階	第2段階	
	・関係職員へのヒアリング等により確認 <確認内容：財務規則に従っていない支出が行われた理由　等>	
○復命書の提出 ●公務として所期の目的を達成しているか確認する。 ●当初の旅行命令、旅程から変更の必要があった場合に適切に旅行命令の変更が行われ、変更後の旅行命令、旅程に従って適切に旅行が行われているか復命により確認する。 ●旅行開始後に日程の変更などがあった場合に決裁権者による旅行命令の変更が適切に行われているか確認する。	・旅行が行われたことをどのように確認しているかヒアリング等により確認する。 <確認内容：公務としての初期の目的が達成されていない理由変更した旅程に従った旅行が行われていない理由、旅行開始後の変更などで適切な承認を得ていない理由　等>	
○支出関係書類（精算書、精算報告書）の提出 ●概算払いの金額から精算が確実に行われているか確認する。 ●実費精算が必要なものについて、証拠書類が適切に添付されているか確認する。	・支出の事実を確認するための書類のあり方について確認する。 <確認内容：精算が行われていない理由、証拠書類のない精算が行われた理由　等> ・関係職員へのヒアリング等により確認 <確認内容：支出の事実を確認するための書類のあり方精算が行われていない理由、精算書類が添付されていない理由>	

事務フロー	想定されるリスク	想定される各課の対応策
【赴任旅費】 旅行命令内容等の確認	(9)事前調査の未実施 ㊱不必要な出張の実施 ㊵不適切な価格で契約	【赴任区間への旅行費用を適切に積算する】 ・赴任区間と本人の住居の移転区間が適切に把握し、これに基づき積算を行う。 ・被扶養者の人数に応じて旅費加算がある場合の対象者を適切に把握し、積算を行う。 ・承認権者は、関係書類を確認の上、旅行命令書を承認する。 ・部門長等トップの赴任旅行に対する承認ルールを定めておく。 ・承認権者の不在や緊急の旅行等の例外時の承認ルールを定めておく。
【費用弁償及び依頼旅費】 旅行命令内容等の確認	(9)事前調査の未実施 ㊱不必要な出張の実施 ㊵不適切な価格で契約	【費用弁償の積算を適切に行う】 ・費用弁償のルールを定め、ルールに基づいた適切な積算を行う。 ・依頼旅費の場合に依頼先の旅費と重複支給が無いか確認する。 ・承認権者は、確認書類を確認の上、旅行命令書を承認する。 ・部門長等トップの赴任旅行に対する承認ルールを定めておく。 ・承認権者の不在や緊急の旅行等の例外時の承認ルールを定めておく。

監査手続		備考
第1段階	第2段階	
○旅費規定や旅費算定の内訳の分かる書類、当該赴任にかかる支出関係書類の提出 ●規定に基づき、適切な積算が行われているか確認する。 ●承認の有無を確認する。	・監査対象を広げてサンプルを増やす。 ・関係職員へのヒアリング等により確認 ＜確認内容：適切な精算が行われなかった理由、承認に不備があった理由　等＞	
○旅費規定や旅費算定の内訳の分かる書類、当該費用弁償にかかる支出関係書類の提出 ●規定に基づき、適切な積算が行われているか確認する。 ●承認の有無を確認する。	・監査対象を広げてサンプルを増やす。 ・関係職員へのヒアリング等により確認 ＜確認内容：適切な精算が行われなかった理由　等＞	

参考2　各団体に共通するリスクが顕在化した事案

第三節　収入

第223条　地方税			
No.	事務 フロー	想定される リスク	不正事案 （リスク顕在化事例）
1-1	賦課事務	事前調査の未実施 過大入力 過少入力 過大徴収 過少徴収	【課税客体に対する調査不足】 ・台帳と航空写真を照合したところ地番と実際の家屋の立地状況に誤りがあったため、約1700件の土地について固定資産税の課税標準の軽減措置の適用に過誤が生じた。 ・市営駐輪場として賃借している土地について、路線価の基準となる土地と接する道路の変更があったにもかかわらず、評価額への反映を怠っていたため、過大に徴収した固定資産税と都市計画税につき、107人と2法人に総額約3億3500万円を還付した。
1-2	賦課事務	事前調査の未実施 過大入力 過大徴収	【課税客体の把握の誤り】 ・固定資産税の徴収にあたり、共同住宅等を数える際に17年間にわたり国の通知による方法を踏まえていなかったため、約300名に対し約2億円を過大徴収していた。

想定される各課の対応策 （内部統制）	監査手続 （○：監査を受ける部局に提出を求めるもの／●：提出書類に基づき確認すべき点）
【適時の客体状況、評価額変更状況の確認等】 ・固定資産の賦課期日における課税客体の状況を、地区ごとの計画的な実地調査の実施や航空写真の活用等により確認する。 ・固定資産の評価額に変更を生じる事情が生じた場合に、評価額が正しく変更されていることを確認する。 ・人事異動時や税制改正時には、担当職員への研修を徹底する。 ・課税客体の状況確認や変更内容等についてダブルチェックの徹底やチェックリスト等による点検を実施する。	●固定資産税の賦課期日における課税客体の状況の確認方法についてサンプル調査を実施する。 ●固定資産税の評価に係る主な変更事由（路線価の変更等）の有無、評価額変更のサンプル調査を実施する。 ●全国的に固定資産税の評価の不備が指摘されたものについての適用状況を確認する。
【適時の客体状況、評価額変更状況の確認等】 ・固定資産の、評価額に変更を生じる事情が生じた場合に、評価額が正しく変更されていることを確認する。 ・固定資産税の国による通知等により特別な評価を求められる課税客体について、国の通知等の内容を遺漏なく把握し、第三者が網羅的に対象を抽出して確認する。 ・人事異動時や税制改正時には、担当職員への研修を徹底する。 ・課税客体の状況確認や変更内容等についてダブルチェックの徹底やチェックリスト等による点検を実施する。 ・通知等で特別の対応を要する場合に該当すれば、システムの入力時にアラート表示する。	●固定資産税の賦課期日における課税客体の状況の確認方法についてサンプル調査を実施する。 ●固定資産税の評価に係る主な変更事由（国の通知等）の有無、評価額変更のサンプル調査を実施する。 ●全国的に固定資産税の評価の不備が指摘されたものについての適用状況を確認する。
【適時の客体状況の確認、課税特例対象の網羅的確認等】	

No.	事務フロー	想定されるリスク	不正事案
	第223条　地方税		
1-3	賦課事務	事前調査の未実施 過大入力 過少入力 過大徴収 過少徴収	【課税客体の評価の誤り】 ・新築時に特例措置が適用される「小規模住宅用地」とすべきところを課税特例のない住宅用地以外の土地として誤って認定し、35年間にわたり固定資産税を過大徴収した。 ・冷蔵倉庫を一般の倉庫と評価し、過大な固定資産税を徴収した。 ・宅地の私道部分を減税する「私道補正」を一部地域に適用せず、毎年の実地調査でも見逃したまま、固定資産税を32年間にわたり過大徴収していた。
1-4	賦課事務	事前調査の未実施 過大入力 過少入力 過大徴収 過少徴収	【特例措置等の不適用】 ・課税標準額算定時に地方税法に基づく特例措置の適用漏れ等があり、1973年以降固定資産税や都市計画税を過大徴収していた。 ・現地調査の不足やデータの入力漏れにより、地方税法上の税の軽減措置や市の課税軽減措置が適用されず、約40年間にわたり162名から固定資産税を過大徴収。 ・固定資産税や国民健康保険税について、課税標準額の算定の際に理論評価額と前年度評価額との比較を怠った誤りと市町村合併時のチェックミスが原因で、1373名から計2200万円を誤徴収。
1-5	賦課事務	システムによる計算の誤り 過大入力 過少入力 過大徴収 過少徴収	【データ入力ミス】 ・自動車税について、所有者の名義変更等の際に税率変更する必要があるところ、税率コードの入力ミスや漏れ等があり、過大・過少徴収がなされた。

想定される各課の対応策	監査手続
・固定資産の評価額に変更を生じる事情が生じた場合に、評価額が正しく変更されていることを確認する。 ・固定資産税の、国による通知等により特別な評価を求められる課税客体について、通知等に基づき第三者が網羅的に対象を抽出して確認する。 ・人事異動時や税制改正時には、担当職員への研修を徹底する。 ・課税客体の状況確認や変更内容等について、ダブルチェックの徹底やチェックリスト等による点検を実施する。 ・通知等で特別の対応を要する場合に該当すれば、システムの入力時にアラート表示する。	●固定資産税の賦課期日における課税客体の状況の確認方法についてサンプル調査を実施する。 ●固定資産税の評価に係る主な変更事由（国の通知等）の有無、評価額変更のサンプル調査を実施する。 ●小規模住宅用地特例の適用など、全国的に固定資産税の評価の不備が指摘されたものについての適用状況を確認する。
【課税特例の確認、業務研修による業務知識の向上等】 ・固定資産税・都市計画税の特例措置等が正しく適用されているか確認する。 ・人事異動時や税制改正時には、担当職員への研修を徹底する。 ・課税客体の状況確認や変更内容等について、ダブルチェックの徹底やチェックリスト等による点検を実施する。	●固定資産税・都市計画税の特例の適用状況を確認の上、サンプルを抽出し、関係職員に算定根拠やプロセス等を説明させる。
【適時のシステム入力情報のチェック、業務のダブルチェック等】 ・所有者の名義変更の際、営業用から自家用への変更等で税率が変更となるケースがあることから、正しい税率コードが入力されているかを確認する。 ・課税客体の状況確認や変更内容等についてダブルチェックの徹底やチェックリスト等による点検を実施する。	●所有者の名義変更等の際の税率変更など、他の地方公共団体で不備が指摘された事項について、サンプルを抽出し、関係職員に算定根拠やプロセス等を説明させる。

第223条　地方税			
No.	事務 フロー	想定される リスク	不正事案
1-6	賦課事務	システムによる 計算の誤り 過大入力 過少入力 過大徴収 過少徴収	【計算の誤り】 ・不動産取得税について、木造・非木造家屋に関する補正数値に関し、市が送った補正済数値を県税事務所職員が補正前の数値と勘違いして二重にかけてしまい、2009年度に106件、計188万円の過大・過少徴収がなされた。
1-7	賦課事務	システムによる 計算の誤り 過大入力 過少入力 過大徴収 過少徴収	【外部委託者によるプログラム設定ミスの看過】 ・委託業者のプログラム設定のミスを発見できず、誤って低い額が印字された固定資産税・都市計画税の納税通知書を155件送付した。
1-8	徴収事務	横領	【窓口に納付された金銭の着服】 ・市職員が、納税に訪れた市民から受け取った国民健康保険税等41万円を収納処理をせずに着服。 ・市職員が、4回にわたり支所で納付された市県民税等約20万円を横領。 ・窓口で税金収納を担当していた市職員が、123人が納めた市税約650万円を未納扱いとした上で着服。 ・市年金保険課職員が、窓口で受け取った国民健康保険料約16万円を紛失したり、自宅に持ち帰るなどした。同職員は着服の意図を否定したが全額を返還した。 ・支所の窓口担当の市職員が、約40回にわたり、収納された固定資産税、市・都民税等約142万円を着服。

想定される各課の対応策	監査手続
【マニュアル・手順の整備、業務のダブルチェック等】 ・課税標準の計算について、正確な数値等が入力されているか確認する。 ・入力票、照会票など、職員が記載・点検する書類を様式化・単純化する。また、注釈や記載例の掲載や電子様式化を行う。 ・ダブルチェックの徹底やチェックリスト等による点検を実施する。	●補正数値の計算など、他の地方公共団体で不備が指摘された事項について、サンプルを抽出し、関係職員に算定根拠やプロセス等を説明させる。 ●再計算を行い、数値の照合を行う。
【システムの出力情報とシステム外の算定結果との照合等】 ・計算結果からサンプルを抽出し、システムによる計算結果がシステム外で計算された結果と一致することを確認する。 ・プログラム変更の際はテストデータを用いて、プログラムが適切に設定されていることを確認する。 ・外部委託者が作成する内部統制報告書を確認する。	●他の地方公共団体で不備が指摘された事項について、サンプルを抽出し、関係職員に算定根拠やプロセス等を説明させる。
【窓口のオープンな配置、要領・ルールの整備】 ・窓口は複数の職員が様子を確認することができるようなオープンな配置とする。 ・収納金の指定金融機関への速やかな収納を実施するルール（誰が、いつまでに、などを明確にしたルールなど）を策定し、それを確認する。 ・証憑書類に係る帳票の偽造等防止措置、発行管理を徹底する。 ・現金を取り扱う者以外の第三者が減免・取消決定について、証拠資料が添付されていることを確認する。 ・未納となっている債権について、定期的に回収状況の確認を行う。 ・現金での収受をしない方法（口座振替等）を促進する。	●徴収部門と収納部門の分離その他地方税の徴収事務に係る左記の内部統制が適切に運用されているかどうか、関係証憑書類を確認・照合する。 ●収入の減免・取消決定について、適切な証拠に基づいて、決定されていることを、サンプルを抽出して確認する。 ●長期の未回収となっている債権の内容を確認する。

No.	事務フロー	想定されるリスク	不正事案
第223条　地方税			
1-9	徴収事務	横領	【訪問徴収した金銭の着服】 ・市の嘱託職員が、訪問徴収で受け取った市県民税や固定資産税計約48万円を着服。 ・市の非常勤嘱託職員が、訪問徴収した国民健康保険税等約31万円を横領。 ・市職員が、市内の企業から市税とその延滞金として徴収した約97万円を横領、発覚を防ぐために自ら決裁して滞納処分の執行停止決議も行っていた。 ・市職員が臨戸徴収で集めた市税約70万円を会計課へ納付せず着服。 ・市納税課職員が、戸別訪問し徴収した滞納金を計約95万円横領したとして起訴。 ・市職員が訪問徴収した市税等計約182万円を着服。 ・国民健康保険未納者への指導を担当していた市職員が、徴収した保険料34万円を着服。
1-10	徴収事務	横領	【郵送納付された「振替払出証明書」の着服】 ・市職員が、市県民税の納付で、ゆうちょ銀行発

想定される各課の対応策	監査手続
・例外的に現金での収受を行う住民を特定し、各納税者の納付履歴を記録し、共有する。	
【適切な職務分掌、業務のダブルチェック等】 ・徴収部門と収納部門を分離し、複数の職員で対応する。 ・収納金の指定金融機関への速やかな収納を実施する。 ・証憑書類に係る帳票の偽造等防止措置、発行管理を徹底する。 ・現金領収証その他証憑書類それぞれに一連番号を付し、引継簿に現金領収証に付した一連番号を記載し、現金と引き継ぐようにする。また、現金領収証の使用状況等を毎日確認するようにする。 ・現金を取り扱う者以外の第三者が減免・取消決定について、証拠資料が添付されていることを確認する。 ・未納となっている債権について、定期的に回収状況の確認を行う。 ・現金での収受をしない方法（口座振替等）を促進する。 ・例外的に現金での収受を行う住民を特定し、各納税者の納付履歴を記録し、共有する。 ・責任者は、連番を付した納税通知書（領収書控え）と入金処理とを定期的に照合する。	●徴収部門と収納部門の分離その他地方税の徴収事務に係る左記の内部統制が適切に運用されているかどうか、関係証憑書類を確認・照合する。 ●収入の減免・取消決定について、適切な証拠に基づいて、決定されていることを、サンプルを抽出して確認する。 ●長期の未回収となっている債権の内容を確認する。 ●口座振替等への変更がどの程度進んでいるかについて確認する。 ●納税通知書（領収書控え）と入金処理との定期的な照合をどの程度の範囲及び頻度で実施しているかを確認する。 ●上記の定期的照合の状況についてサンプリングチェックを行う。
【適切な職務分掌、要領・ルールの整備等】 ・徴収部門と収納部門を分離し、複数の職員で対応する。 ・収納金の指定金融機関への速やかな収納を実施するルール（誰が、いつまでに、などを明確にしたルールなど）を策定し、それを確認する。 ・証憑書類に係る帳票の偽造等防止措置、発行管理を徹底する。 ・書留等で送られた書類等は複数人で確認するとともに記録簿に記載し、引継ぎを行う。	●徴収部門と収納部門の分離その他地方税の徴収事務に係る左記の内部統制が適切に運用されているかどうか、関係証憑書類を確認・照合する。 ●収入の減免・取消決定について、適

第223条　地方税			
№	事務 フロー	想定される リスク	不正事案
			行の「振替払出証明書」を郵便局で換金し、約146万円を市口座に納付せず横領。
1-11	徴収事務	横領	【銀行口座から徴収した滞納金の着服】 ・滞納整理をしていた区役所職員が、差し押さえた市税滞納者の銀行口座から滞納額を徴収したが、市の会計に払い込まず、計約97万円を着服。

想定される各課の対応策	監査手続
・現金を取り扱う者以外の第三者が減免・取消決定について、証拠資料が添付されていることを確認する。 ・未納となっている債権について、定期的に回収状況の確認を行う。 ・現金での収受をしない方法（口座振替等）を促進する。 ・例外的に現金での収受を行う住民を特定し、各納税者の納付履歴を記録し、共有する。 ・郵送物の受入担当者を設置し、受入日及び内容物を記録する。	切な証拠に基づいて、決定されていることを、サンプルを抽出して確認する。 ●長期の未回収となっている債権の内容を確認する。
【適切な職務分掌、帳票発行管理の徹底等】 ・徴収部門と収納部門を分離し、複数の職員で対応する。 ・証憑書類に係る帳票の偽造等防止措置、発行管理を徹底する。 ・現金を取り扱うような差押えは、複数人で対応する。 ・金融機関から差押金を直接受領するのではなく、納付書により金融機関から直接払い込んでもらう。 ・納付書が使用できない金融機関においては、臨戸徴収と同様に現金領収証の取扱いを行うようにする。 ・現金を取り扱う者以外の第三者が減免・取消決定について、証拠資料が添付されていることを確認する。 ・未納となっている債権について、定期的に回収状況の確認を行う。 ・現金での収受をしない方法（口座振替等）を促進する。 ・例外的に現金での収受を行う住民を特定し、各納税者の納付履歴を記録し、共有する。	●徴収部門と収納部門の分離その他地方税の徴収事務に係る左記の内部統制が適切に運用されているかどうか、関係証憑書類を確認・照合する。 ●収入の減免・取消決定について、適切な証拠に基づいて、決定されていることを、サンプルを抽出して確認する。 ●長期の未回収となっている債権の内容を確認する。
【適切な職務分掌、要領・ルールの整備等】 ・徴収部門と収納部門を分離し、複数の職員で対応する。	

第223条　地方税			
No.	事務 フロー	想定される リスク	不正事案
1-12	徴収事務	書類の偽造 横領	【書類の偽造を伴う横領事例】 ・市職員2名が、正規の納税通知書のほかに延滞金を減額した納税通知書を作成するなどして、固定資産税の延滞金等4275万円を着服して逮捕。 ・市職員が、上司の管理する印鑑を無断使用するなどして伝票操作を行い、徴収した税金等1000万円を着服。
1-13	徴収事務	財務データ改ざん 横領	【不正な端末操作を伴う横領事例】 ・市職員が、不正な端末処理を行うなどし、国民健康保険料の還付金、郵送された保険料等計220万円を横領。 ・老人医療業務を担当していた市参事が、高額医療費支給の際、自身の親族名義の口座に医療費

想定される各課の対応策	監査手続
・収納金の指定金融機関への速やかな収納を実施するルール（誰が、いつまでに、などを明確にしたルールなど）を策定し、それを確認する。 ・証憑書類に係る帳票の偽造等防止措置、発行管理を徹底する。 ・現金を取り扱う者以外の第三者が減免・取消決定について、証拠資料が添付されていることを確認する。 ・未納となっている債権について、定期的に回収状況の確認を行う。 ・現金での収受をしない方法（口座振替等）を促進する。 ・例外的に現金での収受を行う住民を特定し、各納税者の納付履歴を記録し、共有する。 ・納税通知書の連番管理を徹底する。 ・公印管理を徹底する。 ・責任者は、通例ではない多額の減額処理・還付金等について、それらの理由及び根拠資料を定期的にレビューする。	●徴収部門と収納部門の分離その他地方税の徴収事務に係る左記の内部統制が適切に運用されているかどうか、関係証憑書類を確認・照合する。 ●収入の減免・取消決定について、適切な証拠に基づいて、決定されていることを、サンプルを抽出して確認する。 ●長期の未回収となっている債権の内容を確認する。
【適切な事務分掌、業務のダブルチェック等】 ・証憑書類に係る帳票の偽造等防止措置、発行管理を徹底する。 ・端末処理の入力締め後に入力内容を出力した帳票や端末画面等により、入力処理した職員以外の者が確認する。 ・管理者により、徴収時と収納時に照合と承認を実施する。 ・人為的入力については、入力処理等を行った後、別の者が入力内容を確認するようにする。 ・プログラムの改変には、承認手続を経るように規定する。 ・（税・負担金・徴収金の区分等）変更を生じさせる制度及び事実関係の変更と、それに対応したプログラム改変についての履歴を残す。 ・責任者は、プログラムの改変履歴を定期的に	●徴収部門と収納部門の分離その他地方税の徴収事務に係る左記の内部統制が適切に運用されているかどうか、関係証憑書類を確認・照合す

| 第223条　地方税 | | | |
No.	事務フロー	想定されるリスク	不正事案
			が振り込まれるようコンピュータを操作し、約198万円を着服したとして懲戒処分。別の部署に異動後も不正を続け、約1400万円を着服していた可能性もあるとされる。
1-14	徴収事務	システムによる計算の誤り 過大入力 過少入力 過大徴収 過少徴収	【誤徴収】 ・国民保険料の過大徴収、職員のコンピュータープログラムの取扱いに誤り、法定軽減総額35億円を反映せず。 ・国民健康保険料の過大徴収3世帯8000円、過少徴収68世帯25万円、年金の種類変更に伴うデータが正しく参照されず。電算処理の委託業者が条件設定を誤った人為的ミスもあるが、市もサンプルチェックを5件にとどめるなど「チェックが不十分だった」とする。 ・国民健康保険料等の誤徴収、所得情報を財政局から健康福祉局へ引き渡す際に一部正しく引き渡されなかったために算定に誤り。 ・後期高齢者医療保険料等を過大請求714件1430万円、青色専従者給与情報の入力ミス。 ・後期高齢者医療保険料につき職員のデータ入力ミスにより年金からの天引きを中止されるはずの被保険者ら4598人の天引き中止ができず。同保険料と国民健康保険税の天引きは介護保険の

想定される各課の対応策	監査手続
レビューし、改変が正当な理由によるものかどうか確認する。 ・現金での収受をしない方法（口座振替等）を促進する。 ・例外的に現金での収受を行う住民を特定し、各納税者の納付履歴を記録し、共有する。 ・郵送物の受入担当者を設置し、受入日及び内容物を記録する。 ・納税通知書の連番管理を徹底する。 ・公印管理を徹底する。 ・責任者は、通例ではない多額の減額処理・還付金等について、それらの理由及び根拠資料を定期的にレビューする。	る。
【帳票発行管理の徹底、業務のダブルチェック等】 ・徴収部門と収納部門を分離し、複数の職員で対応する。 ・収納金の指定金融機関への速やかな収納を実施する。 ・証憑書類に係る帳票の偽造等防止措置、発行管理を徹底する。 ・当該事務フローにおいて電算システムを使用している場合にあっては、上記取組に加え、下記取組を実施する。 ①当該システムの操作権限を適切に配分 ②システム操作ログを閲覧して当該システムの使用状況を把握 ・端末処理の入力締め後に入力内容を出力した帳票や端末画面等により、入力処理した職員以外の者が確認する。 ・管理者により、徴収時と収納時に照合と承認を実施する。 ・人為的入力については、入力処理等を行った後、別の者が入力内容を確認するようにする。 ・プログラムの改変には、承認手続を経るように規定する。	●サンプルを抽出し、関係職員に説明をさせる。 ●調定及び収納に関する証憑書類を確認・照合する。

第223条　地方税

No.	事務 フロー	想定される リスク	不正事案
			システムを利用しており、介護保険料と一緒に県国保連合会に被保険者のデータを送信することになっているが、担当職員が介護保険料のデータしか送信していなかった。 ・国民健康保険料の修正申告に伴う還付加算金について、計算の起算日を誤り過少計算、2300件で計算ミス。

第224条　分担金

No.	事務 フロー	想定される リスク	不正事案 (リスク顕在化事例)
2-1	徴収事務	横領	【下水道敷設負担金の着服】 ・市職員が、住民から集めた下水道敷設に伴う負担金計約163万円を着服。

想定される各課の対応策	監査手続
・（税・負担金・徴収金の区分等）変更を生じさせる制度及び事実関係の変更と、それに対応したプログラム改変についての履歴を残す。 ・責任者は、プログラムの改変履歴を定期的にレビューし、改変が正当な理由によるものかどうか確認する。 ・現金での収受をしない方法（口座振替等）を促進する。 ・例外的に現金での収受を行う住民を特定し、各納税者の納付履歴を記録し、共有する。	

想定される各課の対応策 （内部統制）	監査手続 （○：監査を受ける部局に提出を求めるもの／●：提出書類に基づき確認すべき点）
【適切な職務分掌、指定金融機関への速やかな収納等】 ・徴収部門と収納部門を分離し、複数の職員で対応する。 ・収納金の指定金融機関への速やかな収納を実施する。 ・証憑書類に係る帳票の偽造等防止措置、発行管理を徹底する。 ・定期的に財務システム上の残高と現金の残高を確認する。 ・当該事務フローにおいて電算システムを使用している場合にあっては、上記取組に加え、下記取組を実施する。 ①当該システムの操作権限を適切に配分 ②システム操作ログを閲覧して当該システムの使用状況を把握 ・現金とシステムデータ入金合計額とを確認する。	●徴収部門と収納部門の分離その他分担金に係る左記の内部統制が適切に運用されているかどうか、関係証憑書類を確認・照合する。 ●調定、収納を照合し、未収状況を確認する。 ●口座振替等への変更がどの程度進んでいるかについて確認する。 ●納税通知書（領収書控え）と入金処理との定期的な照合をどの程度の範囲及び頻度で実施しているかの確認。 ●上記の定期的照合の状況についてサ

第224条　分担金			
No.	事務フロー	想定されるリスク	不正事案
2-2	徴収事務	横領	【システムデータ上は入金処理をした上での着服】 ・市職員が、上下水道お客様サービスセンター勤務中の７年間に市民から徴収した下水道受益者負担金約320万円を横領した疑い。

想定される各課の対応策	監査手続
・現金での収受をしない方法（口座振替等）を促進する。 ・例外的に現金での収受を行う住民を特定し、各納税者の納付履歴を記録し、共有する。 ・責任者は、連番を付した納税通知書（領収書控え）と入金処理とを定期的に照合する。	ンプリングチェックを行う。
【適切な職務分掌、指定金融機関への速やかな収納等】 ・徴収部門と収納部門を分離し、複数の職員で対応する。 ・収納金の指定金融機関への速やかな収納を実施する。 ・証憑書類に係る帳票の偽造等防止措置、発行管理を徹底する。 ・定期的に財務システム上の残高と現金の残高を確認する。 ・当該事務フローにおいて電算システムを使用している場合にあっては、上記取組に加え、下記取組を実施する。 ①当該システムの操作権限を適切に配分 ②システム操作ログを閲覧して当該システムの使用状況を把握 ・現金とシステムデータ入金合計額とを確認する。 ・現金での収受をしない方法（口座振替等）を促進する。 ・例外的に現金での収受を行う住民を特定し、各納税者の納付履歴を記録し、共有する。 ・責任者は、連番を付した納税通知書（領収書控え）と入金処理とを定期的に照合する。	●徴収部門と収納部門の分離その他分担金に係る左記の内部統制が適切に運用されているかどうか、関係証憑書類を確認・照合する。 ●調定、収納を照合し、未収状況を確認する。 ●口座振替等への変更がどの程度進んでいるかについて確認する。 ●納税通知書（領収書控え）と入金処理との定期的な照合をどの程度の範囲及び頻度で実施しているかの確認。 ●上記の定期的照合の状況についてサンプリングチェックを行う。

第225条　使用料

No.	事務フロー	想定されるリスク	不正事案 （リスク顕在化事例）
3-1	徴収事務	横領	【単純な着服事例】 ・市職員が、病院事業課に在籍中、休日夜間応急診療所等で受診者が支払った医療費の一部等計約360万円を着服。 ・市教育委員会スポーツ振興課長が、スポーツセンターの体育館の管理人から預かった使用料を指定の口座に入金せず、また口座から金銭を引き出すなどし、約520万円を着服。 ・市職員が駐車場使用料計331万円を持ち帰り、横領。 ・養護老人ホームに勤務する町職員が、入所者から毎月出身市町村に支払う入所者負担金計約145万円を預かりながら、納入せず着服。 ・県職員が、港湾使用料約16万円を着服。 ・保養施設に配属された市職員が使用料等約175万円を着服。 ・市営住宅の入退去事務を担当する職員が、98件で敷金等約400万円を着服。 ・市職員が、徴収した下水道使用料約52万円を着服。 ・県職員が、県の歳入にするべき職員住宅家賃計約12万円を預かりながら4回にわたって着服、会計課からの督促状20枚等をシュレッダーで破棄し、発覚を遅らせようとした。
3-2	徴収事務	書類の偽造横領	【使用許可証を不正発行した上で使用料を個人名義の口座に入金させ着服】 ・県職員が県立都市公園の使用料計約32万円を個人名義の口座に入金させていた疑い。職員は、「後日、県の口座へ納入するつもりだった」として横領を否定。許可証の不正発行の疑いもあり。
			【計算ミス、入力ミスによる誤徴収】 ・県営災害公営住宅の家賃を過大徴収2000万円、算定時に控除漏れ。

想定される各課の対応策 （内部統制）	監査手続 （○：監査を受ける部局に提出を求めるもの／●：提出書類に基づき確認すべき点）
【適切な職務分掌、業務のダブルチェック等】 ・徴収部門と収納部門を分離し、複数の職員で対応する。 ・収納金の指定金融機関への速やかな収納を実施する。 ・証憑書類に係る帳票の偽造等防止措置、発行管理を徹底する。 ・定期的に財務システム上の残高と現金の残高及び銀行預金の残高とを照合する。 ・現金での収受をしない方法（口座振替等）を促進する。 ・例外的に現金での収受を行う住民を特定し、各納税者の納付履歴を記録し、共有する。 ・責任者は、連番を付した納税通知書（領収書控え）と入金処理とを定期的に照合する。	●徴収部門と収納部門の分離その他使用料に係る左記の内部統制が適切に運用されているかどうか、関係証憑書類を確認・照合する。 ●口座振替等への変更がどの程度進んでいるかについて確認する。 ●納税通知書（領収書控え）と入金処理との定期的な照合をどの程度の範囲及び頻度で実施しているかの確認。 ●上記の定期的照合の状況についてサンプリングチェックを行う。
【適切な職務分掌、業務のダブルチェック等】 ・徴収部門と収納部門を分離し、複数の職員で対応する。 ・収納金の指定金融機関への速やかな収納を実施する。 ・証憑書類に係る帳票の偽造等防止措置、発行管理を徹底する。	●徴収部門と収納部門の分離その他使用料に係る左記の内部統制が適切に運用されているかどうか、関係証憑書類を確認・照合する。

第225条　使用料			
No.	事務 フロー	想定される リスク	不正事案
3-3	徴収事務	過大入力 過少入力 過大徴収 過少徴収	・市営住宅の家賃を過大徴収3.4億円、算定時の「市町村立地係数」に誤り。 ・町営住宅の家賃を過大徴収3000万円、築年数の係数の誤入力。 ・府営住宅の家賃を誤徴収7000万円、家賃改定に伴う算定データの入力ミス。 ・県営住宅の家賃を誤徴収1.6億円、専用面積につき簡易な図面を基にしたことや共用部分の不控除が原因。 ・県営住宅の家賃を過少徴収1500万円、障害年金等を誤って控除、マニュアルにあったダブルチェック不遵守。 ・県営住宅の家賃の過大徴収154万円、過少徴収900万円、算定ミス、入居者ごとに毎年家賃が変わるなど算定方式が複雑なため過大徴収・過少徴収が発生。 ・がんセンターが診療報酬19億円過誤請求。 ・障害者施設の利用料を過大徴収280万円、消費税引上げの際の改定時に上限額失念。 ・児童養護施設の使用料を過大徴収1450万円、算定方法の誤りや児童数等の入力ミス。 ・障害児施設の使用料を誤徴収265万円、電算システムのデータ更新を失念していた。
3-4	徴収事務	過大入力 過少入力 過大徴収 過少徴収	【違法な指導】 ・市水道局が老人ホーム等16施設の共同住宅水道利用加入金を過少徴収、業務課長が全戸数を過少申告するように指導。

想定される各課の対応策	監査手続
【マニュアル・手順の整備等】 ・電算システムのデータ更新が必要となる場合やミスが多い場合の確認・周知を実施し、スケジュール管理を含む作業プロセスの確立を行う。 ・複数職員によるチェックを行う。	●データ入力プロセス記録の内容の調査や必要に応じて担当者ヒアリングを実施する。 ●算定について、算定内容を点検するとともに、算定の審査体制を確認する。
【業務のダブルチェック、内部通報制度の確立】 ・複数職員による指導内容の確認（指導内容の文書化を含む）を行う。 ・内部通報制度の確立と周知を行う。	●指導内容の確認状況（文書記録及び担当者ヒアリング）を確認する。 ●内部通報制度の確立状況を確認する。 ●調書について、記載内容を関連する関係データとの関連がチェックできるものとする。

第227条　手数料

No.	事務フロー	想定されるリスク	不正事案 （リスク顕在化事例）
4-1	徴収事務	横領	【単純な着服】 ・複数の区役所で職員が住民票の写し等の交付手数料を横領していた事件で、被害総額が計約1746万円に上ることが判明。 ・市内の3区役所1支所で住民票の写し等の交付手数料が職員により着服されていた問題で、330万円、800万円、200万円を着服した市職員3名を懲戒免職し、定額小為替計約3万円分を換金流用し、後に補填した1名を停職処分とした。 ・市職員が、動物病院から集金した犬の登録手数料等の一部を市に入金せず、約18万円を着服。 ・市環境美化センター勤務の職員が、同センターに持ち込まれたゴミ処理手数料約41万円を銀行に納入する前に着服。 ・保健相談センター勤務の市職員が、徴収した犬の登録手数料等約56万円を着服、不審火の捜査中に発覚、後に同センターに侵入し火をつけたとする非現住建造物等放火事件で再逮捕。 ・市職員2名が、死獣収集手数料約4万円を着服、同手数料をめぐっては同市内でこれまでに複数の職員により955件、計439万円の着服が発覚している。 ・市職員が、クリーンセンターで徴収したゴミ処理手数料約400万円を入金すべき口座に入れず着服。 ・市職員が、上下水道お客様サービスセンター勤務中の7年間に市民から徴収した指定排水設備工事業者登録手数料等計約1700万円を横領した疑い。
4-2	徴収事務	横領	【郵送された手数料相当額の定額小為替を着服】 ・郵送で住民票の写しを発行する「郵送請求」の担当として、申請書に同封されている手数料分の定額小為替等の金券を取り扱っていた市職員が、区役所内のレジから約75万円を着服。

想定される各課の対応策 （内部統制）	監査手続 （○：監査を受ける部局に提出を求めるもの／●：提出書類に基づき確認すべき点）
【適切な職務分掌、業務のダブルチェック等】 ・徴収部門と収納部門を分離し、複数の職員で対応する。 ・収納金の指定金融機関への速やかな収納を実施する。 ・証憑書類に係る帳票の偽造等防止措置、発行管理を徹底する。 ・定期的に財務システム上の残高と現金及び銀行預金の残高とを照合する。 ・現金での収受をしない方法（口座振替等）を促進する。 ・例外的に現金での収受を行う住民を特定し、各納税者の納付履歴を記録し、共有する。	●徴収部門と収納部門の分離その他手数料に係る左記の内部統制が適切に運用されているかどうか、関係証憑書類を確認・照合する。
【適切な職務分掌、業務のダブルチェック等】 ・徴収部門と収納部門を分離し、複数の職員で対応する。 ・収納金の指定金融機関への速やかな収納を実施する。	●徴収部門と収納部門の分離その他手数料に係る左記の内部統制が適切に

第227条　手数料			
No.	事務フロー	想定されるリスク	不正事案
			・市職員が、住民票の郵便請求時に同封される郵便小為替約146万円を着服。 ・市職員が、郵送による住民票等の発行請求に同封されていた為替を持ち出して換金、計約5.6万円を横領。

第231条の2　証紙による収入の方法等			
No.	事務フロー	想定されるリスク	不正事案 （リスク顕在化事例）
5-1	徴収事務	横領	【横領】 ・市の会計課職員が印紙等約4.5万円分を換金、横領。

第四節　支出

第232条　経費の支弁等			
No.	事務フロー	想定されるリスク	不正事案 （リスク顕在化事例）
			【支給担当者等による不正】 ・職員が、給与システムを不正操作し、超過勤務手当136万円を不正受給。 ・県職員が、給与データの端末を操作できる立場を悪用して残業時間を水増しし、297万円を不正

想定される各課の対応策	監査手続
・証憑書類に係る帳票の偽造等防止措置、発行管理を徹底する。 ・定額小為替等の受領も、現金の収納と同様に出納簿で管理する。	運用されているかどうか、関係証憑書類を確認・照合する。

想定される各課の対応策 （内部統制）	監査手続 （○：監査を受ける部局に提出を求めるもの／●：提出書類に基づき確認すべき点）
【適切な職務分掌、業務のダブルチェック等】 ・徴収部門と収納部門を分離し、複数の職員で対応する。 ・収納金の指定金融機関への速やかな収納を実施する。 ・証憑書類に係る帳票の偽造等防止措置、発行管理を徹底する。 ・有価物について出納簿を作成して管理する。 ・日々、週、月単位程度でトータルチェックできる体制とする。	●徴収部門と収納部門の分離その他証紙による収入の方法等に係る左記の内部統制が適切に運用されているかどうか、関係証憑書類を確認・照合する。

想定される各課の対応策 （内部統制）	監査手続 （○：監査を受ける部局に提出を求めるもの／●：提出書類に基づき確認すべき点）

第232条	経費の支弁等		
No.	事務フロー	想定されるリスク	不正事案
6-1	給料、手当等	書類の偽造 勤務時間の過大報告 カラ出張 横領 財務データ改ざん	受給、年間の残業時間が1000時間を超えたため調査。 ・市の環境部クリーン推進課で、臨時職員の賃金支払いの主担当を務めていた市職員が、ゴミ収集の臨時職員延べ392人の勤務日数を水増しし、約380万円を着服。 ・消防局職員が、市から各消防団名義の預金口座に一括で支払われる報酬等を、団長から預かっていた印鑑を使って現金化した上、各消防団へ支給しないなどの方法で計457万円あまりを着服。 ・県税事務所の職員が、15回にわたり架空の出張旅費等の名目で支出に必要な架空の書類を作成して480万円を着服、公印の不正使用も発覚。 ・中学校事務職員が、5年度分、出張等の教職員旅費469件210万円を架空請求し、732件346万円の教職員への旅費の支払いを懈怠。
6-2	給料、手当等	書類の偽造 勤務時間の過大報告 カラ出張 横領 財務データ改ざん	【職員等による虚偽申請】 ・市職員が時間外勤務を水増して申請し146万円を不正受給。 ・小学校長がカラ出張で旅費14万円を不正受給。 ・職員が医師の診断書を4回にわたり偽造し、病気休暇を取得し、計約50万円の給与を不正受給していた。 ・別居中の妻子の住居を自分の住居として申請し、住居手当や単身赴任手当等計約500万円を不正に受給。 ・一部事務組合出向中の市職員が5年間で23回にわたり架空の出張報告をし、76万円を不正受給。 ・県住宅課の複数の職員が県まちづくり公社の車に同乗したにもかかわらず電車を利用したかのように装って出張費を不正請求。

想定される各課の対応策	監査手続
【業務のダブルチェック等】 ・勤務や出張実績と入力内容、手当額の整合性を第三者により確認する。 ・当該事務フローにおいて電算システムを使用している場合にあっては、上記取組に加え、下記取組を実施する。 ①当該システムの操作権限を適切に配分 ②システム操作ログを閲覧して当該システムの使用状況を把握 ③操作結果の複数者による確認 ・公印管理規程等による公印の適正管理及び適正な押印の確認を行う。	●経費の支弁に係る内部統制が適切に運用されているか、関係証憑書類を確認・照合する。 ●公印の管理状況を確認する。
【業務のダブルチェック等】 ・勤務や出張実績と入力内容、手当額の整合性を第三者により確認する。 ・出退記録が残るシステムを導入する。 ・出向中の職員については出向先の組織からの情報を確認する。	●経費の支弁に係る内部統制が適切に運用されているか、関係証憑書類を確認・照合する。
【帳票発行管理の徹底等】 ・証憑書類に係る帳票の偽造等防止措置、発行管理を徹底する。 ・当該事務フローにおいて電算システムを使用	

第232条　経費の支弁等			
No.	事務 フロー	想定される リスク	不正事案
6-3	生活保護 費	書類の偽造 横領	【架空の申請による詐取】 ・市生活福祉課職員が架空の受給者のデータを入力して書類を偽造、虚偽の支出命令書を作成させ、保護費約3万円を詐取。保護費1000万円以上が使途不明になっている。
6-4	生活保護 費	書類の偽造 横領	【廃止手続を行わず着服】 ・市ケースワーカーが、受給資格を失う生活保護受給者に引き続き保護費を給付した上で、本人には知らせず、預かっていた印鑑を使って現金を引き出すなどの方法で計約880万円を横領。 ・市職員が生活保護費支給の廃止手続を行わず、保護費等約180万円を着服。 ・市職員が、生活保護受給者への給付を打ち切ったにも関わらず、その廃止手続をせずに生活保護費約408万円を着服。 ・市職員が、生活保護受給者から提出を受けた廃止届に関する手続を行わず、自らが生活保護費約66万円を受給し着服。
6-5	生活保護 費	書類の偽造 横領	【預かった返還金の着服】 ・市のケースワーカーが、担当する生活保護者が受給した配偶者の生命保険金の一部67万円について、既に支給された保護費の返還が必要として現金で受け取り着服、公印を押した福祉事務所所長名の領収書を偽造し交付していた。 ・市職員が生活保護受給者からの返還金約480万円を着服。 ・市の職員がケースワーカーとして担当していた生活保護受給者から預かった保護費返還金約130万円を着服。
			【横領】 ・文科省等からの委託事業の会計を一人で任せられていた教育委員会の職員が、計約307万円を横

想定される各課の対応策	監査手続
している場合にあっては、上記取組に加え、下記取組を実施する。 ①当該システムの操作権限を適切に配分 ②システム操作ログを閲覧して当該システムの使用状況を把握・受給決定に際し、相手方を特定できる書類を添付させ、他の職員による確認を行う。また、受給者への面接を複数の職員で行う。	●経費の支弁に係る内部統制が適切に運用されているか、関係証憑書類を確認・照合する。 ●公印の管理状況を確認する。
【適切な事務分掌等】 ・支給担当者とケースワーカーの役割を分担する。 ・証憑書類に係る帳票の偽造等防止措置、発行管理を徹底する。 ・所管課職員によるケースワーク検討会（定例検討会）を実施し、受給者の現状を相互に確認する。受給資格等の現状を情報共有し、関係者がいつでも確認できるようにする。	●経費の支弁に係る内部統制が適切に運用されているか、関係証憑書類を確認・照合する。 ●公印の管理状況を確認する。
【適切な事務分掌等】 ・支給担当者とケースワーカーの役割を分担する。 ・証憑書類に係る帳票の偽造等防止措置、発行管理を徹底する。 ・公印管理規程等による公印の適正管理及び適正な押印の確認を行う。 ・所管課職員によるケースワーク検討会（定例検討会）を実施し、受給者の現状を相互に確認する。受給資格等の現状を情報共有し、関係者がいつでも確認できるようにする。	●経費の支弁に係る内部統制が適切に運用されているか、関係証憑書類を確認・照合する。 ●公印の管理状況を確認する。

No.	事務フロー	想定されるリスク	不正事案
6-6	事業費等	書類の偽造 横領 財務データの改ざん	領。複数人で処理する一般会計とは違い、独自会計処理を行った事業であったため、職員による横領を防げなかったとされる。 ・市職員が、担当していた乳幼児医療費助成の償還払手続で架空名義の振込口座データを入力し、自身や家族の銀行口座に計109件約1938万円を振り込み着服。 ・市職員が、花火大会の協賛金等を私的に流用したなどとして懲戒免職処分。 ・市の地域課職員が民生委員研修費から約85万円を着服。 ・消防司令が、消防団の活動費等約215万円を着服。 ・市の教育課職員が、勤務先の公民館が主催した宿泊研修で参加者の小学生から集めた食費等4.5万円のうち1万円を横領。 ・公民館の非常勤職員が、教養講座の受講料約40万円を着服。 ・市職員が、日本赤十字から受け取った災害時の見舞金等に活用していた交付金約856万円を着服。 ・県の臨時職員が、隠し持っていた未使用の払戻伝票に無断で公印を押し、県イベントの事業費の入った預金口座から約18万円を不正に引き出した。 ・県職員が、文化教養厚生交付金及び福利厚生事業助成金101万円を横領、通帳の届出印は上司が管理していたが、同職員は上司が離席中に無断使用し、白紙の払戻票約20枚に押印。
6-7	事業費等	支払誤り 過大入力 過少入力	【過誤払い】 ・精神疾患に関する「自立支援医療費」について212人の所得認定に誤り。扶養控除の入力ミス。 ・府の高校生に対する奨学金に過払いミス92件414万円、システムプログラムの不具合に加え、対象者の確認や入力ミスが原因。

想定される各課の対応策	監査手続
【上司による確認、業務のダブルチェック等】 ・上司を含め複数人による支出関係書類と通帳等との突合、チェック体制の確保を行う。 ・公印管理規程等による公印の適正管理及び適正な押印の確認を行う。 ・当該事務フローにおいて電算システムを使用している場合にあっては、上記取組に加え、下記取組を実施する。 ①当該システムの操作権限を適切に配分 ②システム操作ログを閲覧して当該システムの使用状況を把握	●職員に対するヒアリング、相手方、取引先等に対する事実確認調査を実施する。 ●経費の支弁に係る内部統制が適切に運用されているか、関係証憑書類を確認・照合する。 ●公印の管理状況を確認する。
【上司による確認、業務のダブルチェック】 ・上司を含め複数人で処理し、チェック体制を確保する。	●経費の支弁に係る内部統制が適切に運用されているか、関係証憑書類を確認・照合する。

第232条　経費の支弁等			
No.	事務 フロー	想定される リスク	不正事案
6-8	首長交際 費	横領	【横領】 ・市の会計課職員が市長交際費等の公金約211万円を着服。

第232条の2　寄附又は補助			
No.	事務 フロー	想定される リスク	不正事案 （リスク顕在化事例）
7-1	補助金の 返還	書類の偽造 横領	【補助金返還書類の偽造による着服】 ・市職員が、補助金返還の書類を偽造し、市内2つの農業者団体から現金計96万円を詐取。

第六節　契約

第234条　契約の締結			
No.	事務 フロー	想定される リスク	不正事案 （リスク顕在化事例）
	一般競争 入札（物 品購入）		【水増し・架空発注】 ・県職員が、県立病院に勤務中、経営課主任として診療に使う物品等の購入を一人で担当する中で、架空の請求書を作成するなどして132回にわたり計約6500万円を横領。 ・県の児童自立支援施設の教員が、教材費等143万円を着服。教材費を多めに請求する、行事費の余剰金を口座に戻さない等を行った。 ・給食センターに勤務する職員が5年間にわたり、請求書の金額を水増ししたり架空の支出を出納帳に記載したりして食材購入を装い、給食費約

想定される各課の対応策	監査手続
【上司による確認、業務のダブルチェック】 ・上司を含め複数人で処理し、チェック体制を確保する。	●経費の支弁に係る内部統制が適切に運用されているか、関係証憑書類を確認・照合する。

想定される各課の対応策 （内部統制）	監査手続 （○：監査を受ける部局に提出を求めるもの／●：提出書類に基づき確認すべき点）
【帳票発行管理の徹底、公印管理の徹底】 ・証憑書類に係る帳票の偽造等防止措置、発行管理を徹底する。 ・公印管理規程等による公印の適正管理。通帳と印鑑を別の職員により管理する。	●寄附又は補助に係る内部統制が適切に運用されているか、関係証憑書類を確認・照合する。 ●公印の管理状況を確認する。

想定される各課の対応策 （内部統制）	監査手続 （○：監査を受ける部局に提出を求めるもの／●：提出書類に基づき確認すべき点）
【業務のダブルチェック、定期的な現物の確認等】 ・納品時には、発注者以外の検収担当者が発注書等の証憑類と納入物の一致を確認する。 ・パソコン等の器具備品に関しては資産番号シールを貼付し、定期的に現物の確認を行う。	

第234条　契約の締結

No.	事務フロー	想定されるリスク	不正事案
8-1	●契約内容等の検討 随意契約（物品購入） ●契約内容等の検討	書類の偽造 横領 財務データの改ざん	1000万円を着服。 ・市内の別々の小中学校に勤務していた事務職員3名が、婦人服や化粧品等の私物を購入しておきながら、領収書を偽造するなどして学校の備品を購入したように装うなどして公金計約82万円を横領。 ・市内の別々の小学校で勤務していた事務職員2名が、領収書を偽造して、合計約340万円の前渡金を横領。 ・県職員3名が、業者に物品を発注後、納品を差し止めたまま支払い手続をして金を預け、後日、図書券などとして納品させる方法で公金少なくとも2850万円を私的に流用したとして詐欺容疑で告訴。うち2名は転出後も業者との関係を続け、着服を継続していた。 ・高校事務職員が、会計システムを不正操作し、物品購入を装い夫名義の口座に116回に分けて計約700万円を入金し着服。
8-2	一般競争入札（物品購入） ●契約内容等の検討 随意契約（物品購入） ●契約内容等の検討	書類の偽造 横領 財務データの改ざん	【違法な換金・着服目的の物品購入】 ・市職員が、業務用パソコン20台（約491万円）を無断で購入し、買取業者に転売していた。これまで約100台のパソコンを転売。請求書等にはトナー等の消耗品を記載。納品時の係長が立ち会う決まりは守られていなかった。 ・市職員が、トナー等の消耗品を購入したように装い計約300万円分のパソコンを納入し半額程度で転売、納品業者には嘘の納品書を作成させ、パソコンは市役所の駐車場で受領していた。 ・職員が、業者に計約286万円分の図書カードやデジタルカメラ、パソコン等を数回に分けて発注し、納品された物品を換金し着服。 ・小学校事務職員が、計76回にわたり文房具の納入業者から不要な図書カード等計約447万円を購入し、換金し着服、業者からは架空の伝票を提出させていた。

想定される各課の対応策	監査手続
・定期的な人事異動を実施する。 ・当該事務フローにおいて電算システムを使用している場合にあっては、上記取組に加え、下記取組を実施する。 ①当該システムの操作権限を適切に配分 ②システム操作ログを閲覧して当該システムの使用状況を把握 ・不正に協力した業者は、地方公共団体の入札参加資格者から除外し、全ての発注案件の対象としないことを、入札資格者登録要領や個別契約書等へ明記し、地方公共団体のホームページ等に掲載するなどして周知徹底する。	●職員に対するヒアリング、取引先等に対する事実確認調査を実施する。 ●契約事務に係る内部統制が適切に運用されているか、関係証憑書類を確認・照合する。 ●物品の納入の際の検収状況の確認や納品物品の現物試査を実施する。
【業務のダブルチェック、定期的な現物の確認等】 ・納品時には、発注者以外の検収担当者が発注書等の証憑類と納入物の一致を確認する。 ・パソコン等の器具備品に関しては資産番号シールを貼付し、定期的に現物の確認を行う。 ・当該事務フローにおいて電算システムを使用している場合にあっては、上記取組に加え、下記取組を実施する。 ①当該システムの操作権限を適切に配分 ②システム操作ログを閲覧して当該システムの使用状況を把握 ・不正に協力した業者は、地方公共団体の入札参加資格者から除外し、全ての発注案件の対象としないことを、入札資格者登録要領や個別契約書等へ明記し、地方公共団体のホームページ等に掲載するなどして周知徹底する。	●職員に対するヒアリング、取引先等に対する事実確認調査を実施する。 ●契約事務に係る内部統制が適切に運用されているか、関係証憑書類を確認・照合する。 ●物品の納入の際の検収状況の確認や納品物品の現物試査を実施する。

	第234条　契約の締結		
No.	事務 フロー	想定される リスク	不正事案
8-3	一般競争入札（委託）②経費の積算 随意契約（委託）②経費の積算	不適切な価格での契約	【不適正な予定価格の決定過程】 ・市の工事課職員が、工事の発注にあたり、予定価格積算の労力を省くため、特定の業者に提出させた見積額を予定価格とし、かつ当該業者に落札させるべく、事情を知る別の業者も指名競争入札に参加させるなどし、3件の公契約関係競売入札妨害の罪で罰金刑を受けた。 ・市の清掃事業や廃棄物の収集・運搬等の指名競争入札において、5年間にわたり、特定の一社に見積もりを出させ、その価格をそのまま予定価格として入札を行っていた。調査の過程で市職員が業者に落札価格を漏らしていたことも発覚した。
8-4	一般競争入札（委託）②経費の積算 随意契約（委託）②経費の積算	不適切な価格での契約	【複数の見積書の徴収の懈怠】 ・市における2年度分の随意契約6919件中213件について、随意契約締結に当たり本来は市の側で複数業者の見積書を徴収する必要があったところ、契約の相手方となる業者に対し、他の業者の見積書も含めた複数の見積書を提出するよう依頼していたことが、全庁調査の結果、判明した。
	一般競争入札（委		

想定される各課の対応策	監査手続
【業務のダブルチェック、定期的な現物の確認等】 ・積算根拠を定めた契約事務マニュアル等に基づき積算する。 ・積算根拠を定められない場合は、契約事務マニュアル等に基づき、複数者から見積書を徴取するなど、適正な予定価格を設定する。 ・特に少額随契の場合にあっては、随意契約の相手方からの見積書のみをもって積算していないか確認する。 ・情報提供依頼書（RFI）を実施することにより、業者から提供された情報を加味した適切な価格で、複数業者が入札に参加できるように促す。 ・情報提供依頼書（RFI）実施に関連する書面を確認する。	○積算基準・積算根拠を定めた書面を提出させる。 ●積算が適正に行われているかについて、積算基準・積算根拠を定めた書面と、積算内訳の書面を確認する。 ●積算根拠や見積書を徴収した相手方の妥当性、見積書の徴収過程が適正か等を職員のヒアリング等を実施し確認する。 ●RFIの実施結果をもとに、業者から提供された情報を加味していること、及び、複数業者が入札に参加できるようになっていることを確認する。 ●左記に記載されているような契約事務に係る内部統制が適切に運用されているか、関係証憑書類を確認・照合する。
【マニュアル・手順の整備等】 ・積算根拠を定めた契約事務マニュアル等に基づき積算する。 ・積算根拠を定められない場合は、契約事務マニュアル等に基づき、複数者から見積書を徴取するなど、適正な予定価格を設定する。 ・特に少額随契の場合にあっては、見積書提出元に、見積書を提出した事実があるか確認する。（サンプル抽出）	○積算基準・積算根拠を定めた書面を提出させる。 ●積算が適正に行われているかについて、積算基準・積算根拠を定めた書面と、積算内訳の書面を確認する。 ●見積書が適正なものであるかを、同じ業者の他の見積書と比較して確認する。 ●左記に記載されているような契約事務に係る内部統制が適切に運用されているか、関係証憑書類を確認・照合する。
【経費の積算に応じた要件の確認、上司による確認・承認等】 ・意図的な分割発注等がないよう、経費の積算に応じて、随意契約設定の妥当性、随意契約	○執行決定書及び関連する必要な書類（委託業務の内容、目的、対象範囲、期間、契約方法、入札保証金の扱い、契約書案、業務処理要領、予算科目、経理現況等がわかる書類）

151

第234条　契約の締結			
No.	事務フロー	想定されるリスク	不正事案
8-5	託）③執行決定書の作成 随意契約（委託）③執行決定書の作成・委託業者の選定	不適切な価格での契約	【意図的な分割発注】 ・市の契約規則では50万円以上の随意契約では複数業者から見積もりをとることが決まっていたところ、市の競輪事業課職員が工事を早く完了させるため、競輪場に関する工事6件約570万円分に関し、実際と異なる50万円以下の複数の名目の工事に分けて業者に発注していた。 ・市の随意契約による簡易工事について、2年間計6919件のうち52件で、1件当たり250万円以下になるように分割発注がされていた。 【予定価格等の情報漏洩】 ・市の職員が、市発注の下水道工事に関する制限付き一般競争入札の最低制限価格を市内の業者に漏らし、その見返りに280万円を受け取った容疑で競売入札妨害罪及び収賄罪で起訴。 ・県職員が、水道設備の点検業務委託の入札で業者に設計価格を漏らし、予定価格に近い金額で落札させた等として偽計入札妨害や収賄罪で起訴。 ・県職員が、県発注の工事の最低制限価格に関する情報を漏らした見返りに195万円を受け取り、収賄罪で逮捕。 ・市立病院の事務局長が、病院の庭園改修工事を特定の業者に受注させる見返りに50万円を受け取り、収賄容疑で逮捕。 ・市職員が、市道の維持・補修工事をめぐる指名競争入札で建設会社から5万円の商品券を受け取って便宜を図り、逮捕起訴。 ・市職員が、商店街活性化事業の委託業者の選定において有利な取り計らいをし、IT関連会社から10万円相当のパソコンを受け取り逮捕。

想定される各課の対応策	監査手続
の要件、議会同意手続等を確認する。 ・経費の積算、随意契約設定の妥当性、関係法令の手続の遵守等を確認した上で、決裁権者が決裁する。 ・決裁権者は、少額随意契約において業者の固定化が癒着を招いていないかや理由があって特定の業者を選定している場合はその理由を確認する。 ・調達の所管部署の担当者は、四半期に一度少額随意契約の一覧を作成し、少額随契において業者の固定化が癒着を招いていないかや理由があって特定の業者を選定している場合はその理由を確認する。	の提出、同一時期に行った同一種類の契約書等の書類を提出させる。 ●執行決定書に必要な事項が適切に記載されているか確認する。 ●同一時期に同一種類の契約がなく、恣意的に分割した契約でないことを確認する。 ●決裁書類等により決裁権者が適切に承認しているかを確認する。 ●複数の部局をまたいだ共同発注の是非等を検証する。 ●左記に記載されているような契約事務に係る内部統制が適切に運用されているか、関係証憑書類を確認・照合する。
【システムにおける権限分離、倫理研修等】 ・入札価格が漏洩しないようにするため、また、業者等との不当な関わり合いを防止するために下記のような必要な措置を講じる。	

第234条　契約の締結			
No.	事務フロー	想定されるリスク	不正事案
8-6	一般競争入札（委託）⑦予定価格調書の作成 随意契約（委託）⑥予定価格調書の作成	収賄 不適切な価格での契約	・市立総合医療センター職員が、人工心肺装置の一般競争入札で業者が受注できるよう便宜を図った見返りに約80万円相当のパソコン3台等を受け取ったとして収賄容疑で逮捕起訴。 ・市職員が、市発注の清掃施設工事19件（計5600万）につき業者から700万円を受け取り収賄容疑で逮捕。 ・都職員が、災害備蓄倉庫の整備工事で業者に便宜を図った見返りに107万円相当の飲食接待と現金4万円を受け取ったとして収賄罪で逮捕、起訴。 ・県立医大に派遣されていた県職員が、医大の発注工事に絡み建設会社に便宜を図った見返りに謝礼100万円を受け取ったとして収賄罪で逮捕された。 ・村職員が、同県市内の建設会社社長から、村発注予定の建設工事で指名競争入札の指名業者選定に関し、ライバル会社を除外することなどを依頼され、謝礼として現金100万円を受け取り、受託収賄罪で起訴。 ・市職員が市の公園業務委託をめぐり便宜を図る見返りに現金約100万円を受け取ったとして収賄容疑で逮捕。 ・市職員が、市発注の水道設備工事をめぐり、市内の業者に下請けで受注できるよう便宜を図った謝礼として約24万円相当の接待を受けたとして、収賄罪で逮捕、起訴・起訴猶予。 ・県職員が、農協が米の生産履歴管理システムを導入するに際して、ソフトウエア開発会社に有利な取り計らいをした上、国庫補助金受給のため中央省庁との連絡調整でも便宜を図り、見返りに同社社長から現金約850万円を受け取ったとして、収賄罪で実刑判決。 ・市職員が、市の給水装置設備工事に伴う道路舗装工事で市内の業者が工事に参入できるよう便宜を図った見返りに110万円を受け取ったとして

想定される各課の対応策	監査手続
<具体例> （情報管理） ・システム上の工事情報にアクセスできる職員を制限する。 ・予定価格は最終決裁権者限りとし、予定価格調書等は封印して保管する。 ・仕様書、設計書、積算内容等の発注関係書類も、内容に応じて施錠して保管する。 （入札方法の工夫） ・予定価格（最低制限価格）の事前公表（弊害がない場合に限る。）又は、予定価格の事後公表、積算内訳等の事後公表 ・一般競争入札の拡大、一者入札の中止又は、電子入札の拡大 ・入札の技術評価点・入札価格につき、企業名を伏せるなどして、担当する職員に、業者が誰か分からないようにする。 ・業者に対し、有罪判決、指名停止期間、民事上の損害賠償（契約書上、20％の違約金の定めがある場合）など、大きな不利益を受けることを公表する。 （職場環境の整備） ・業者対応用のオープンスペースの整備。 ・業者対応は複数対応を原則とし、その内容は必ず記録化し報告する。 ・不当な働きかけに対する報告・対応フローの整備。 ・公益通報、内部・外部通報制度の整備及び周知。 （職員関係） ・倫理研修等を実施する。 ・定期的な人事異動を実施する。 ・情報漏洩に関する懲戒処分の基準を設定し、公表する。 ・職員の再就職情報を公表する。 ・技術評価点・入札価格の情報に接する職員を	●落札率の高い（入札価格が予定価格に近い）事案をピックアップしサンプル調査を実施する。 ●左記に記載されているような契約事務に係る内部統制が適切に運用されているか、関係証憑書類を確認・照合する。

第234条　契約の締結			
No.	事務 フロー	想定される リスク	不正事案
			収賄容疑で逮捕、起訴。 ・市長が、市の霊園整備の工事に関して、知人業者を参入させようとする見返りに100万円受け取ったとして収賄容疑で逮捕、起訴。 ・市職員が、同市競輪事務所に勤務中、事務所発注の公告業務等を請け負っていた広告代理店社長から旅行券100万円分を受け取ったとして加重収賄罪で起訴。 ・町長が町発注工事の入札で便宜を図る見返りに、県内の土木業者から3000万円を借り受けたとして収賄容疑で逮捕。 ・町助役が、町所有の保安林の随意契約での売却を巡り、特定の不動産会社に早期売却できるように町議会に働きかけるなど便宜を図った謝礼に1000万円を受け取ったとして受託収賄容疑で逮捕。 ・市の価格が、市発注の総合評価方式（簡易型）制限付一般競争入札による道路工事の入札に関し、市内の業者に対し、設計価格及び技術評価点を教示したとして官製談合罪で有罪判決を受けた。なお、業者は技術評価点を教示されたことにより、入札価格を下げた。
8-7	一般競争入札（委託）⑦予定価格調書の作成 随意契約（委託）⑥予定価格調書の作成	支払誤り	【計算の誤り】 ・ダムの用地取得に関し、登記業務の委託先に対し400万円過払い、土地家屋調査士事務所の担当者が単価の違う測量のポイントを混同し、高い金額を請求。

想定される各課の対応策	監査手続
できるだけ少なくする。 ・職員に対する啓蒙は、有罪判決を受けたり、退職金が不支給になるなど大きな不利益を受けることを、簡潔で分かりやすく伝える。	
【業務のダブルチェック】 ・請求書明細書等を複数人で確認する。	●契約事務に係る内部統制が適切に運用されているか、関係証憑書類を確認・照合する。 ●左記に記載されているような契約事務に係る内部統制が適切に運用されているか、関係証憑書類を確認・照合する。

第234条の2　契約の履行の確保			
No.	事務 フロー	想定される リスク	不正事案 （リスク顕在化事例）
9-1	一般競争入札（委託）⑰契約に基づく業務の実施 随意契約（委託）⑬契約に基づく業務の実施	予算消化のための経費支出 不適切な契約内容による業務委託 横領	【預け、翌年度納入等】 ・市の複数の部署で複数年度に渡り、年度末までに消化できなかった事務用品等の購入予算について、業者に架空の納品書の作成を依頼して代金を支払い、翌年度に金額分の事務用品を受け取っていた。 ・市の2007年度の経理処理に関する内部調査の中間報告において、「差替え」（契約物品とは異なる物品を納入）が759件で1800万円、「前年度納入」が183件で630万円、「翌年度納入」が105件で500万円、「預け」が14件で50万円存在したことが発覚した。 ・市において、不適切経理が5年間で約3億円判明。金額ベースでは「差替え」「前年度納入」「翌年度納入」が9割を占め、「預け」は600万円。 ・市の交通局が発注した随意契約のうち、2013年度以降の契約の約7割で不適正な事務手続の疑いが確認され、2011から2012年度も99％で不適正な契約の疑いが判明している。 ・県で5年間で約2億円の不適正経理。「翌年度納入」が最も多く、約1億4000万円。「前年度納入」が約4000万円。「差し替え」は約3000万円、「預け」は1件で45万円。 ・多額の公金を私的流用したとして詐欺容疑で逮捕された県職員が、着服していた金など2728万円を全額返還することで県と合意。業者に公金を預けて裏金を作る際、預け額の約10％を手数料として業者に渡していたことも判明し、この金額も含む。同職員は預け金の中から図書券等や図書カード、タクシークーポン券を業者に納品させ、換金して遊興費に充てていた。 ・2009年7月から行っている調査で（2010年3月30日時点で）「預け」や「差し替え」等の不適正

想定される各課の対応策 （内部統制）	監査手続 （○：監査を受ける部局に提出を求めるもの／●：提出書類に基づき確認すべき点）
【契約書等の確認等】 ○契約書、実績報告書、成果物を書面等により提出させる。 ●職員に対するヒアリング、相手方、取引先等に対する事実確認調査を実施する。 ●契約書、実績報告書、成果物により委託業務が契約どおりに行われているかを確認する。	○契約書、実績報告書、成果物を書面等により提出させる。 ○●職員に対するヒアリング、相手方、取引先等に対する事実確認調査を実施する。 ●左記に記載されているような入札事務に係る内部統制が適切に運用されているか、関係証憑書類を確認・照合する。

No.	事務フロー	想定されるリスク	不正事案
第234条の2 契約の履行の確保			
			経理が中学校や高校など152校で約7300万円に上るとの発表。 ・県職員が裏金787万円余を自身の口座に入金し着服。一連の同県庁の裏金問題では、懲戒免職となった職員10名、個人責任に基づく職員は50名、組織責任を含む総処分者は4379名に上る。 ・35年間にわたり、実際の納税額と納付書の金額が一致せず余剰となった「余剰収納金」をプールし、不足金が発生するたびに穴埋めに当てるなどしていた。現金出納簿には「おみやげ代」「診断書料」等一部私的に流用したとみられる事案もあった。
9-2	一般競争入札（物品購入） ●履行確認・検査・額の確定（概算払、精算払） 随意契約（物品購入） ●履行確認・検査・額の確定（概算払、精算払）	書類の偽造 横領	【虚偽の精算報告による代金の着服】 ・小学校事務職員が、業者に物品購入の代金を支払わず、虚偽の精算報告をして学校事業資金約118万円を着服。
	一般競争入札（物品購入） ●履行確		

想定される各課の対応策	監査手続
【現物の確認、マニュアルの整備等】 ・担当者は契約事務マニュアル等に基づき購入した物品が納入されているか検査を実施する。 ・担当者は契約に従って納品書等を提出させる。 ・契約書、納品書、請求書、領収書等を照合させる。 ・納品された物品について、担当者は、その内容が正しいかどうか確認し、物品購入が適切に履行されたかどうかの検査を行う。 ・当該検査の結果を踏まえて、契約金額に基づく支払額を決定する。 ・請求書が適法なものであることを確認し、請求を受けてから30日以内に支払いを行う。 ・これらの手続きについて、マニュアル等で具体的な実施方法を定める。 ・不正行為に協力した業者は、県の入札参加資格者から除外し、全ての県発注案件の対象としないことを入札資格者登録要領や個別契約書等へ明記し、県ホームページ等に掲載するなどして周知徹底する。	○契約書、納品書、物品受払簿、請求書の写し、領収書の写しを書面等により提出させる。 ●左記に記載されているような入札事務に係る内部統制が適切に運用されているか、関係証憑書類を確認・照合する。 ●支払い事務に関するマニュアルが作成されているかを確認する。 ●支出が実在しているかどうかを支出書類等で確認する。 ●検査内容と離齬がないかを確認する。 ●支払いの行為が政府支払遅延防止法に違反していないかを確認する。
【現物の確認、マニュアルの整備等】 ・担当者は契約事務マニュアル等に基づき購入した物品が納入されているか検査を実施する。 ・担当者は契約に従って納品書等を提出させる。	○契約書、納品書、物品受払簿、請求

第234条の2　契約の履行の確保

No.	事務フロー	想定されるリスク	不正事案
9-3	認・検査・額の確定（概算払、精算払） 随意契約（物品購入） ●履行確認・検査・額の確定（概算払、精算払）	支払誤り	【不正な請求を見逃した上で代金の支払い】 ・電気設備の定期検査を実施したと偽り委託を受けた業者が市に不正請求。 ・市立病院が取引業者の不正請求に気づかず代金過払い、納品時のチェックの甘さが原因。

第七節　現金及び有価証券

第235条の4　現金及び有価証券の保管

No.	事務フロー	想定されるリスク	不正事案 （リスク顕在化事例）
10-1	現金等の管理	書類の偽造 横領	【売上金の着服】 ・県職員が、実際に販売した証紙の枚数を書類に少なく記入し差額分を着服する手口で計15万円

想定される各課の対応策	監査手続
・契約書、納品書、請求書、領収書等を照合させる。 ・納品された物品について、担当者は、その内容が正しいかどうか確認し、物品購入が適切に履行されたかどうかの検査を行う。 ・当該検査の結果を踏まえて、契約金額に基づく支払額を決定する。 ・請求書が適法なものであることを確認し、請求を受けてから30日以内に支払いを行う。 ・これらの手続きについて、マニュアル等で具体的な実施方法を定める。 ・不正行為を行った業者は、県の入札参加資格者から除外し、全ての県発注案件の対象としないことを入札資格者登録要領や個別契約書等へ明記し、県ホームページ等に掲載するなどして周知徹底する。	書の写し、領収書の写しを書面等により提出させる。 ●左記に記載されているような入札事務に係る内部統制が適切に運用されているか、関係証憑書類を確認・照合する。 ●支払い事務に関するマニュアルが作成されているかを確認する。 ●支出が実在しているかどうかを支出書類等で確認する。 ●検査内容と齟齬がないかを確認する。 ●支払いの行為が政府支払遅延防止法に違反していないかを確認する。

想定される各課の対応策 （内部統制）	監査手続 （○：監査を受ける部局に提出を求めるもの／●：提出書類に基づき確認すべき点）
【適切な事務分掌等】 ・徴収部門と収納部門を分離し、複数の職員で対応する。 ・収納金の指定金融機関への速やかな収納を実施する。	●徴収部門と収納部門の分離その他現金及び有価証券の保管事務に係る左記の内部統制が適切に運用されているかどうか、関係証憑書類を確認・照合する。 ●監査時における金庫内現金の確認、突合を行う。 ●定期的に出納簿（現金、証紙等）の残高と現物の有高との照合を行う。 ●3月末の現金・預金残高を銀行等の残高証明書または銀行への残高確認などにより残高を確認する。また、

第235条の4　現金及び有価証券の保管			
No.	事務フロー	想定されるリスク	不正事案
			を横領したとして逮捕。
10-2	現金等の管理	横領	【預り金の着服】 ・市のケースワーカーが生活保護受給者から預かった返還金約130万円を職場の金庫や書庫に入れたまま放置し、異動の際に自宅に持ち帰り隠匿。また、同人は受給者2名への生活保護費支払い事務の遅れを隠すため、自費で56万円を支払うなどもしていた。

想定される各課の対応策	監査手続
・証憑書類に係る帳票の偽造等防止措置、発行管理を徹底する。 ・定期的に出納簿（現金、証紙等）の残高と現物の有高との照合を行う。	出納整理期間後の残高についても残高を確認する。さらに、出納整理期間の収入・支出の取引から、サンプル抽出で証憑確認を行う。その際には、特に、期間帰属の妥当性について確認する。 ●左記に記載されているような現金等の管理事務に係る内部統制が適切に運用されているか、関係証憑書類を確認・照合する。
【適切な事務分掌等】 ・徴収部門と収納部門を分離し、複数の職員で対応する。 ・収納金の指定金融機関への速やかな収納を実施する。 ・証憑書類に係る帳票の偽造等防止措置、発行管理を徹底する。 ・定期的に出納簿（現金、証紙等）の残高と現物の有高との照合を行う。	●徴収部門と収納部門の分離その他現金及び有価証券の保管事務に係る左記の内部統制が適切に運用されているかどうか、関係証憑書類を確認・照合する。 ●監査時における金庫内現金の確認、突合を行う。 ●定期的に出納簿（現金、証紙等）の残高と現物の有高との照合を行う。 ●３月末の現金・預金残高を銀行等の残高証明書または銀行への残高確認などにより残高を確認する。また、出納整理期間後の残高についても残高を確認する。さらに、出納整理期間の収入・支出の取引から、サンプル抽出で証憑確認を行う。その際には、特に、期間帰属の妥当性について確認する。 ●左記に記載されているような現金等の管理事務に係る内部統制が適切に運用されているか、関係証憑書類を確認・照合する。
	●現金及び有価証券の保管事務に係る左記の内部統制が適切に運用されているかどうか、関係証憑書類を確認・照合する。

第235条の4　現金及び有価証券の保管			
Nα	事務 フロー	想定される リスク	不正事案
10-3	現金等の 管理	横領	【遺留金の着服】 ・墓埋法等に基づき身寄りのない死亡者の火葬等を担当していた市職員が、身寄りのない死亡者6名の預金口座等に振り込まれた300万円を着服。
10-4	現金等の 管理	横領	【指定業者の保証金の着服】 ・町の会計管理者が、町指定の排水設備工事業者から預かっていた保証金約480万円を21回に分けて預金口座から引き出して着服。条例の定めにより、保証金は指定を受ける際に預け、脱退時に返還される。
			【その他】

想定される各課の対応策	監査手続
【適切な事務分掌等】 ・徴収部門と収納部門を分離し、複数の職員で対応する。 ・収納金の指定金融機関への速やかな収納を実施する。 ・証憑書類に係る帳票の偽造等防止措置、発行管理を徹底する。 ・定期的に出納簿（現金、証紙等）の残高と現物の有高との照合を行う。 ・身寄りのない死亡者の財産の管理処分についての手続きの明確化（複数人で対応・記録）	●監査時における金庫内現金の確認、突合を行う。 ●定期的に出納簿（現金、証紙等）の残高と現物の有高との照合を行う。 ●３月末の現金・預金残高を銀行等の残高証明書または銀行への残高確認などにより残高を確認する。また、出納整理期間後の残高についても残高を確認する。さらに、出納整理期間の収入・支出の取引から、サンプル抽出で証憑確認を行う。その際には、特に、期間帰属の妥当性について確認する。 ●左記に記載されているような現金等の管理事務に係る内部統制が適切に運用されているか、関係証憑書類を確認・照合する。
【適切な事務分掌等】 ・徴収部門と収納部門を分離し、複数の職員で対応する。 ・収納金の指定金融機関への速やかな収納を実施する。 ・証憑書類に係る帳票の偽造等防止措置、発行管理を徹底する。 ・定期的に出納簿（現金、証紙等）の残高と現物の有高との照合を行う。	●現金及び有価証券の保管事務に係る左記の内部統制が適切に運用されているかどうか、関係証憑書類を確認・照合する。 ●監査時における金庫内現金の確認、突合を行う。 ●定期的に出納簿（現金、証紙等）の残高と現物の有高との照合を行う。 ●左記に記載されているような現金等の管理事務に係る内部統制が適切に運用されているか、関係証憑書類を確認・照合する。
【適切な事務分掌等】 ・徴収部門と収納部門を分離し、複数の職員で対応する。 ・収納金の指定金融機関への速やかな収納を実	●監査時における金庫内現金の確認、突合を行う。 ●現金管理の状況の実地検査を行う。 ●定期的に出納簿（現金、証紙等）の残高と現物の有高との照合を行う。 ●３月末の現金・預金残高を銀行等の残高証明書または銀行への残高確認などにより残高を確認する。また、

第235条の4　現金及び有価証券の保管			
No.	事務フロー	想定されるリスク	不正事案
10-5	現金等の管理	横領	・県「少年自然の家」職員が、教材購入の際に必要額より多くの現金を金庫から引き出し計約11万を横領。
10-6	現金等の管理	現金の紛失	【紛失】 ・県運営の競艇場の投票所内で手提げ金庫から両替用の現金10万円が紛失。 ・中学校の給食費や校外学習費等を振り込みに行った教頭が、ATM付近に現金380万円の入った手提げ袋を置き忘れ、紛失。同校では約10年前から集金に関して口座振替から回収率の高い現金集金に切り替えていた。 ・前日に市納税課職員が訪問徴収し、会計課金庫で封筒に入れ保管していた2100万円について、領収書控えと照合したところ300万円の不足が発覚した。 ・県環境政策課が保管する金庫内から現金7万円が紛失。同課では、現金は手提げ金庫に入れ、担当職員の引き出しに鍵をかけ保管していたが、金庫自体の鍵は壊れており無施錠だった。 ・区役所保険年金課の職員が窓口で受け取った国民健康保険料15万円を紛失したり、自宅に持ち帰るなどしていた。 ・市の日曜窓口で納付された国民健康保険料18万円について、鍵付き保管庫で保管していたところ、翌日にはなくなっていた。

想定される各課の対応策	監査手続
施する。 ・証憑書類に係る帳票の偽造等防止措置、発行管理を徹底する。 ・定期的に出納簿（現金、証紙等）の残高と現物の有高との照合を行う。	出納整理期間後の残高についても残高を確認する。さらに、出納整理期間の収入・支出の取引から、サンプル抽出で証憑確認を行う。その際には、特に、期間帰属の妥当性について確認する。 ●左記に記載されているような現金等の管理事務に係る内部統制が適切に運用されているか、関係証憑書類を確認・照合する。
【現金管理の徹底、複数人による対応】 ・状況に応じた適切な現金管理の方法を徹底する。 ・現金取扱時は複数人で対応する。 ・受払時における帳簿と現金を照合する。 ・抜打ち又は定期的に現金出納簿と現金を確認する。 ・責任者は金庫の施錠状況を定期的に確認する（金庫の無施錠の事例）。	●現金管理の状況の実地検査を行う。 ●３月末の現金・預金残高を銀行等の残高証明書または銀行への残高確認などにより残高を確認する。また、出納整理期間後の残高についても残高を確認する。さらに、出納整理期間の収入・支出の取引から、サンプル抽出で証憑確認を行う。その際には、特に、期間帰属の妥当性について確認する。 ●左記に記載されているような現金等の管理事務に係る内部統制が適切に運用されているか、関係証憑書類を確認・照合する。

第九節　財産
第二款　物品

第239条　物品			

No.	事務フロー	想定されるリスク	不正事案 （リスク顕在化事例）
11-1	物品の管理	書類の偽造 横領	【横領】 ・県職員が、2回にわたり私的な飲食後に公用のタクシー券を使って帰宅。業務上横領に当たるとする懲戒免職処分に対して不服申立て。 ・県職員が、公用郵便の発送を水増しするなどして5年余りの間に切手約170万円を横領。 ・業者が納入したパソコン5台が行方不明になっている問題で、元職員が横領していたことが判明。 ・市の河川事務所の職員が河川から見つかった現金やかばん等を無断で着服していた疑い。
11-2	物品の管理	不十分な資産管理	【証紙の紛失】 ・県出先機関の地域振興局の金庫に保管していた証紙2200万円相当を紛失。毎月末の検査の際に発覚したが、同金庫内の現金や切手等はそのままで金庫をこじ開けたような形跡もなし。

想定される各課の対応策 （内部統制）	監査手続 （○：監査を受ける部局に提出を求めるもの／●：提出書類に基づき確認すべき点）
【金券類の出納保管者の限定等】 ・金券類の出納保管者を限定する。 ・定期的に人事異動を実施する。 ・納品時には、発注者以外の検収担当者が発注書等の証憑類と納入物の一致を確認する。 ・パソコン等の器具備品に関しては資産番号シールを貼付し、定期的に現物の確認を行う。	●職員に対するヒアリング、相手方、取引先等に対する事実確認調査を実施する。 ●備品管理記録の確認と、物品の現物の確認、突合を行う。 ●左記に記載されているような物品の管理事務に係る内部統制が適切に運用されているか、関係証憑書類を確認・照合する。
【金庫の施錠の徹底等】 ・金庫の施錠の徹底、鍵管理者の限定、金融機関へ預託。 ・日次、月次又は年次に管理者による帳簿と現品との照合と確認を行う。 ・定期的に出納簿（現金、証紙等）の残高と現物の有高との照合を行う。	●暗証番号の管理状況・変更状況調査を実施する。 ●左記に記載されているような物品の管理事務に係る内部統制が適切に運用されているか、関係証憑書類を確認・照合する。 ●受入払出簿と現物の確認、突合を行う。 ●定期的に出納簿（現金、証紙等）の残高と現物の有高との照合を行う。

第四款　基金

第241条　基金			
No.	事務フロー	想定されるリスク	不正事案（リスク顕在化事例）
12-1	基金の管理	書類の偽造横領	【横領】 ・町職員が、町の積み立てた2つの基金から計約2680万円を引き出し着服。毎月1回の監査は金融機関から発行される残高証明書を改ざんし、偽造したものを提出していた。

想定される各課の対応策 （内部統制）	監査手続 （○：監査を受ける部局に提出を求めるもの／●：提出書類に基づき確認すべき点）
【定期的な人事異動、複数人での業務遂行、ダブルチェック等】 ・定期的に人事異動を実施する。 ・一連の業務を1人が行うのではなく、複数人で行い、確認する。 ・定期的に残高証明書及び預金通帳（或いは口座照合表等口座の動きが分かるもの）と帳簿残高とを照合する。	●基金に属する現金の受払事務に係る左記の内部統制が適切に運用されているかどうか、関係証憑書類を確認・照合する。 ●監査事務局が直接金融機関に残高確認を実施する。

第3編　住民監査請求監査の実施手続

○事務処理手続図

監査委員が監査する場合

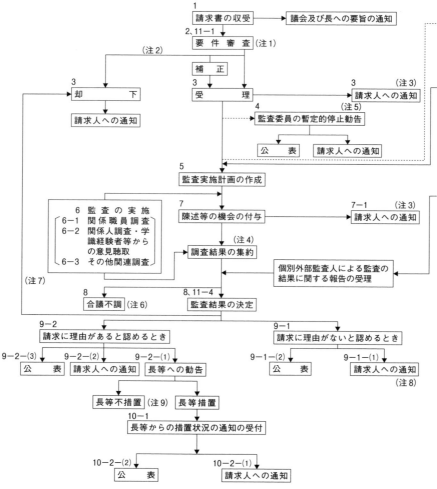

注1　特に、通常の監査委員監査に代えて個別外部監査契約に基づく監査を請求人が求めてきた場合には、その理由が付されているかどうかを確認する。

　2　受理前の却下：形式的要件の明白な欠如により補正を要求しても補正に応じない場合等には、監査委員の合議による決定に基づいて却下するものである。

外部監査人が監査する場合

「個別外部監査契約に基づく監査によることを求められた場合」
　※住民監査請求に係る個別外部監査の場合は条例の制定が必要

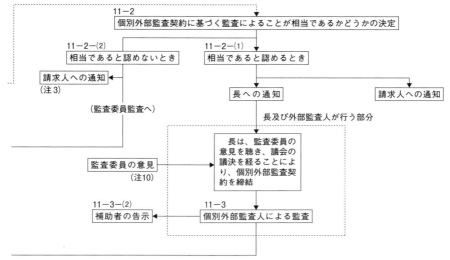

注3　法文上通知する規定はないが、請求人へ通知するのが望ましい。
　4　請求人は、監査委員の監査終了前においては、請求を撤回できる（昭和24.12.28行政
　　　実例）。
　5　停止勧告は、①地方公共団体における財務行為が違法であると思料するに足りる相当
　　　な理由があり、②当該行為により当該普通地方公共団体に生ずる回復の困難な損害を避
　　　けるため緊急の必要があり、かつ③当該行為を停止することによって人の生命又は身体
　　　に対する重大な危害の発生の防止その他公共の福祉を著しく阻害するおそれがないと認
　　　めるときは、監査委員は長その他の執行機関又は職員に対し、理由を付して勧告等の手
　　　続きが終了するまでの間当該行為を停止すべきことを勧告することができる（法第242
　　　条第4項）。
　6　監査委員の合議が不調の場合、法文上通知すべき規定はないが、その旨通知すること
　　　が望ましい。
　7　受理後の却下は、監査の結果としての「却下」であり、受理後の実質審査によって要
　　　件が欠けていることが判明した場合のものである。なお、実質審査の過程においても要
　　　件の欠けていることを発見したときは補正を命じ、応じなければ「却下」とする場合を
　　　含む。
　8　請求人は、監査の結果若しくは勧告に不服がある場合等は、住民訴訟を提起すること
　　　ができる（法第242条の2）。
　9　長等不措置の場合、法文上督促する規定はないが、督促することが望ましい。
　10　監査委員が長からあらかじめ意見を求められるのは、外部監査契約の締結及び解除の
　　　際である。この場合の意見は、いずれも監査委員の合議による。
　※議会は、住民監査請求があった後に、当該請求に係る行為又は怠る事実に関する損害賠
　　　償又は不当利得返還の請求権その他の権利の放棄に関する議決をしようとするときは、
　　　あらかじめ監査委員の意見を聴かなければならず、当該意見の決定は、監査委員の合議
　　　による（法242条⑩及び⑪関係）。

○実施手続

項　　目	処理区分	関係法令、留意事項等
第1　請求書の収受 　近代地方自治の三原則 　住民の権利の拡充	請求書の要件に明白かつ重大な瑕疵がある場合には、補正を求め、又は収受を拒むことも可能である。	1　収受は文書取扱規程等の定めるところによる。 2　収受後、直ちに当該請求の要旨を議会及び長に通知しなければならない。 3　請求人に、請求書の要件審査により、補正を求める場合があること、法定要件を満たしていない場合は、請求を却下することを説明する。 　　法第242条第6項に定める「請求があつた日」とは、請求書が到達した日、すなわち、文書収受主管課において収受印を押印した日であり、収受後補正をさせた場合においても収受印を押印した日である。なお、60日の期間計算については、当該日の翌日から起算される（昭和41.11.24行政実例）。 4　法第242条第6項の趣旨から、請求人の利益を守るため、監査の期間の末日が土・日等であってもそれまでに監査を行わなければならない（平成9年度事務研修会での自治省回答）。 5　明白かつ重大な瑕疵とは、請求書の住所、氏名（自署）、押

項　　目	処理区分	関係法令、留意事項等
		印の記載がない場合等要件の重要部分の欠如が一見して明らかなものをいう。
第2　要件審査 　1　形式審査 　(1)　請求書は、定められた様式によって作成されているか 　　ア　様式が適法でないもの	補正させ 受理	1　法第242条第1項の規定による必要な措置の請求は、その要旨を記載した文書をもってこれをしなければならない（令第172条第1項）。 2　令第172条第1項の規定による必要な措置の請求書は、同条第2項の規定に基づき則第13条に定める様式でなければならない。 3　様式は「行為者の職氏名、請求の要旨、請求者の住所、氏名、印、請求年月日及び監査委員名」がなければならない。
(2)　住所の記載及び氏名の自署押印がなされているか 　　ア　住所の記載のないもの 　　イ　自署・押印がなされていないもの	補正させ 受理 補正させ 受理	1　氏名は、自署（盲人が公職選挙法施行令別表第1に定める点字で自己の氏名を記載することを含む。）すること（則第13条別記様式）。 2　請求人が多数の場合には、書面（委任状等）による代表者の選任を求めることができる。 　なお、各請求人から代表者へ

項　　　目	処理区分	関係法令、留意事項等
		の委任状の受領が困難な場合には、書類の発送等について請求人と十分に協議すること。
(3)　事実証明書は添付されているか	請求に係る事項の全部について添付の有無を確認する。	1　法第242条第1項の請求は、請求に係る事項の全部についてこれらを証する書面を添付しなければならず、請求の要旨を裏付けるものと客観的に認められることが必要である（昭和27.5.26行政実例）。
ア　事実証明書の添付のないもの イ　一部について事実証明書の添付のないもの	補正させ受理 受理するが一部については補正を求める。	2　町村長その他の職員の行為が違法又は不当であるとして当該行為を行ったための支出が違法又は不当若しくは浪費であるとするような場合は、一般的にはその行為の事実であることを証する書面をもって、法第242条第1項の「これらを証する書面」として認められる（昭和27.5.26行政実例）。 3　「これらを証する書面」は、事実を証するような形式を備えておれば、一応受付けなければならない。それが事実であるかどうかは、監査委員の監査によって初めて明らかになるものであるので、その前に事実を証する書面でないとして拒絶する

項　　目	処理区分	関係法令、留意事項等
		というようなことは法の趣旨ではない（昭和23.10.30行政実例）。
		4　事実を証する書面については、様式の定めがなく任意の様式でよく、事実を具体的に指摘してあれば足りる（昭和23.10.12行政実例）。
		5　新聞記事の切抜き、写真等も事実を証する書面として認められる。
		6　請求に係る事項が数項目にわたるときは、事実の全部についてその事実を証する書面を添えなければならない。
		7　請求書記載事実のうち、一部の事実についてこれを証する書面がない場合は、請求の一部に瑕疵がある場合となり、その部分を除いた部分が合規の請求であり、かかる場合には、請求人にその瑕疵を補正させるべきである。請求人が補正に応じない場合又は補正し得なかった場合は、その部分を除いて監査を実施することになる。
2　実質審査 　(1)　請求人は合規		1　住民票等により住民であることを確認する。

項　　目	処理区分	関係法令、留意事項等
か 　ア　住民でない 　　もの 　イ　行為能力の 　　ないもの	却　　下 却　　下	2　会社の本店の所在地（会社法第4条）が当該地方公共団体に所在するかを確認する（法務局で登記簿謄本の交付を受け確認する。）。 3　「住民」とは、選挙人のみならず、地方公共団体に住所を有する者、いわゆる納税義務を負うもの（法人を含む。）のすべてを含む（昭和23.9.17行政実例）。 4　住民の範囲は、法律上の行為能力の認められている限り、法人たると個人たるとを問わない（昭和23.10.30行政実例）。 5　戸籍謄本等により行為能力のある者であることを確認する。 6　住民監査請求の請求権はあくまでも「住民」であって未成年者を除外するものではない（昭和57年度事務研修会での自治省回答）。 7　請求人は、複数であってもよい。住民監査請求権は、法によって認められた公権（一身専属的）であると解されるから、

項　　　目	処理区分	関係法令、留意事項等
		その行使について代理は認められない。
(2)　行為者（怠る事実のときは不作為者）の指定があるか。また、その者は町村の職員であるか ア　指定のないとき イ　指定された者が町村の職員でないとき	行為者等の確認 補正させ 受理 却　下	1　職員の範囲 　(1)　地方公共団体の長 　(2)　地方公共団体の執行機関としての委員会 　(3)　地方公共団体の執行機関としての委員 　(4)　地方公共団体の職員 2　行為者等について具体的職氏名が記載されているかを確認する。 3　その他普通地方公共団体の職員の場合は、「その他の職員」とのみ記載するのではなく、その職氏名を具体的に請求書に記載すべきである（昭和23.10.12行政実例）。 4　行為者の指定がない場合でも、請求書全体から誰であるかが明らかに判断できるときは、指定あるものとして取り扱う（昭和23.10.23行政実例）。 5　指定職員が明らかに誤っていると認められる場合、又は行為者が不明の場合は補正を求める。

項　　　目	処理区分	関係法令、留意事項等
		6　「職員」とは、形式的には普通地方公共団体の議会の議員を除く一般職たると特別職たるとを問わず、また、長の補助部局だけに限らず委員会等のすべての職員を包含するが、実際には支出又は契約等の事務に関係がある職員に限られることとなる（昭和62.4.10最高裁判決）。 7　議長交際費の使途等に関し当該議長を対象とした本条に基づく監査請求は受理すべきである（昭和40.5.12行政実例）。
(3)　請求の対象となっている行為は違法若しくは不当な特定の行為又は怠る事実に係るものであるか ア　財務会計上の行為であるか イ　請求の対象を特定できる程度の具体性があるか ウ　違法・不当とする理由、	却　　下 （ア～ウのいずれかが欠けるとき）	1　違法又は不当な公金の支出 (1)　「公金」とは、法令上、当該普通地方公共団体又はその機関の管理に属する現金、有価証券をいう（昭和23.10.12行政実例）。 (2)　違法な公金の支出とは、法規に違背した支出をいう（昭和23.12.25行政実例）。 (3)　一般的には、不当な支出とは、時価により購入しうる物品について額のいかんにかかわらず当該支出が不適当な場合をいい、浪費とは、当該支出は不当ではないが一定の額を超えて支出する場合には不

項　　　目	処理区分	関係法令、留意事項等
あるいは怠る事実の記載があるか		適当と認められるような支出をいう（昭和23.10.12行政実例）。 (4)　地方公共団体の議会の議決があった公金の支出についても、法第243条の2第4項（現行法第242条の2）の訴訟によりその禁止、制限等を求めることができる（昭和37.3.7最高裁判決参照）。 2　違法又は不当な財産の取得、管理、処分 (1)　「財産」とは、法第237条第1項に規定する財産をいい、公有財産のほか、物品、債権（法第240条第4項各号に掲げる債権を含む。）及び基金を含む。 (2)　当該財産が、地方公共団体の所有に属さない場合は、たとえ当該地方公共団体が管理している場合であっても、請求の対象とならない（昭和26.7.13行政実例）。 (3)　一級河川の堤防（国有河川堤防敷地）上に兼用工作物として設置された県道は、法第

項　　　目	処理区分	関係法令、留意事項等
		242条第1項に規定する財産には該当しない（昭和41.5.21行政実例）。 ⑷　私法行為であると行政行為であるとは問わない。例えば、県道の使用許可、占用許可を道路法に基づいて行う行為も対象となる。 3　違法又は不当な契約の締結、履行 　　法第234条に定める売買、貸借、請負その他の契約が一切対象とされる。契約の締結の方法及び締結自体が対象となることはもちろん、法第234条の2に定める履行についても対象となる。例えば、契約の履行に関して職員の違法、不当な行為があって、そのため当該地方公共団体に損害を及ぼしたという場合である。 4　違法又は不当な債務その他の義務の負担 　　例えば ⑴　議会の議決を経ないで負担付きの寄附を受けた場合（法第96条第1項）

項　　目	処理区分	関係法令、留意事項等
		(2)　法令と違った退職年金の決定等が行われた場合 5　以上あげた4種類の行為は、行為がなされた場合のみにとどまらず、当該行為がなされることが相当の確実さをもって予測される場合も含まれることとされている。どの程度の要件を備えれば、相当の確実さと言えるかは、個々具体的に判断する以外にはないであろうが、一般的には、当該行為がなされる可能性が客観的に認められる場合に限定されるべきであろう。 6　違法又は不当に公金の賦課、徴収を怠る事実 例えば (1)　課税客体及び差押えできる財産が存在するにもかかわらず、故意に課税及び徴収をしないこと。 (2)　法令又は条例に根拠なく、特定の者に対して地方税の課税及び延滞金等を免除すること。 (3)　公の施設の使用料の徴収を理由なく怠っていること。 7　違法又は不当に財産の管理を

項　　　目	処理区分	関係法令、留意事項等
		怠る事実 例えば (1)　公有財産を不法に占用され ているにもかかわらず、何ら の是正措置を講じない場合 （昭和38.12.19行政実例）。 (2)　行政財産を目的外に使用さ せているときにおいて、使用 許可条件に著しく反する使用 がなされているにもかかわら ず、これを黙過している場合
(4)　行為又は怠る 事実の結果、当 該地方公共団体 に損害が発生す るか ア　損害が生じ ない場合	却　　　下	1　たとえ違法・不当な行為又は 怠る事実があるとしても、町村 に損害をもたらさない行為は住 民監査請求の対象にはならない （297頁、平成6.9.8最高裁判決 参照）。
(5)　「必要な措 置」の内容は合 規か ア　「必要な措 置」を求めて いることが明 記されていな いとき	補正させ 受理	1　措置請求の内容 (1)　当該行為を事前に防止する ために必要な措置 (2)　当該行為を事後的に是正す るために必要な措置 (3)　当該怠る事実を改めるため に必要な措置 (4)　当該地方公共団体の被った 損害を補てんするために必要 な措置

項　　　目	処理区分	関係法令、留意事項等
		2　必要な措置 　(1)　いかなる措置を講ずるよう求めているかが明らかでなければならない。少なくとも当該行為又は怠る事実の防止、是正、損害補てんのいずれの措置を求めているかが明記されていなければならない。 　(2)　請求は、監査委員に判断を求めるものであるから、当該行為が、当該地方公共団体の長の機関において、行政不服審査法に基づく審査中であっても、また、刑事、民事の訴訟係属中であっても、法律的には、これに拘束されることはない。
(6)　「請求期間」は合規か 　ア　行為のあった日又は終わった日から1年を経過しており正当な理由があることが請求書によって疎明されていないと	請求期間の審査	1　請求のできる期間（法第242条第2項） 　(1)　当該行為のあった日又は終わった日から1年以内 　(2)　1年を経過していても正当な理由がある場合 　(3)　(2)の場合にあっては、正当な理由があることが請求書等によって疎明されている必要がある 2　「当該行為の終わった日」と

項　　目	処理区分	関係法令、留意事項等
き (ア)　正当な理由がある場合 (イ)　正当な理由がない場合	補正させ 受理 却　　下	は当該行為又はその効力が相当の継続性を有するものについては、当該行為又は効力が終了した日のことを指す。例えば、財産の貸付については、貸付期間の満了した日又は貸付契約の解除された日。 3　「正当な理由があるとき」とは例えば、当該行為が極めて秘密裡に行われ、1年を経過した後初めて明るみに出たような場合あるいは天災地変等による交通途絶により請求期間を経過した場合のように、当該行為のあった日又は終わった日から1年を経過したものについて、特に請求を認めるだけの相当な理由があることを指す。 4　怠る事実に係る請求については、法律上その期間の制限はない。ただし、怠る事実が終了した場合に相当な期間制限に服するとの判例がある（299頁、昭和62.2.20最高裁判決参照）。 5　請求書を補正させた場合にあっても期間計算の基礎となる「請求のあった日」は、当初に請求書を収受した日である（昭和41.11.24行政実例）。

項　　目	処理区分	関係法令、留意事項等
第3　請求の受理又は却下の決定	（監査執行上の除斥）	1　監査委員は、自己若しくは父母、祖父母、配偶者、子、孫若しくは兄弟姉妹の一身上に関する事件又は自己若しくはこれらの者の従事する業務に直接の利害関係のある事件については、監査することができない（法第199条の2）。 2　町村議会開会中の費用弁償の支給につき法第242条第1項により監査委員に対し当該違法、不当行為の禁止の措置請求があった場合には、議会選出の監査委員は監査できない（昭和32.2.13行政実例）。 3　監査委員の定数2人の町村において、そのうち1人が除斥された場合における監査（合議）は、除斥されない監査委員1人で行う（昭和48.4.13行政実例）。
	受理又は却下決定	1　全監査委員の出席のもとに当該請求の要件審査を行い、受理又は却下の決定を行い、その旨（却下の場合はその理由を添えて）を請求人へ通知する。 (1)　請求書の要件審査の項の各要件を具備している場合

項　　　目	処理区分	関係法令、留意事項等
		……受理する。 　(2)　請求書の要件審査の項の各 　　要件を具備していない場合 　　……却下する。 　　　ただし、要件に不備がある 　　が、補正により要件が具備さ 　　れるものについては、相当の 　　期間を定めて補正を求め、こ 　　れに応じたものについては受 　　理する。 　　　この場合、補正は、これを 　　求めている間にも60日の監査 　　期間は進行するので、基本的 　　な要件は満たされていてある 　　程度短期間に補正でき、並行 　　して調査を進めることができ 　　るものに限定すべきである。 　2　請求人への通知文は、郵送す 　　る場合は配達証明付書留郵便等 　　とし、直接請求人に手渡す場合 　　は、受取書を徴する。 　3　「却下」とは、請求事実の中 　　身に立ち至って調査するまでも 　　なく、手続上の欠点すなわち、 　　請求人が住民でないなど要件を 　　具備しないという理由で請求を 　　退ける場合である。 　　　なお、この場合は公表の必要 　　はない。

項　　　目	関係法令、留意事項等
第4　監査委員の暫定的停止勧告	1　法第242条第4項による監査委員の暫定的停止勧告は、住民監査請求に基づく監査が終了する以前になされる保全的な措置であり、かつ財務会計行為の停止という行政活動に重大な影響を与えることを求めるものであることから、停止を勧告する場合は、真にその必要がある場合に限定される。また、条文上の「相当な理由」とは、社会通念上、客観的にみて合理的なものをいう。 2　暫定的停止勧告は、監査委員の合議による。勧告した場合は、その内容について、請求人に通知するとともに、公表しなければならない。 3　勧告を行うことができる時期については、条文上規定されていないことから、監査結果が出される以前であればいつでも可能であるが、暫定的停止勧告は、監査中に違法な支出等がなされてしまうことを防ぐことを目的とすることから、通常は監査請求がなされた初期の段階で行うことになる。
第5　監査実施計画の作成 　1　監査対象事項の把握	1　請求書は、必ずしも論理的、明確に記載されているとは限らないので、請求事項を整理して、請求人の主張する請求事実と、その違法性又は不当性及びこれに対する措置を明確にしておくことが必要である。 2　監査の対象とすべき関係部課及び監査対

項　　　目	関係法令、留意事項等
	象事項を選定する。
2　関係人調査・学識経験者等からの意見聴取の要否	1　法第19条第8項の規定に基づく関係人調査を行うことは、もとより差し支えないので、あらかじめ、どの範囲の関係人調査・学識経験者等からの意見聴取を要するか検討しておく必要がある。
3　着眼点の作成	1　請求事実の有無の監査、その事実が違法又は不当であるか否かの監査そしてこれらについての措置請求が適当か否かの監査を行うことになる。このためには、それぞれについて着眼点を作成する必要がある。 2　請求事項に直接関係する事項にとどめず、広く関連事項を網羅しておくことも必要である。
4　監査実施日程表の作成	1　監査委員の監査及び勧告は、法第242条第1項の規定による請求があった日から60日以内にこれを行わなければならない（法第242条第6項）。 ①請求書の収受　②請求書の受理決定　③監査実施計画の作成　④関係職員調査、関係人調査、その他関連調査　⑤請求人に対する証拠の提出及び陳述の機会の付与　⑥監査結果の決定　⑦長等への勧告（以上が60日以内）　⑧請求人への通知及び公表　⑨長等からの措置状況の通知の受付　⑩請求人への措置状況の通知及び公表
第6　監査の実施 　1　関係職員調査	1　関係職員に対し、その旨を通知し、監査

項　　　目	関係法令、留意事項等
	を実施する。 2　監査は、あらかじめ作成した監査項目、着眼点、実施手順、範囲に従って行う。ただし、監査の過程で追加修正の必要があれば、その手続をとる。 3　請求に基づく監査も、通常の監査と同様、関係部課等の関係書類の閲覧、提出、相手方からの事情聴取等の手法により行う。
2　関係人調査・学識経験者等からの意見聴取	1　法第199条第8項の規定に基づき、監査のため必要があると認められる場合には、関係人調査を行うことができるとともに、学識経験を有する者等から意見を聴くことができる。 　ただし、関係人調査・学識経験者等からの意見聴取には強制力がないので、関係人等の協力が得られない場合には実施できない。 2　法第207条の規定により、出頭した関係人・学識経験者等には、旅費等の支給を定めた条例の規定による実費弁償を行わなければならない。
3　その他関連調査	1　判例、実例、学説等を調査研究し、併せて各種の資料を収集整理する。
第7　請求人に対する証拠の提出及び陳述の機会の付与 　1　請求人に対す	

項　　　目	関係法令、留意事項等
る通知 （1）　通知の方法	1　証拠の提出及び陳述の機会を与える旨配達証明付書留郵便等により請求人に通知する。なお、請求人が多数の場合には、書面（委任状等）による代表者の選任を求め、通知は代表者に行うことができる。 2　請求人に陳述の意思があるか否かの回答を得ておくと便利である。
2　請求人の陳述 （1）　陳述に際しての注意事項	1　監査委員は、陳述に先立ってあらかじめ、請求人の陳述は、法の趣旨からいって、請求の要旨を補足し、あるいはこれに関する新証拠を提出するにとどまるものである旨を説明する。 　したがって、この時点では単に証拠の提出及び陳述を受け、疑義があれば質問するが、意見は述べない。 2　請求は請求書に基づいて行われる行為であって、陳述は単にその補充的意味をもつにすぎないので、請求の要旨の範囲を超えてなされた陳述は、これを採用することはできない。
（2）　陳述の傍聴	1　陳述の傍聴を要求される場合があるが、本来これは公開を建前とするものではない。
（3）　陳述の代理	1　請求人の陳述については、代理が許される（昭和41.4.13行政実例）。この場合代理関係を証する書面を提出させる必要がある。

項　　　目	関係法令、留意事項等
(4)　その他	1　請求があった日から60日以内に監査及び勧告を行わなければならないという法第242条第6項の規定の趣旨から、監査委員は、陳述の時間を調整することができる。 2　1と同様の趣旨から、請求人が多数の場合、陳述する人数は調整することができる。 3　陳述は請求人の任意の選択により行うものであるから、その出頭に要した費用の弁償は行わない。 4　陳述の進行例は別紙のとおり（206頁参照）。
3　監査への立会い	1　監査委員は請求人又は関係のある長その他執行機関若しくは職員の陳述の聴取を行う場合、必要があると認めるとき、関係のある長その他の執行機関若しくは職員又は請求人を立ち会わせることができる（法242条第8項）。 2　請求人及び長その他の執行機関等の双方を立ち会わせた場合の陳述の聴取の具体的な運用方法については、監査委員の判断に委ねられるが、基本的には、監査委員が請求人及び長等にそれぞれ陳述を求め、不明な点等があれば、さらに陳述の補充を監査委員が求めることも可能である。 　運用としては、請求人から事前に質問事項を提出させる、またその場で質問希望事項を聴取した上で、相当と判断される事項について、長その他の執行機関等の陳述を

項　　　目	関係法令、留意事項等
	求めるといった形式も可能である。
第8　監査結果の決定	1　監査及び勧告についての決定は合議による（法第242条第11項）。 2　合議による決定は、全員の意見の一致を要する。 3　合議の方法は問わない。通常は会議方式により行う。 4　各委員が異なった判断をした場合、法定期間内に合議が成立するよう協議を重ねる。最終的に委員が一致しなければ監査委員の合議による決定はできない。
1　判　　　断 　(1)　事実の有無の認定	1　関係職員調査、関係人調査等によって得られた証拠等に基づいて判断する。
(2)　適法、違法の認定	1　該当する法令を適用して判断する。 2　当該法令の解釈が分かれている場合、又はその解釈が一般に明確にされていない場合には、判例、行政実例、学説の状況を勘案し、条理により判断する。
(3)　当、不当の認定	1　判例、行政実例等があれば、これらを論拠として判断する。 2　行政運営上の要綱、通達あるいは方針等が定められている場合であってもこれらの要綱等が果たして行政上適当なものであるか否かの判断が必要である。従って、終局的には、条理による判断が必要である。
(4)　勧告の要否	1　監査結果に基づいて、勧告の要否を判断する。

項　　　目	関係法令、留意事項等
	2　勧告を要する場合、講ずべき必要な措置及び措置すべき期間について判断する。 　　「必要な措置」とは原則として請求人が求めている次の(1)から(4)までのいずれかの措置を指すものであるが、監査委員は、必ずしも請求人の請求の内容に拘束されず、これを修正して必要な措置を勧告することもできる（例えば、請求人が当該行為をした職員の降任を請求している場合において、その転任を勧告する等）。 　(1)　当該行為を事前に防止するために必要な措置 　(2)　当該行為を事後的に是正するために必要な措置 　(3)　当該怠る事実を改めるために必要な措置 　(4)　当該地方公共団体の被った損害を補てんするために必要な措置
2　請求人への通知文の作成 　(1)　請求の受理	1　請求が合規のものであり、これを受理した旨を記述する。特に、1年を経過した行為であって、正当な理由があるとして受理したものについては、その理由を付記すべきである。
(2)　請求の内容	1　主張する事実の要旨 2　措置要求
(3)　対象部課等	1　対象部課等を記述する。

項　　　目	関係法令、留意事項等
(4)　請求人への証拠の提出及び陳述の機会の付与、監査への立会い、関係職員調査、関係人調査等	1　請求人に証拠の提出及び陳述の機会をどのように与えたか。誰を監査に立ち会わせたか。関係職員調査をどのように行ったか、また、関係人調査・学識経験者等からの意見聴取をどの範囲で行ったかを記述する。 　なお、関係人調査等を拒否された場合は、その旨を記述すべきである。
(5)　対象事項	1　対象事項を記述する。
(6)　監査結果	1　事実の有無の認定 　事実の有無を記述する。 2　違法性の有無又は当・不当の認定 　違法性の有無とその理由、又は当・不当の認定とその理由を記述する。 3　結論
ア　請求に理由がないと認める場合	1　請求に理由のない旨を記述する。なお、請求に理由がない場合でも、要望・意見があればその内容を記述する。 　要望――是正等の希望を見解として述べる。 　意見――施策遂行上で配慮を期待するものがあれば適宜見解を述べる。
イ　請求に理由があると認める場合	1　請求に理由がある旨と、長等に勧告した必要な措置の内容及び措置すべき期間を記述する。 （注）　最終的に合議が整わなかった場合には、合議不調の旨を通知する。
3　対象者への勧告文の作成	1　勧告を要する場合、次の(1)から(3)までのものを含めて勧告内容を記述する。

項　　目	関係法令、留意事項等
	(1)　勧告の対象者 (2)　住民監査請求の経過及び監査の結果 (3)　期間を示して必要な措置を講ずべきこと
第9　監査結果の通知 1　請求に理由がないと認めるとき (1)　請求人への通知	1　理由を付してその旨を書面により請求人へ通知する（法第242条第5項）。なお、通知の受領について委任された代理人がいる場合には、その者に通知することにより本人に通知したのと同じ効力が生ずる。 2　通知文を郵送する場合は、配達証明付書留郵便等とし、通知文を直接請求人に渡す場合は受取書を徴する。
(2)　公表	1　公表は、町村広報に掲載するなど、定期監査の通常の公表方法により行う。 2　公表は、通知文だけでなく、請求書も併せて行うことが望ましい。この場合、通知文及び請求書の記載でプライバシー保護の観点から公開できないものは、記載を伏せるなどの配慮が必要である。
2　請求に理由があると認めるとき (1)　長等への勧告	1　議会、長その他の執行機関又は職員に対し、期間を示して必要な措置を講ずべきこ

項　　　　目	関係法令、留意事項等
	とを勧告する（法第242条第5項）。 （1）　勧告は請求があった日から60日以内に行わなければならない（法第242条第6項）。 （2）　勧告は文書で行う。
（2）　請求人への通知	1　当該勧告の内容及び勧告をした日を請求人に通知する（法第242条第5項）。 2　通知の方法は、1―(1)に同じ。
（3）　公表	1　公表の方法は、1―(2)に同じ。
3　監査委員の合議が整わないとき	1　法文上通知すべき規定はないが、その旨を請求人に通知するのが望ましい。
第10　措置状況の通知及び公表 1　長等からの措置状況の通知の受付	1　監査委員の勧告があったときは、当該勧告を受けた議会、長その他の執行機関又は職員は、当該勧告に示された期間内に必要な措置を講ずるとともに、その旨を監査委員に通知しなければならない（法第242条第9項）。 2　勧告に示した期間内に措置状況の通知がない場合は、督促する。ただし、勧告は、それを受けた側に尊重義務が生ずるにとどまり、法的拘束力、強制力を有しないことに注意する。 3　措置状況の通知を受けた場合は、直ちにその内容を点検する。
2　請求人への通知及び公表	

項　　　目	関係法令、留意事項等
(1)　請求人への措置状況の通知	1　長等からの措置状況の通知があった場合、当該通知に係る事項を請求人に通知する（法第242条第9項）。 2　通知の方法は第9―1―(1)の例による。
(2)　公表	1　公表の方法は第9―1―(2)の例による。
第11　個別外部監査関係事項 　1　要件審査	1　監査委員監査に代えて、個別外部監査契約に基づく監査によることを求める旨及びその理由が付されているかを確認する（法第252条の43第1項）。
2　個別外部監査相当の判断 　(1)　相当であると認めるとき 　　ア　長への通知 　　イ　請求人への通知 　(2)　相当であると認めないとき	1　監査委員監査に代えて個別外部監査契約に基づく監査によることが相当かどうかを監査委員の合議により決定する。 (1)　相当であると認めるとき（法第252条の43第2項） 　　請求があった日から20日以内にその旨を長に通知し、通知した旨を請求人に直ちに通知する。 (2)　相当であると認めないとき（法第252条の43第9項） 　　監査委員監査の請求であったものとみなし、監査を実施する。なお、条文上の規定はないが、相当であると認めなかった旨をその理由を付して請求人に通知することが望ましい（陳述の機会付与の通知の際でもよい）。

項　　　目	関係法令、留意事項等
3　個別外部監査人による監査との関係 （1）相互間の配慮	1　相互間の配慮（法第252条の30） 　監査委員は、監査を実施するに当たっては、外部監査人の監査の実施に支障を来さないよう配慮しなければならない。
（2）補助者の承認と告示	2　外部監査人の補助者（法第252条の32） 　（1）監査委員は、外部監査人から監査の事務を補助させる者についての協議を受け、監査委員の合議によりこれを承認した場合には、直ちに補助者の氏名及び住所並びに補助できる期間を告示しなければならない。 　（2）監査委員は、外部監査人から補助者が必要なくなった旨の通知を受けたときは、速やかに補助者の氏名及び住所並びに補助者でなくなったことを告示しなければならない。
（3）外部監査人への協力	3　外部監査人の監査への協力（法第252条の33第2項） 　代表監査委員は、外部監査人の求めに応じ、監査委員の監査の事務に支障のない範囲内において、職員を外部監査人の監査の事務に協力させることができる。
4　請求に理由があるかどうかの決定と勧告、通知及び公表 （1）決定と長等への勧告	1　個別外部監査人による監査を実施した場合、監査委員は、請求があった日から90日

項　　　目	関係法令、留意事項等
（2）　請求人への通知及び公表	以内に、請求に理由があるかどうかの決定及び勧告を行わなければならない（法第252条の43第5項）。 2　個別外部監査を求める住民監査請求が提出されたが、これを相当であると認めず、監査委員監査を実施した場合には、請求人へ監査結果を通知するときに、併せて個別外部監査に依らなかった理由を書面により請求人に通知し、かつこれを公表する（法第252条の43第9項）。
第12　参考 1　関係行政実例	1　請求の撤回は、監査委員の監査終了前においては、可能である（昭和24.12.28行政実例）。 2　同一人は、同一事件について同一内容の再監査の請求をすることができない（昭和33.7.14行政実例）。 3　最初の監査請求の内容以外の新たなる内容を加え、再監査を請求してきた場合、新たに追加された内容に係る請求が別個の監査請求と認められるときは、監査しなければならない（昭和33.7.14行政実例）。 4　異なる請求人が同一事件について同一内容の監査請求をしてきた場合、すでに行った監査の結果に基づいて、請求に係る事実がないと認めるときは、その旨請求人に通知すれば足りる（昭和34.3.19行政実例）。 5　刑事訴訟が提起され係属中の事件につい

項　　　目	関係法令、留意事項等
	て監査請求があった場合、これを受理し監査してもよい（昭和33.7.25行政実例）。 6　請求人が監査の結果を不服として異議の申立てをしてきた場合、監査委員は、その申立てを受理しなくともよい（昭和33.7.14行政実例）。
2　住民訴訟 　(1)　訴訟の範囲	1　監査請求をした者に限り提起することができるが、違法な行為又は怠る事実についてのみで不当行為は除かれる（法第242条の2第1項）。 2　公金の支出、義務の負担ないしは財産上の損失を伴わない行為は、住民訴訟の対象とならない（昭和48.11.27最高裁判決他）。
(2)　出訴期間	1　監査委員監査の結果若しくは請求に理由がない旨の決定、又は勧告に不服がある場合は、当該監査の結果若しくは請求に理由がない旨の決定、又は当該勧告の内容の通知があった日から30日以内（法第242条の2第2項）。 2　監査委員の勧告を受けた議会、長、その他の執行機関又は職員の措置に不服がある場合は、当該措置に係る監査委員の通知があった日から30日以内（法第242条の2第2項）。 3　監査委員監査を実施した場合、監査委員が、請求をした日から60日を経過しても監査又は勧告を行わない場合は、当該60日を経過した日から30日以内（法第242条の2第2項）。

項　　目	関係法令、留意事項等
	4　個別外部監査人による監査を経た場合、監査委員が、請求をした日から90日を経過しても請求に理由がない旨の決定又は勧告を行わない場合は、当該90日を経過した日から30日以内（法第252条の43第5項）。 5　監査委員の勧告を受けた議会、長、その他の執行機関又は職員が措置を講じない場合は、当該勧告に示された期間を経過した日から30日以内（法第242条の2第2項）。
⑶　代表監査委員の訴訟提起	法第242条の2第1項第4号本文の規定による訴訟について、普通地方公共団体の執行機関又は職員に損害賠償又は不当利得返還の請求を命ずる判決が確定した場合において、当該普通地方公共団体がその長に対し当該損害賠償又は不当利得返還の請求を目的とする訴訟を提起するときは、当該訴訟については、代表監査委員が当該普通地方公共団体を代表する（法第242条の3第5項）。

（別紙）

陳述の進行例

司　　会	ただいまから、地方自治法第242条第7項の規定に基づきまして、先に出されました住民監査請求の請求事項についての陳述を請求人からしていただきます。 　必要に応じて…… 　　監査委員は〇名おりますが、〇〇委員は利害関係者に該当いたしますので、〇〇委員によって行います。 座長を〇〇委員にお願いします。
座　　長	私は〇〇でございます。 最初に自己紹介をお願いします。 まず、監査委員の方からお願いします。
監査委員	私は監査委員の〇〇でございます。
座　　長	次に、請求人（及び代理人）の方々、お願いします。
請 求 人 （代理人）	私は〇〇でございます。
座　　長	ありがとうございました。 　それでは、請求人の陳述を承る前に、若干の注意事項がございますので申し上げます。 ①　本日の陳述は、〇時までには終了いたしたいと思いますので、よろしくお願いします。 ②　請求人におかれましては、あくまでも請求内容とその補足説明に限り、陳述をお願いします。 ③　関連の証拠書類の追加がございましたら、提出くださるようお願いします。 ④　陳述される内容につきましては、監査の結果文中に記載する必要を生ずる場合もあるかと思いますので、正確な記録をとどめるため、テープレコーダー（ICレコーダー）を使用させていただきたいと思いますので、ご了承願います。

	⑤　なお、監査委員としての見解は監査結果で明らかにいたしますので、この場での表明は差し控えさせていただきます。 では、順次ご発言ください。
請　求　人 （代理人）	陳　　述
座　　　長	どうもありがとうございました。 　それでは、監査委員から何か確認したいことがございましたら、ご質問ください。
請　求　人 （代理人）	質　　問
座　　　長	他に（特に）、ご質問もないようでございますので、以上で監査についての陳述の機会を終わります。 　私どもも本日の陳述を十分に参考といたしまして、監査をしていきたいと存じます。 　なお、請求人（及び代理人）の出席を確認するため、出席者の署名をお願いします。 （署　名　後、退　席）

　本件は、○○町における実例をもとに、一般的と考えられる進行例を示したものです。

第4編　外部監査人監査の導入の仕方

1. 包括外部監査の導入について

　　1. 条例の制定

　　2. 予算の見積り

　　3. 包括外部監査人の選定

　　4. 契約の締結

　　5. 補助者の決定・告示

　　6. 監査計画のチェック

　　7. 監査資料の要求

　　8. 監査場所の準備

2. 個別外部監査の導入について

　　1. 条例の制定

　　2. 予算の見積り

　　3. 個別外部監査人の選定

　　4. 個別外部監査契約に基づく監査とすることの議決

　　5. 契約の締結

　　6. 補助者の決定・告示

　　7. 監査計画のチェック

　　8. 監査資料の要求

　　9. 監査場所の準備

○○町（村）外部監査契約に基づく監査に関する条例

（目的）

第１条　この条例は、地方自治法（昭和22年法律第67号）第252条の27第１項に規定する外部監査契約に基づく監査に関し必要な事項を定めることを目的とする。

（包括外部監査契約に基づく監査）

第２条　町（村）は、地方自治法第252条の27第２項に規定する包括外部監査契約（以下「包括外部監査契約」という。）に基づく監査を受けるものとする。

２　町（村）と包括外部監査契約を締結した地方自治法第252条の29に規定する包括外部監査人は、必要があると認めるときは、次に掲げるものについて監査することができる。

一　町（村）が地方自治法第199条第７項に規定する財政的援助を与えているものの出納その他の事務の執行で当該財政的援助に係るもの。

二　町（村）が出資しているもので地方自治法第199条第７項の政令で定めるものの出納その他の事務の執行で当該出資に係るもの。

三　町（村）が借入金の元金若しくは利子の支払を保証しているものの出納その他の事務の執行で当該保証に係るもの。

四　町（村）が受益権を有する信託で地方自治法第199条第７項の政令で定めるものの受託者の出納その他の事務の執行で当該信託に係るもの。

五　町（村）が地方自治法第244条の２第３項の規定に基づき公の施設の管理を行わせているものの出納その他の事務の執行で当該管理

の業務に係るもの。

（個別外部監査契約に基づく監査）

第3条 町（村）民のうち地方自治法第75条第1項の選挙権を有する者は、同項の請求をする場合において、併せて当該請求に係る監査について監査委員の監査に代えて同法第252条の27第3項に規定する個別外部監査契約（以下「個別外部監査契約」という。）に基づく監査によることを求めることができる。

2　町（村）の議会は、地方自治法第98条第2項の請求をする場合において、併せて当該請求に係る監査について監査委員の監査に代えて個別外部監査契約に基づく監査によることを求めることができる。

3　町（村）長は、地方自治法第199条第6項の要求をする場合において、併せて当該要求に係る監査について監査委員の監査に代えて個別外部監査契約に基づく監査によることを求めることができる。

4　町（村）長は、財政健全化法第26条第1項の規定に基づき、地方自治法第199条第6項の要求をする場合においては、監査委員の監査に代えて個別外部監査契約に基づく監査によることを求めなければならない。

5　町（村）長は、次に掲げるものについて地方自治法第199条第7項の要求をする場合において、併せて当該要求に係る監査について監査委員の監査に代えて個別外部監査契約に基づく監査によることを求めることができる。

　一　町（村）が地方自治法第199条第7項に規定する財政的援助を与えているものの出納その他の事務の執行で当該財政的援助に係るもの。

　二　町（村）が出資しているもので地方自治法第199条第7項の政令で定めるものの出納その他の事務の執行で当該出資に係るもの。

　三　町（村）が借入金の元金若しくは利子の支払を保証しているもの

の出納その他の事務の執行で当該保証に係るもの。

　四　町（村）が受益権を有する信託で地方自治法第199条第7項の政
　　令で定めるものの受託者の出納その他の事務の執行で当該信託に係
　　るもの。

　五　町（村）が地方自治法第244条の2第3項の規定に基づき公の施
　　設の管理を行わせているものの出納その他の事務の執行で当該管理
　　の業務に係るもの。

6　町（村）民は、地方自治法第242条第1項の請求をする場合におい
　て、併せて当該請求に係る監査について監査委員の監査に代えて個別
　外部監査契約に基づく監査によることを求めることができる。

　　附　則

この条例は、令和　年　月　日から施行する。

包括外部監査契約の締結に関する議案

議案　第　　号

包括外部監査契約の締結について

次のとおり包括外部監査契約を締結する。

一　契約の目的　　　当該契約に基づく監査及び監査の結果に関する報告

二　契約の始期　　　令和　年　月　日

三　契約の金額　　　　　　円を上限とする額

四　費用の支払方法　監査の結果に関する報告提出後に一括払い

五　契約の相手方　　住所
　　　　　　　　　　氏名
　　　　　　　　　　資格

提案理由

　包括外部監査契約を締結する場合においては、地方自治法第252条の36第1項の規定により、あらかじめ議会の議決を経る必要がある。これがこの案件を提出する理由である。

包括外部監査契約書

○○町（村）（以下「甲」という。）と○○○○（以下「乙」という。）とは、次のとおり地方自治法第252条の27第2項に規定する包括外部監査契約を締結する。

（目的）

第1条 乙は、地方自治法その他関係法令及びこの契約書に定めるところにより、監査を行い、監査の結果に関する報告を提出するものとする。また、甲は、金○○円を限度として次条に定めるところにより算定した包括外部監査契約に基づく監査に要する費用（以下「監査費用」という。）を乙に支払うものとする。

（監査費用の額の算定方法）

第2条 監査費用の額は、別表で定める基本費用の額並びに別表で定めるところにより算定した執務費用及び実費の額を合算した金額とする。

（契約の期間の始期）

第3条 この契約の期間の始期は、令和　年　月　日とする。

（一身上に関する事件等に関する相互の情報の提供）

第4条 甲乙双方は、地方自治法第252条の29の規定に基づく特定の事件についての監査の制限の判断に資するため、この契約の締結後において、乙若しくは乙の父母、祖父母、配偶者、子、孫若しくは兄弟姉妹の一身上に関する事件又は乙若しくはこれらの者の従事する業務に直接の利害関係に該当する事実の有無につき相互に十分な情報を提供しなければならない。

（便宜供与）

第5条 甲は、乙からの要請がある場合は、乙によるこの契約に基づく

監査の実施に適する場所を提供するものとする。

（監査の実施の通知）

第6条　乙は、甲による乙の監査の適正かつ円滑な遂行への協力に資するため、監査を実施するに当たっては、その〇〇日前までに、その旨を監査委員に文書をもって通知するものとする。

（監査の結果に関する報告）

第7条　乙は、監査の結果に関する報告を書面により提出しなければならない。

第8条　乙は、会計年度末日以前であっても、乙が監査をすることが必要と認めた特定の事件に関するこの契約に基づく監査の結果に関する報告を決定した場合には、これを遅滞なく提出しなければならない。

（監査の結果に関する報告の内容）

第9条　監査の結果に関する報告は、次に掲げる事項を内容としなければならない。

　一　監査を実施した期間

　二　監査の対象とした事件名及びその概要

　三　監査の結果

　四　その他必要と認める事項

（監査の結果に関する資料の提出要求）

第10条　甲は、地方自治法第252条の38第4項の規定に基づき乙の監査の結果に関し意見を提出するために必要であると認めるときは、乙に対し、監査の結果に関する資料の提出を求めることができる。

　2　乙は、前項の提出の要求があったときは、特別の事情がない限り、監査の結果に関する資料を提出するものとする。

（監査費用の額の確定）

第11条　甲は、乙より監査の結果に関する報告を受けたときは、速やかに甲が乙に対して支払うべき監査費用の額を確定しなければならな

い。その際、乙は、監査費用の額を確定するために必要な資料を提出しなければならない。また、甲は、必要があると認めるときは、乙に対し書類の提出及び説明を求めることができる。

（監査費用の支払方法）

第12条　乙は、監査の結果に関する報告を提出したときは、甲に対して監査費用の支払を請求するものとする。

2　前項の支払の請求は、書面によりこれを行わなければならない。

3　甲は、前項の支払の請求があったときは、その日から〇〇日以内に監査費用を乙に支払うものとする。

4　甲は、甲の責めに帰する理由により前項の監査費用の支払が遅れたときは、当該支払に係る未払額につき、その遅延日数に応じ、年〇〇パーセントの割合で計算して得た額の遅延利息を乙に支払わなければならない。

（履行遅滞等）

第13条　乙は、乙の責めに帰する理由によりこの契約の期間内に監査の結果に関する報告を甲に提出することが困難となったときは、その延長日数に〇〇円を乗じて得た額の違約金を甲に支払わなければならない。ただし、甲が、地方自治法第252条の35第1項又は第2項の規定によりこの契約を解除することを妨げられない。

（契約が解除された場合の取扱）

第14条　甲が地方自治法第252条の35第1項若しくは第2項の規定によりこの契約を解除した場合又は乙が同条第3項の規定によりこの契約を解除した場合において、甲が乙に対して支払うべき監査費用の額は、甲が認める正当な既履行部分に相当する額とする。ただし、乙の責めに帰さない事由によりこの契約が解除された場合において甲が乙に対して支払うべき監査費用の額は、甲と乙の協議により定めるものとする。

（損害賠償）

第15条　甲又は乙は、この契約に違反したときは、相手方に対しその損害を賠償するものとする。

（監査に要した諸資料の取扱）

第16条　乙は、監査の実施に当たり用いた資料又はその写し（甲と乙の協議により、乙が保存することが不適当とされたものを除く。）を、この契約の期間の終期から○○年間保存しなければならない。

（契約に定めのない事項の処理）

第17条　この契約に定めるもののほか、必要な事項については、甲と乙の協議により決定するものとする。

上記の契約の成立を証するため、この契約書２通を作成し、甲乙記名押印の上、各自その１通を所持するものとする。

令和　　年　　月　　日

　　甲　　　○○町（村）

　　　　　　代表者　　○○町（村）長　　○○○○

　　乙　　　○○○○

（別表）省略

（事務監査請求監査の場合）

個別外部監査契約に基づく監査によることに関する議案

議案　第　　　号

個別外部監査契約に基づく監査によることについて

　事務監査請求について、監査委員の監査に代えて個別外部監査契約に基づく監査によることとする。

提案理由

　監査委員から、個別外部監査契約に基づく監査によることが求められた地方自治法第75条第1項の請求があった旨の通知があったときは、同法第252条の39第4項の規定により、当該請求について監査委員の監査に代えて個別外部監査契約に基づく監査によることについて、議会に付議する必要がある。これが、この案件を提案する理由である。

（長要求の場合）

個別外部監査契約の締結に関する議案

議案　第　　号

個別外部監査契約の締結について

　長要求に係る個別外部監査について、次のとおり個別外部監査契約を締結する。

一　契約の目的　　　当該契約に基づく監査及び監査の結果に関する報告

二　契約の期間　　　令和　年　月　日から令和　年　月　日まで

三　契約の金額　　　　　　　円を上限とする額

四　費用の支払方法　監査の結果に関する報告提出後に一括払い

五　契約の相手方　　住所
　　　　　　　　　　氏名
　　　　　　　　　　資格

提案理由

　個別外部監査契約を締結する場合においては、地方自治法第252条の41第1項の規定により、あらかじめ議会の議決を経る必要がある。これが、この案件を提出する理由である。

（長要求に係る個別外部監査の場合）

個別外部監査契約書

○○町（村）（以下「甲」という。）と○○○○（以下「乙」という。）とは、次のとおり、財政健全化法第26条第１項に規定する長要求に係る個別外部監査の要求に係る事項についての地方自治法第252条の27第３項に規定する個別外部監査契約を締結する。

（目的）

第１条　乙は、地方自治法その他関係法令及びこの契約書に定めるところにより、監査を行い、監査の結果に関する報告を提出するものとする。また、甲は、金○○円を限度として次条に定めるところにより算定したこの契約に基づく監査に要する費用（以下「監査費用」という。）を乙に支払うものとする。

（監査費用の額の算定方法）

第２条　監査費用の額は、別表で定める基本費用の額並びに別表で定めるところにより算定した執務費用及び実費の額を合算した金額とする。

（長要求に係る個別外部監査の要求に係る事項）

第３条　乙が監査を行う長要求に係る個別外部監査の要求に係る事項は、財政健全化法第26条第１項に規定する財政健全化計画を策定する。

（契約の期間）

第４条　この契約の期間は、令和　年　月　日から令和△年△月△日までとする。

（一身上に関する事件等に関する相互の情報の提供）

第５条　甲乙双方は、地方自治法第252条の29の規定に基づく特定の事

件についての監査の制限の判断に資するため、この契約の締結後において、乙若しくは乙の父母、祖父母、配偶者、子、孫若しくは兄弟姉妹の一身上に関する事件又は乙若しくはこれらの者の従事する業務に直接の利害関係に該当する事実の有無につき相互に十分な情報を提供しなければならない。

（便宜供与）

第6条　甲は、乙からの要請がある場合は、乙によるこの契約に基づく監査の実施に適する場所を提供するものとする。

（監査の実施の通知）

第7条　乙は、甲による乙の監査の適正かつ円滑な遂行への協力に資するため、監査を実施するに当たっては、その○○日前までに、その旨を監査委員に文書をもって通知するものとする。

（監査の結果に関する報告）

第8条　乙は、監査の結果に関する報告を書面により提出しなければならない。

第9条　乙は、令和△年△月△日以前であっても、長要求に係る個別外部監査の請求に係る事項に関するこの契約に基づく監査の結果に関する報告を決定した場合には、これを遅滞なく提出しなければならない。

（監査の結果に関する報告の内容）

第10条　監査の結果に関する報告は、次に掲げる事項を内容としなければならない。

一　監査を実施した期間

二　監査を対象とした事項名及びその概要

三　監査の結果

四　その他必要と認める事項

（監査の結果に関する資料の提出要求）

第11条　甲は、長要求に理由があるかどうかの決定を行うために必要があると認めるときは、乙に対し、監査の結果に関する資料の提出を求めることができる。

2　乙は、前項の提出の要求があったときは、特別の事情がない限り、監査の結果に関する資料を提出するものとする。

（監査費用の額の確定）

第12条　甲は、乙より監査の結果に関する報告を受けたときは、速やかに甲が乙に対して支払うべき監査費用の額を確定しなければならない。その際、乙は、監査費用の額を確定するために必要な資料を提出しなければならない。また、甲は、必要があると認めるときは、乙に対し書類の提出及び説明を求めることができる。

（監査費用の支払方法）

第13条　乙は、監査の結果に関する報告を提出したときは、甲に対して監査費用の支払を請求するものとする。

2　前項の支払の請求は、書面によりこれを行わなければならない。

3　甲は、前項の支払の請求があったときは、その日から○○日以内に監査費用を乙に支払うものとする。

4　甲は、甲の責めに帰する理由により前項の監査費用の支払が遅れたときは、当該支払に係る未払額につき、その遅延日数に応じ、年○○パーセントの割合で計算して得た額の遅延利息を乙に支払わなければならない。

（履行遅滞等）

第14条　乙は、乙の責めに帰する理由によりこの契約の期間内に監査の結果に関する報告を甲に提出することが困難となったときは、その延長日数に○○円を乗じて得た額の違約金を甲に支払わなければならない。ただし、甲が、地方自治法第252条の35第１項若しくは第２項又は第252条の44の規定によりこの契約を解除することを妨げられな

い。

　（契約が解除された場合の取扱）

第15条　甲が地方自治法第252条の35第１項若しくは第２項又は第252条の44の規定によりこの契約を解除した場合又は乙が同法第252条の35の規定によりこの契約を解除した場合において、甲が乙に対して支払うべき監査費用の額は、甲が認める正当な既履行部分に相当する額とする。ただし、乙の責めに帰さない事由によりこの契約が解除された場合において甲が乙に対して支払うべき監査費用の額は、甲と乙の協議により定めるものとする。

　（損害賠償）

第16条　甲又は乙は、この契約に違反したときは、相手方に対しその損害を賠償するものとする。

　（監査に要した諸資料の取扱）

第17条　乙は、監査の実施に当たり用いた資料又はその写し（甲と乙の協議により、乙が保管することが不適当とされたものを除く。）を、この契約の期間の終期から○○年間保存しなければならない。

　（契約に定めのない事項の処理）

第18条　この契約に定めるもののほか、必要な事項については、甲と乙の協議により決定するものとする。

　上記の契約の成立を証するため、この契約書２通を作成し、甲乙記名押印の上、各自その１通を所持するものとする。

　　令和　　年　　月　　日

　　　甲　　○○町（村）

　　　　　代表者　　○○町（村）長　　○○○○

　　　乙　　○○○○

　（別表）省略

第5編　書式例（直接請求・住民監査請求による監査）

Ⅰ　直接請求による監査（地方自治法第75条）

1　手続一覧

手続事項	行為者	適用	根拠法令
	行為の時期・期限		
(1)請求代表者証明書の交付申請	請求代表者	・請求の要旨（千字以内）等を記載した事務監査請求書を添えて、文書（申請書）で請求代表者証明書の交付申請を監査委員に対し行う。	令99（令91①準用）
(2)請求代表者証明書の交付			
①請求代表者の選挙人名簿登録の有無の確認	監査委員	・監査委員は、請求代表者が選挙人名簿に登録された者であるかどうかを選挙管理委員会に照会確認する。	令99（令91②準用）
	申請を受理したとき		
②請求代表者証明書の交付及び交付の告示	監査委員	・選挙人名簿に登録されていれば、請求代表者に請求代表者証明書を交付し、この旨告示する。	令99（令91②準用）
	確認の通知を受けたとき	・証明書交付の際、申請書に添付の請求書を請求代表者に返付する。	
(3)署名の収集			
①署名簿の作成	請求代表者	・署名簿は、請求書（又は写）、請求代表者証明書（又は写）、委任したときは、委任状を添付して作製する。	令99（令92①準用）
②署名収集の委任及びその届出	請求代表者	・請求代表者は、選挙権を有する者に署名の収集を委任したときは監査委員及び選挙管理委員会に届出をする。	令99（令92②準用）
	委任したとき		

手続事項	行為者	適用	根拠法令
	行為の時期・期限		
③署名の収集	請求代表者受任者		令99（令92①②④準用）
	証明書交付告示の日から1ヵ月以内		
(4)署名簿の提出	請求代表者	・署名数が選挙権を有する者の総数の50分の1以上の数になったときは、署名簿を選挙管理委員会に提出する。	法75⑥（法74の2①準用）令99（令94①準用）
	署名収集期間満了の日の翌日から5日以内		
(5)署名簿の審査			
①署名簿の署名の効力の決定	選挙管理委員会	・提出された署名簿の効力について審査し、有効無効の証明を行う。	法75⑥（法74の2①準用）令99（令94②準用）
	署名簿を受理した日から20日以内		
②署名審査録の作製	選挙管理委員会	・審査録には、署名の効力の決定に関し、無効と決定した署名の決定の次第その他必要な事項を記載し、名簿の署名の効力の確定するまでの間これを保存しなければならない。	令99（令94③準用）
③署名者総数・有効署名者数の告示・掲示	選挙管理委員会		令99（令95の2準用）
	署名の証明が終了したとき直ちに		

手続事項	行為者	適用	根拠法令
	行為の時期・期限		
(6)署名簿の縦覧異議の申出及び決定			
①縦覧の期間場所の告示・公表	選挙管理委員会		法75⑥（法74の2③準用）
	縦覧開始前		
②署名簿の縦覧	選挙管理委員会		法75⑥（法74の2②準用）
	署名の効力証明の終了した日の翌日から7日間		
③異議の申出	関係人	・署名簿の署名に関し異議がある関係者は、選挙管理委員会に異議を申し出る。	法75⑥（法74の2④準用）
	総覧期間中		
④異議の申出の決定（決定に不服の場合は地裁出訴も可）	選挙管理委員会	・異議の申出が正当であると決定したときは(5)①の証明を修正し、その旨を申出人、関係者に通知し、告示する。	法75⑥（法74の2⑤準用）
	申出を受けた日から14日以内	・異議申出が正当でないと決定したときは、その旨を申出人に通知する。	
⑤異議の申出のない旨、又は異議・申出の決定終了の旨及び有効署名数の告示	選挙管理委員会		法75⑥（法74の2⑥準用）
	異議の申出がないとき又はすべての異議申出を決定したとき		
(7)署名簿の返付	選挙管理委員会	・署名簿の末尾に署名総数・有効署名数・無効署名者数を記載して請求代表者に返付する。	法75⑥（法74の2⑥準用）令99（令95の4準用）
	(6)の⑤が終了したとき		

手続事項	行為者	適用	根拠法令
	行為の時期・期限		
(8)本請求			
①本請求	請求代表者	・請求代表者は、請求書に署名収集証明書及び署名簿を添えて監査委員に提出する。	法75① 令99（令97 ①②準用）
	署名簿の返付を受けた日又は判決が確定した日から5日以内		
②本請求の審査	監査委員	・法定署名数（選挙権を有する者の50分の1）以上の有効署名があるか否か、及び本請求提出期間内か否かを審査し、受理するか否かを決定する。	令99（令97 ①②準用）
	本請求のあったとき	・請求が適法な方法を欠いているときは、3日以内の期限を付して補正させる。	
③本請求の受理の通知・告示・公表	監査委員	・本請求を受理したときは、その旨を請求代表者に通知し、その者の住所、氏名、請求要旨を告示・公表する。	法75② 令99（令98 ①準用）
	受理決定後直ちに		
(9)監査の実施	監査委員		法75③
(10)監査結果の通知、報告等			
①請求代表者に対する通知	監査委員		法75③令99（令98②準用）
②告示・公表	監査委員		法75③令99（令98②準用）
③議会、長、関係委員会への報告	監査委員		法75③

[参考] 事務処理手続図

関係人
⑫ 決定
⑪ 異議申立
⑩ 署名簿の縦覧
⑨ 署名簿の提出

選挙管理委員会

選挙人

受任者
⑦ 署名収集
受任者
⑦ 同上
⑤ 委任
⑥ 委任届（監査委員に対しても届出があったことを確認）

監査請求代表者

⑦ 署名収集
⑧ 署名簿の提出
⑬ 署名簿の返付

② 選挙人名簿登録の有無の照会
③ ②の回答
① 請求代表者証明書の交付申請
④ 請求代表者証明書の交付（告示）
⑥ 委任届（選挙管理委員会に写しを送付）
⑭ 監査請求
⑮ 受理の通知（請求要旨等の告示、公表）
⑯ 監査の実施
⑯ 結果の通知（告示、公表）
⑰ 結果報告

議会
議長
関係委員会

監査委員

2　様式（主要なもの）

　地方自治法施行規則所定の様式はそのまま（縦書き）掲載し、それ以外のものは横書きとした。

(1)　事務監査請求代表者証明書交付申請書

○○町（村）事務監査請求代表者証明書交付申請書

　　　　　　　　　　　　　　　　　　　　○○町（村）大字○○　　○○番地

　　　　　　　　　　　　　　　　　氏　　　　名　印

　　地方自治法施行令第99条において準用する同令第91条第1項の規定により、別紙のとおり、○○町（村）事務監査請求書を添え、○○町（村）事務監査請求代表者証明書の交付を申請します。

　　令和　　年　　月　　日

　　○○町（村）監査委員　　あて

（注）請求書を添付のこと。

(2) 事務監査請求書（地方自治法施行規則別記様式準用）

○○町（村）事務監査請求書

事務監査請求の要旨

一　請求の要旨（千字以内）　……………………………………………………

二　請求代表者

　　　　　住所

　　　　　生年月日　性別　　　氏　名　㊞

　　　　　（住所）

　　　　　（生年月日）（性別）　（氏　名　㊞）

右地方自治法第七十五条第一項の規定により事務監査を請求いたします。

令和　　年　　月　　日

○○町（村）監査委員　あて

備考　1　本請求書又はその写は、都（何道府県）〔何郡（市）町（村）〕事務監査請求者署
　　　　名簿ごとにつづり込とすること。
　　2　氏名は自署（盲人が公職選挙法施行令別表第1に定める点字で自己の氏名を記載
　　　　することを含む。）すること。
　　3　請求代表者は、個別外部監査条例を定めた地方公共団体においては、監査委員の
　　　　監査に代えて個別外部監査によることを求めることができる。

(3)　事務監査請求代表者の確認（照会）

○○　第　　　　号

令和　年　月　日

○○町（村）選挙管理委員会
　　　　　　委　員　長　あて

○○町（村）監査委員　　印

○○町（村）事務監査請求代表者の確認について（照会）

　下記の者が選挙人名簿に登録されている者であるかどうかについて、地方自治法施行令第99条において準用する同令第91条第2項の規定により確認を求めます。

記

　　　　住　所　　○○町（村）大字○○　　　○○番地

　　　　氏　名　　○　　　○　　　○　　　○

(4)　事務監査請求代表者の確認（回答）

○○　　第　　　　　号
令和　　年　　月　　日

○○町（村）監査委員　あて

○○町（村）選挙管理委員会
委　員　長　㊞

○○町（村）事務監査請求代表者の確認について（回答）

　○月○日付け○○第○号で照会のこのことについて、下記の者が選挙人名簿に登録されている者であることを確認します。

記

住　所　　○○町（村）大字○○　　　○○番地

氏　名　　○　　○　　○　　○

（注）選挙人名簿登録証明書を添付することが適当である。

（5）　事務監査請求代表者証明書（地方自治法施行規則別記様式準用）

○○町（村）　事務監査請求代表者証明書

住所
（住所）

氏名
（氏名）
印

名印

右の者は、○○町（村）事務監査請求代表者であることを証明する。

令和　年　月　日

○○町（村）　監査委員　○○○○　印

備考　本証明書又はその写は、事務監査請求者署名簿ごとにつづり込とすること。

232

(6)　事務監査請求代表者証明書の交付の告示

　　　○○町（村）告示第○号

　　地方自治法施行令第99条において準用する同令第91条第２項の規定
　により、次の者に対し、令和　　年　　月　　日　○○町（村）事務
　監査請求代表者証明書を交付した。

　　　令和　　年　　月　　日

　　　　　　　　　　　　　　　　　　○○町（村）監査委員　㊞

　　　　住　　所　　○○町（村）大字○○　○○番地

　　　　氏　　名　　○　　○　　○　　○

(7) 事務監査請求者署名簿様式（地方自治法施行規則別記様式準用）

		有効無効の印	（第　　　号）　　　　　令和　　年　　月　　日　　○○町（村）事務監査請求者署名簿
		番号	
		署名年月日	
		住所	
		生年月日	
		氏名	
		印	
	代筆者の住所　　代筆者の生年月日　　代筆者の氏名　　代筆者の印	代筆をした場合（地方自治法第七十五条第六項で準用する同法第七十四条第七項及び第八項に該当する場合のみ代筆を行うことができます。当該規定に違反した場合には、同法第七十五条第六項で準用する同法第七十四条の四第二項から第四項までの規定により、三年以下の懲役若しくは禁錮又は五十万円以下の罰金に処せられます。）	
		備考	

備考　1　本署名簿を2冊以上作製したときは、各署名簿に通ずる一連番号を附さなければならない。
　　　2　事務監査請求書（写）及び事務監査請求代表者証明書（写）又は事務監査請求署名収集委任状は、これを表紙の次につづり込むものとする。
　　　3　地方自治法施行令第95条の3の規定による附記は、当該署名の備考欄に記入すること。
　　　4　署名簿が2冊以上あるときは、地方自治法施行令第95条の4の規定による記載は、一連番号の最後の署名簿の末尾にこれをしなければならない。

○事務監査請求者署名簿様式の綴込順序

署名簿表紙

請求書（写）

請求代表者証明書（写）

署名収集委任状（原本）

署名用紙

(8)　事務監査請求署名収集委任状（地方自治法施行規則別記様式準用）

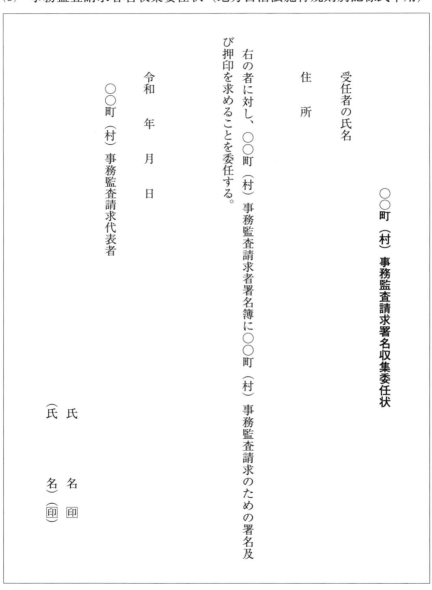

○○町　（村）　事務監査請求署名収集委任状

受任者の氏名

住　　所

右の者に対し、○○町　（村）　事務監査請求者署名簿に○○町　（村）　事務監査請求のための署名及び押印を求めることを委任する。

令和　　年　　月　　日

○○町　（村）　事務監査請求代表者

氏　名　印

（氏　名　印）

備考
　請求代表者が２人以上あるときは、すべての請求代表者の氏名を記載し、押印をすること。

(9) 署名収集委任届（地方自治法施行規則別記様式準用）

○○町　（村）　事務監査請求のための署名収集委任届

受任者

住所

生年月日

委任の年月日

右のとおり届け出ます。

令和　年　月　日

○○町　（村）　事務監査請求代表者

住所　氏名

（住所）（氏名㊞）

○○町　（村）　監査委員
○○町　（村）　選挙管理委員会委員長 } あて

備考
　請求代表者が2人以上あるときは、すべての請求代表者の氏名を記載し、押印をすること。

⑽　署名簿署名証明申請書

○○町（村）事務監査請求者署名簿署名証明申請書

　○○町（村）事務監査請求者署名簿に署名し印を押した者の数○○○人が、地方自治法第75条第6項において準用する同法第74条第5項の規定により○○町（村）選挙管理委員会が告示した数○○○人を超えたので、同法第75条第6項において準用する同法第74条の2第1項及び地方自治法施行令第99条において準用する同令第94条第2項の規定により署名者について証明を願いたく、別冊のとおり、署名簿○冊を提出します。

　　　令和　　　年　　　月　　　日

　　　　　　　　　○○町（村）事務監査請求代表者
　　　　　　　　　　住　　所

　　　　　　　　　　　　　　氏　　　　　名　　　㊞

　　　○○町（村）選挙管理委員会委員長　　　あて

⑾　署名審査録（地方自治法施行規則別記様式準用）

○○町（村）事務監査請求署名審査録

一　署名簿の受理　　令和　年　月　日

　　　　　　　○○町（村）、事務監査請求者署名簿（何冊）　請求代表者
　　　　　　　何　某（外何名）

二　署名審査開始　　令和　年　月　日

三　審　　査

（一）・・・・・・・・・・・

（二）・・・・・・・・・・・

四　審査終了　　令和　年　月　日

五　証明の修正

（一）・・・・・・・・

六　署名簿の返付　　令和　年　月　日

　　署名簿の末尾の記載は、有効署名数何々無効署名数何々総数

何々である。

右は、事務監査請求者署名簿についての本選挙管理委員会の審査の次第である。

　　令和　年　月　日

　　　　　○○町（村）選挙管理委員会

　　　　　　　　委員長　氏　　名　㊞

　　　　　　　　委員　　氏　　名　㊞

　　　　　　　　委員　　氏　　名　㊞

　　　　　　　　書記　　氏　　名　㊞

⑿　署名者総数・有効署名者数の告示

　　　　　○○町（村）告示第○号

　　　地方自治法第75条第6項において準用する同法第74条の2第1項の
　　規定に基づき、○○町（村）事務監査請求署名簿の署名の証明が終了
　　したので、地方自治法施行令第99条において準用する同令第95条の2
　　の規定により、署名簿に署名し印を押した者の総数及び有効署名の総
　　数を告示する。

　　　　　　署名簿に署名し印を押した者の総数　　　○○人

　　　　　　有効署名の総数　　　　　　　　　　　　○○人

　　　　　令和　　　年　　　月　　　日

　　　　　　　　　　　　　　　　○○町（村）選挙管理委員会

　　　　　　　　　　　　　　　委員長　　　　　　　　　　㊞

⑬　縦覧の期間及び場所の告示

　　　　○○町（村）告示第○号

　　地方自治法第75条第6項において準用する同法第74条の2第2項の
　規定に基づき、○○町（村）事務監査請求者署名簿を縦覧に供するの
　で、同法第75条第6項において準用する同法第74条の2第3項の規定
　により、その期間及び場所を告示する。

　　縦　覧　期　間　　令和　年　月　日から令和　年　月　日まで

　　場　　　　　所　　○　○　○

　　令和　年　月　日

　　　　　　　　　　　○○町（村）選挙管理委員会

　　　　　　　　　　　　委員長　　　　　　㊞

⑭　署名簿末尾記載

署名をし印を押した者の総数　　　　　○○　人

有　効　署　名　の　総　数　　　　　○○　人

無　効　署　名　の　総　数　　　　　○○　人

以上のとおり本署名簿を返付する。

令和　　年　　月　　日

○○町（村）選挙管理委員会

委員長　○○○○　㊞

⒂　異議の申出がない旨（すべての異議の決定が終わった旨）及び有効
　　署名総数の告示

　　　　○○町（村）告示第○号

　　　　地方自治法第75条第6項において準用する同法第74条の2第2項の
　　　規定に基づき○○町（村）事務監査請求者署名簿を縦覧に供した結
　　　果、縦覧期間内に異議の申出はなかった。（○件の異議の申出があり、
　　　そのすべての異議について決定した。）
　　　　有効署名の総数は○○人であった。

　　　　　令和　年　月　日

　　　　　　　　　○○町（村）選挙管理委員会

　　　　　　　　　　委員長　　　　　　印

⒃　署名収集証明書（地方自治法施行規則別記様式準用）

　　　　　　　　　　　　　　　　　　　　　　　　○○町（村）　事務監査請求証明収集証明書

　○○町（村）　事務監査請求書に添えて提出する事務監査請求者署名簿には、地方自治法第七十五条第六項において準用する同法第七十四条第五項の規定により、令和何年何月何日付で告示された選挙権を有する者の総数の五十分の一（○○人）により有効署名があることを証明します。

　　　　令和　年　月　日

　　　　　　　　　　　　　　○○町（村）　事務監査請求代表者

　　　　　　　　　　　　　　　　　　氏　名　印

　　　　　　　　　　　　　　　　（氏　名）印

(17)　請求代表者の住所・氏名及び請求の要旨の告示

　　　　○○町（村）告示第○号

　　　令和　　年　　月　　日　地方自治法第75条第1項の規定による○
　○町（村）事務監査請求を受理したので、地方自治法施行令第99条に
　おいて準用する同令第98条第1項の規定により、○○町（村）事務監
　査請求代表者の住所・氏名及び請求の要旨を次のとおり告示する。

　　　令和　　　年　　　月　　　日

　　　　　　　　　　　　　　　　　○○町（村）監査委員

　　　　　　　　　　　　　　　　　　○　○　○　○　㊞

　1　請求代表者の住所・氏名

　　　　住　所　　　　　　　　　氏　名

　2　○○町（村）事務監査請求の要旨

　　　　　┄┄┄┄┄┄┄┄┄┄┄┄┄┄┄┄┄┄┄┄┄┄┄┄┄

⒅　事務監査請求受理の通知

　　　　　　　　　　　　　　　　　　　　○○　　第　　　　　号

　　　　　　　　　　　　　　　　　　　　令和　　年　　月　　日

　○○町（村）事務監査請求代表者

　　　○　　　○　　　○　　　○　　　　あて

　　　　　　　　　　　　　　　　　　○○町（村）監査委員

　　　　　　　　　　　　　　　　　　　○　　○　　○　　○　　印

　　　　　　　○○町（村）事務監査請求の受理について（通知）

　　令和　　年　　月　　日　提出された標記請求については、これを
　受理したので通知します。

⒆　監査結果の通知

○○　　第　　　　　号

令和　　年　　月　　日

○○町（村）事務監査請求代表者

○　　　○　　　○　　　○　　　あて

○○町（村）監査委員○　○　○　○　　印
同　　　　　　　○　○　○　○　　印

○○町（村）事務監査請求の監査結果について（通知）

　令和　年　月　　日受理した標記請求について、下記により監査を実施したので地方自治法第75条第3項の規定に基づき、その結果を通知します。

記

1　監　査　の　実　施

　(1)　監査年月日
　(2)　監査の方法
　(3)　……………

2　監　査　結　果

⑳　監査結果の告示

　　　　○○町（村）告示第○号

　　　令和　　年　　月　　日受理した、○○町（村）大字○○○○番地
　　○○○○を請求代表者とする○○町（村）事務監査請求について、地
　　方自治法第75条第3項の規定により監査を実施したので、地方自治法
　　施行令第99条において準用する同令第98条第2項により、その結果を
　　告示する。

　　　令和　　年　　月　　日

　　　　　　　　　　　　　　　　　　　○○町（村）監査委員

　　　　　　　　　　　　　　　　　　　○　○　○　○　㊞

　　　　　　　　　　　　　　　記

　　　　　　　　　　　　（監査結果の要旨）

⑵1　監査結果の報告

○○　第　　　号
令和　年　月　日

○○町（村）長　　　　　　　○　○　○　○　　あて
○○町（村）議会議長　　　　○　○　○　○　　あて
○○町（村）関係行政委員会の長　○　○　○　○　　あて

○○町（村）監査委員

○　○　○　○　印

○○町（村）事務監査の結果について（報告）

　令和　　年　　月　　日受理した○○町（村）事務監査請求について、地方自治法第75条第3項の規定により監査を実施したので、その結果について報告します。

記

（　監　査　結　果　）

Ⅱ　住民監査請求による監査（地方自治法第242条）

1　様式（主要なもの）

　地方自治法施行規則所定の様式はそのまま（縦書き）掲載し、それ以外のものは横書きとした。

(1)　措置請求書（住民監査請求書）（地方自治法施行規則別記様式）

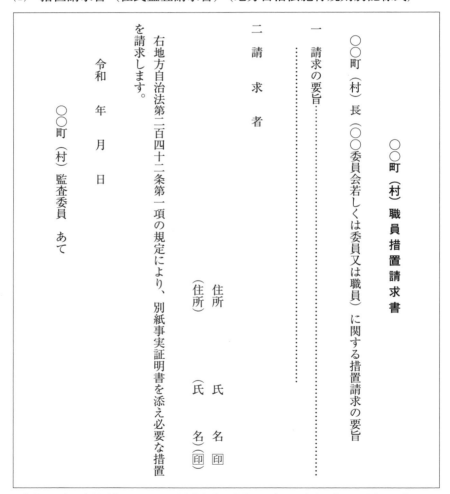

　　○○町（村）職員措置請求書

　○○町（村）長（○○委員会若しくは委員又は職員）に関する措置請求の要旨

一　請求の要旨………………………………………………………………

二　請求者

　　　住所
　　　（住所）

　　　氏名
　　　（氏名）㊞

　右地方自治法第二百四十二条第一項の規定により、別紙事実証明書を添え必要な措置を請求します。

　　令和　　年　　月　　日

　　○○町（村）監査委員　あて

備考　氏名は自署（盲人が公職選挙法施行令別表第１に定める点字で自己の氏名を記載することを含む。）すること。

(2) 事実証明書

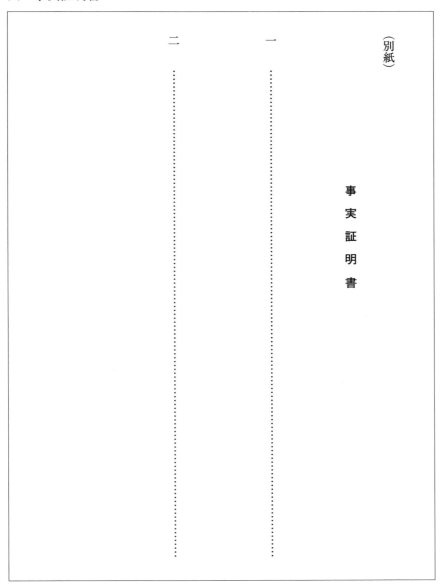

（注） 当該事実証明書は様式が定まっておらず、該当すべき事実を具体的に指摘すれば足りる
ものである。

(3) 住民監査請求の要旨の送付

○○　　第　　　　　号

令和　　年　　月　　日

○○町（村）長（議会議長）

　　○　○　　○　○　　あて

　　　　　　　　　○○町（村）監査委員　　○　○　　○　○　㊞

　　　　　　　　　同　　　　　　　　　　　○　○　　○　○　㊞

住民監査請求に係る請求の要旨の送付について（通知）

　令和　　年　　月　　日に職員措置請求書が提出されましたので、地方自治法第242条第3項の規定に基づき、請求の要旨を別紙のとおり通知します。

（別紙）

職員措置請求書の提出について

1　請求人　　○○　○○

2　請求日　　令和　　年　　月　　日
　　　　　　（監査を実施する場合の監査期限は令和　年　月　日まで）

3　求める措置
　　　………………………………………………………………………………
　………………………………………………………………………………
　……………………………………

4　請求理由
　　　………………………………………………………………………………
　………………………………………………………………………………
　……………………………………

(4) 監査結果通知書（請求に理由がないと認めるとき）

　　　　　　　　　　　　　　　　　　○○　　第　　　　　号
　　　　　　　　　　　　　　　　　　令和　　年　　月　　日

○　　○　　○　　○　　あて

　　　　　　　　　　　○○町（村）監査委員○　○　○　○　印
　　　　　　　　　　　　同　　　　　　○　○　○　○　印

○○町（村）職員措置請求について（通知）

　令和　　年　　月　　日に受理した標記請求について、地方自治法第242条第５項の規定に基づき監査を行った結果、その請求に理由がないと認められるので通知します。

　　　　　　　　　　　　　　　記

1　請求書の受理

2　請求の趣旨

3　監査の実施

4　結論（請求に理由がないと認める理由）

(5) 監査結果の公表（請求に理由がないと認めるとき）

令和　　年　　月　　日受理した○○町（村）職員措置請求について、地方自治法第242条第5項の規定により監査を行った結果を下記のとおり公表します。

令和　　年　　月　　日

○○町（村）監査委員○　○　○　○　印
同　　　　　　○　○　○　○　印

記

省　　　　　略

（　概ね(4)の様式　記以下と同様　）

(6)　勧　告

```
                                        ○○　　第　　　　号
                                        令和　　年　　月　　日


  ○○町（村）長（議長、委員会の長等）
         ○　　○　　○　　○　　あて


                    ○○町（村）監査委員○　○　○　○　㊞
                          同　　　　○　○　○　○　㊞


              ○○町（村）職員措置請求について（勧告）


     令和　　年　　月　　日、○○町（村）大字○○○○番地○○○○
  から、別紙写のとおり地方自治法第242条第１項の規定に基づく措置請
  求があり、監査を行った結果、請求（の一部）に理由があると認めら
  れるので必要な措置を講じられるよう、下記により勧告します。



                        記



  1　請求の要旨


  2　監査結果


  3　勧告の内容（期限）
```

(7)　勧告内容の通知

○○　　第　　　　号
令和　年　　月　　日

（請　　求　　人）
　○　○　○　○　あて

　　　　　　　　　○○町（村）監査委員○　○　○　○　印
　　　　　　　　　同　　　　　　○　○　○　○　印

○○町（村）職員措置請求に基づく勧告について（通知）

　令和　年　月　日請求のことについて、地方自治法第242条の規定に基づき監査を行った結果、別紙写のとおり○○町（村）長（議長、委員会の長）に対し、勧告を行ったので通知します。

（　(6)の勧告文書を別紙として添付　）

(8) 勧告に基づく措置を講じた旨の通知

○○　　第　　　　号

令和　　年　　月　　日

○○町（村）監査委員　あて

○○町（村）長（議長、委員会の長等）

○　○　○　○　印

勧告に基づく措置について（通知）

　地方自治法第242条第５項の規定に基づき、令和　　年　　月　　日付け○○第　　号で勧告のあった下記事項について、次のとおり措置したので通知します。

記

1　(勧告事項)

…………………………　（措置内容）………………………

2　(勧告事項)

…………………………　（措置内容）………………………

(9) (8)の請求人に対する通知

```
                                    ○○　　第　　　　号
                                    令和　年　月　日


（請　　求　　人）
　　　○　○　○　○　　あて

                          ○○町（村）監査委員○　○　○　○　印
                                   同　　　　○　○　○　○　印


              勧告に対する措置について（通知）


　このことについて、○○町（村）長（議長、委員会の長等）から、
下記の措置を講じた旨通知があったので、地方自治法第242条第9項の
規定により通知します。


                       記


          （　措　置　内　容　を　記　載　）
```

付　録

○指定管理者制度の会計と監査

1　指定管理者制度の会計と監査

　地方自治法の一部を改正する法律（平成15年法律第81号）により導入された指定管理者制度が本格的に稼働しはじめたことに伴い、会計制度と監査制度をめぐる諸問題が発生しています。

　そのうち一番問題の多い利用料金制（法第244条の2第8項に基づき、指定管理者にその管理する公の施設の利用に係る料金（利用料金）を当該指定管理者の収入として収受させる方式）をとる場合の会計と監査について特に考察することにします。

　指定管理者制度の会計と監査を考える場合には、平成元年4月1日から施行された消費税法が、地方公共団体の消費税申告について、特別会計毎に別法人として納税計算をすることになっていることを参考に、指定管理者の会計については、法人または団体の別法人とみなして区分経理をするように指導されるといいと思います。

　後日、法第199条第7項の規定による監査委員の監査を円滑に受けるため及び法人税等の申告をする場合、実務的に極めて有効です。

　指定管理者制度は、民間企業が公の施設の管理に参入することを予定して設けられた制度です。したがって、従来、地方公共団体の財政援助団体等が専ら公の施設の管理を受託する事業を行っていた場合の財団法人、社団法人、社会福祉法人等で、法人税等の所得課税が非課税扱いになっていた福祉公社等についても、指定管理者になった場合にはその会計について新たに法人税等が課税されることになりますので、税法基準の会計制度（発生主義の複式簿記制度）とする必要があります。

　消費税については、公の施設の管理を行っていたときも、「地方公共団体等」として本則課税、簡易課税、免税事業者等の適用を受けていましたので、指定管理者制度に移行した場合にも別段変わるところがありません。

2　指定管理者制度について

　指定管理者制度（法第244条の2第3項）は、従来の「管理委託制度」から「指定管理者制度」への転換が図られたもので、改正前の法第244条の2第3項の規定に基づき管理の委託を行っている公の施設について、改正法施行後3年以内（平成18年9月2日まで）に当該公の施設に関する条例を改正し、改正後の法第244条の2の規定による指定等を行う必要があり導入されたものです。

指定管理者制度は、地方公共団体の長側で次のような手続を経て導入されています。

(1) 指定管理者選定委員会の設置

(2) 指定管理者選定委員の就任委嘱

(3) 指定管理者委員会の開催

(4) 指定管理者選定基準の作成

(5) 指定管理者選定基準の評価項目、設問配点の設定

(6) 指定管理者の募集に際し提出を求めるもの

  ① 法人又は団体の概要

  ② 管理業務の実績

  ③ 事業計画書（5年間）

  ④ 財務諸表等（過去3年間の財務諸表、納税申告書、納税証明書等）

(7) 指定管理者の一次審査（提出書類に基づく書面審査）

(8) 指定管理者一次選定通過者等によるプレゼンテーション（面接審査）

(9) 指定管理者の二次審査

(10) 指定管理者の決定

(11) 地方議会における指定管理者の議決

(12) 協定の締結

  ① 指定管理者として法令でいう法人その他の団体、という場合の団体（グループ）を選定する場合には、公金を使用したり、出納を取り扱う団体として、民法上の任意組合ではなく、人格なき財団、社団等、任意団体として「規約」を作成していること。

  ② 協定書の相手が団体の規約や理事会の議決等で決定した正規の代表者になっていること。

  ③ 団体の規約によって会計担当者が任命されており、正規の会計担当者が指定管理者の公金の出納事務を行っていること。

  ④ 規約で監事が決められており、内部監査、内部統制が行われていること。

などが必要です。

指定管理者制度の監査の着眼点としては、次のような諸点があげられます。

  ① 指定管理者の選任方法は妥当か。

  ② 一次審査に当たって事業計画、特に収入、支出の計画は妥当か。

  ③ 納付金を納めることになっている場合、その計算根拠は妥当か。

  ④ 団体（グループ）の場合、代表者の選任方法は妥当か。

  ⑤ 協定書名義人は妥当か。

  ⑥ 協定期間は妥当か。

  ⑦ 利用料金を徴収する場合で、予め事業計画で納付金を地方公共団体に納付する

　ことになっている場合、決算書の収支計画書の収入額と支出額の内容は妥当か。

3　会計制度

　指定管理者の会計は、法人その他の団体の場合ともに、本業と明確に区分経理されている必要があります。

　例えばT市の場合、市営駐車場7か所を大手企業のM不動産販売に一括委託しています。この場合、監査委員監査の対象は、あくまでも市営駐車場7か所の出納その他の事務に限られているからです。

　事前指導としては、毎事業年度の事業計画に基づく収入支出について直営の場合と同様に予算制度を採用していることが望ましいと思います。

　そして、この場合予算と複式簿記の決算を調整するために、予算は収益的収支と資本的収支の二本建て予算とする必要があります。

　会計制度の監査の着眼点としては、次の諸点があげられます。

①　複式簿記制度となっているか。
②　会計担当職員が任命されているか。
③　予算差引簿が整備されているか。
④　現金は釣銭だけになっているか。
⑤　金種別表が作成されているか。
⑥　預金は独立した預金口座に預けられているか。
⑦　法人税の計算、申告は適正に行われているか。
⑧　消費税の納税計算は適正に行われているか。
⑨　源泉所得税の計算は適正に行われているか。
⑩　長期借入金の利率等契約内容は、指定管理者の協定期間に照らし妥当か。
⑪　短期借入金の利率、借入期間等契約内容は妥当か。
⑫　収益的収入支出予算の科目と損益計算書の勘定科目が一致しているか。
⑬　資本的収入支出の予算の執行額と貸借対照表の各勘定科目の増加額、減少額とが一致しているか。

4　監査制度

　指定管理者の監査としては、法人その他の団体の監事（監査役）または内部監査担当者による監査と法第199条第7項の規定に基づく監査委員による監査とがあります。監事または内部監査担当者は、毎月、例月出納監査を行い、年度末に決算監査を実施しなければなりません。監査委員は少なくとも指定管理者の協定期間中に一度は必ず監査を実施し、是正改善を要する事項を指摘し、次の協定書を締結するに当たって改善に資するようにしなければなりません。

監査委員監査の着眼点としては、次のような諸点があげられます。

① 内部監査担当者、及び監事が任命されているか。

② 監事による例月出納監査が行われているか。

③ 協定書名義人あての例月出納監査報告書が作成されているか。

④ 現金出納簿は適正に作成されているか。

⑤ 預金出納簿が適正に作成されているか。

⑥ 貸借対照表の預金残高は、預金残高証明書の金額と一致しているか。

⑦ 長期借入金、短期借入金の出納は適正に行われているか。

⑧ 貸借対照表の借入金残高は金融機関の貸付金残高証明書の金額と一致しているか。

⑨ 収入予算の執行状況は妥当か。

⑩ 収入の調定は適正に行われているか。

⑪ 支出予算の執行状況は妥当か。

⑫ 人件費の内容は妥当か。偽装雇用、請負はしていないか。社会保険に加入しているか。

⑬ 正規職員、臨時職員は直接雇用になっているか。カラ人件費はないか。

⑭ 賃金単価は妥当か。地方公共団体の単価を上回っていないか。

⑮ 物件費の契約金額、支出内容は妥当か。

⑯ 補助金、助成金等の支出はないか。

⑰ 施設の管理状況は良好か。
　　管理業務の実施状況をチェックする。

⑱ 施設の利用状況は良好か。
　　問題点を把握し、必要に応じ改善を指示する。

⑲ 指定の取消しの必要はないか。
　　指定期間の到来をまって、新たに指定手続をとるか。

⑳ 指定手続の公正性、透明性は保たれているか。

○財務分析に用いる主な用語の説明

1．会計区分等

用　語	説　明
普　通　会　計	地方公共団体における地方公営事業会計以外の会計で、一般会計のほか、特別会計のうち地方公営事業会計に係るもの以外のものの純計額。 　個々の地方公共団体ごとに各会計の範囲が異なっているため、財政状況の統一的な掌握及び比較が困難であることから、地方財政状況調査上便宜的に用いられる会計区分。
一　般　会　計　等	地方公共団体の財政の健全化に関する法律（平成19年法律第94号。以下「地方公共団体財政健全化法」という。）における実質赤字比率の対象となる会計で、地方公共団体の会計のうち、地方公営事業会計以外のものが該当する。これは、地方財政の統計で用いられている普通会計とほぼ同様の範囲であるが、地方財政の統計で行っているいわゆる「想定企業会計」の分別（一般会計において経理している公営事業に係る収支を一般会計と区分して特別会計において経理されたものとする取扱い）は行わないこととしている。
地方公営事業会計	地方公共団体の経営する公営企業、国民健康保険事業、後期高齢者医療事業、介護保険事業、収益事業、農業共済事業、交通災害共済事業及び公立大学附属病院事業に係る会計の総称。
地方公営企業会計	地方公共団体の経営する公営企業の経理を行う会計。
決算額（純計）	各地方公共団体の決算額を単純に合計して財政規模を把握すると地方公共団体相互間の出し入れ部分について重複するため、この重複部分を控除して正味の財政規模を見出すことを純計という。特に断りのない限り、決算額は普通会計に係る地方財政の純計額をいう。 　なお、都道府県決算額は全ての都道府県における決算額の単純合計である。市町村決算額は、政令指定都市、中核市、施行時特例市、都市、町村、特別区、一部事務組合及び広域連合における決算額の単純合計額から、一部事務組合及び広域連合とこれを組織する市区町村との間の相互重複額を控除したものである。 　都道府県決算額と市町村決算額の合計額は地方財政の純計額に一致しないことがある。

2．歳入

用　　　語	説　　　　　明
一　般　財　源	地方税、地方譲与税、地方特例交付金及び地方交付税の合計額。なお、これらのほか、都道府県においては、市町村から交付を受ける市町村たばこ税都道府県交付金、市町村においては、都道府県から交付を受ける利子割交付金、配当割交付金、株式等譲渡所得割交付金、分離課税所得割交付金（政令指定都市のみ）、道府県民税所得割臨時交付金（政令指定都市のみ）、地方消費税交付金、ゴルフ場利用税交付金、特別地方消費税交付金、自動車取得税交付金及び軽油引取税交付金（政令指定都市のみ）を加算した額をいうが、これらの交付金は、地方財政の純計額においては、都道府県と市町村との間の重複額として控除される。
一　般　財　源　等	一般財源のほか、一般財源と同様に財源の使途が特定されず、どのような経費にも使用できる財源を合わせたもの。目的が特定されていない寄附金や売却目的が具体的事業に特定されない財産収入等のほか、臨時財政対策債等が含まれる。
地　方　譲　与　税	本来地方税に属すべき税源を、形式上一旦国税として徴収し、これを地方公共団体に対して譲与する税。 　現在、地方譲与税としては、地方揮発油譲与税、特別とん譲与税、石油ガス譲与税、自動車重量譲与税、航空機燃料譲与税、地方法人特別譲与税がある。
地方特例交付金	個人住民税における住宅借入金等特別税額控除の実施に伴う地方公共団体の減収を補填するために交付される減収補填特例交付金。
地　方　交　付　税	地方公共団体の自主性を損なわずに、地方財源の均衡化を図り、かつ地方行政の計画的な運営を保障するために、国税のうち、所得税、法人税、酒税及び消費税のそれぞれ一定割合及び地方法人税の全額を、国が地方公共団体に対して交付する税。地方交付税には、普通交付税と災害等特別の事情に応じて交付する特別交付税がある。普通交付税は、基準財政需要額が基準財政収入額を超える地方公共団体に対して、その差額（財源不足額）を基本として交付される。
基準財政需要額	普通交付税の算定基礎となるもので、各地方公共団体が、合理的かつ妥当な水準における行政を行い、又は施設を維持するための財政需要を算定するものであり、各行政項目ごとに、次の算式により算出される。

用　　　語	説　　　　明
単 位 費 用	単位費用　　×　　測定単位　　×　　補正係数 （測定単位1当たり費用）　（人口・面積等）　（寒冷補正等） 　標準的団体（人口や面積等、行政規模が道府県や市町村の中で平均的で、積雪地帯や離島等、自然的条件や地理的条件等が特異でない団体）が合理的、かつ妥当な水準において行政を行う場合等の一般財源所要額を、測定単位1単位当たりで示したもの。
測 定 単 位	道府県や市町村の行政の種類（河川費や農業行政費等）ごとにその量を測定する単位。
補 正 係 数	全ての道府県や市町村に費目ごとに同一の単位費用が用いられるが、実際には自然的・地理的・社会的条件の違いによって差異があるので、これらの行政経費の差を反映させるため、その差の生ずる理由ごとに測定単位の数値を割増し又は割落としている。これが測定単位の数値の補正であり、補正に用いる乗率を補正係数という。
基準財政収入額	普通交付税の算定に用いるもので、各地方公共団体の財政力を合理的に測定するために、標準的な状態において徴収が見込まれる税収入を一定の方法によって算定するものであり、次の算式により算出される。 　標準的な地方税収入 $\times \dfrac{75}{100}$ ＋地方譲与税等
震災復興特別交付税	東日本大震災に係る災害復旧事業、復興事業その他の事業の実施のため特別の財政需要があること及び東日本大震災のため財政収入の減少があることを考慮して、地方公共団体に対して交付する特別交付税。
国 庫 支 出 金	国と地方公共団体の経費負担区分に基づき、国が地方公共団体に対して支出する負担金、委託費、特定の施策の奨励又は財政援助のための補助金等。
都道府県支出金	都道府県の市町村に対する支出金。都道府県が自らの施策として単独で市町村に交付する支出金と、都道府県が国庫支出金を経費の全部又は一部として市町村に交付する支出金（間接補助金）とがある。

3．歳出

用　　　語	説　　　　明
目 的 別 歳 出	行政目的に着目した歳出の分類。地方公共団体の経費は、その行政目的によって、総務費、民生費、衛生費、労働費、農林水産

用　　語	説　　　　　　　明
性 質 別 歳 出	業費、商工費、土木費、消防費、警察費、教育費、公債費等に大別することができる。 　経費の経済的性質に着目した歳出の分類であり、義務的経費、投資的経費及びその他の経費に大別することができる。
一 般 歳 出	国の一般歳出に準ずるものであり、歳出から、公債費、公営企業への繰出のうち公債費財源繰出、積立金、貸付金、前年度繰上充用金、税還付金を除いた額。
義 務 的 経 費	地方公共団体の歳出のうち、任意に削減できない極めて硬直性が強い経費。職員の給与等の人件費、生活保護費等の扶助費及び地方債の元利償還金等の公債費からなっている。
投 資 的 経 費	道路、橋りょう、公園、学校、公営住宅の建設等社会資本の整備等に要する経費であり、普通建設事業費、災害復旧事業費及び失業対策事業費からなっている。
国 直 轄 事 業	国が、道路、河川、砂防、港湾等の建設事業及びこれらの施設の災害復旧事業を自ら行う事業。事業の範囲は、それぞれの法律で規定されている。国直轄事業負担金は、法令の規定により、地方公共団体が国直轄事業の経費の一部を負担するもの。
物 件 費	性質別歳出の一分類で、人件費、維持補修費、扶助費、補助費等以外の地方公共団体が支出する消費的性質の経費の総称。具体的には、職員旅費や備品購入費、委託料等が含まれる。
扶 助 費	性質別歳出の一分類で、社会保障制度の一環として地方公共団体が各種法令に基づいて実施する給付や、地方公共団体が単独で行っている各種扶助に係る経費。 　なお、扶助費には、現金のみならず、物品の提供に要する経費も含まれる。
補 助 費 等	性質別歳出の一分類で、他の地方公共団体や国、法人等に対する支出のほか、地方公営企業法（昭和27年法律第292号）第17条の2の規定に基づく繰出金も含まれる。
繰 出 金	性質別歳出の一分類で、普通会計と公営事業会計との間又は特別会計相互間において支出される経費。また、基金に対する支出のうち、定額の資金を運用するためのものも繰出金に含まれる。 　なお、法非適用の公営企業に対する繰出も含まれる。
公 債 費	地方公共団体が発行した地方債の元利償還等に要する経費。 　なお、性質別歳出における公債費が地方債の元利償還金及び一時借入金利子に限定されるのに対し、目的別歳出における公債費については、元利償還等に要する経費のほか、地方債の発行手数

用　　　語	説　　　　　　　明
補　助　事　業	料や割引料等の事務経費も含まれる。 　地方公共団体が国から負担金又は補助金を受けて実施する事業。
単　独　事　業	地方公共団体が国からの補助等を受けずに、独自の経費で任意に実施する事業。

4．財政分析指標関係

用　　　語	説　　　　　　　明
経常収支比率	地方公共団体の財政構造の弾力性を判断するための指標で、人件費、扶助費、公債費等のように毎年度経常的に支出される経費（経常的経費）に充当された一般財源の額が、地方税、普通交付税を中心とする毎年度経常的に収入される一般財源（経常一般財源）、減収補填債特例分及び臨時財政対策債の合計額に占める割合。 　この指標は経常的経費に経常一般財源収入がどの程度充当されているかを見るものであり、比率が高いほど財政構造の硬直化が進んでいることを表す。
公債費負担比率	地方公共団体における公債費による財政負担の度合いを判断する指標の一つで、公債費に充当された一般財源の一般財源総額に対する割合。 　公債費負担比率が高いほど、一般財源に占める公債費の比率が高く、財政構造の硬直化が進んでいることを表す。
実質収支比率	実質収支の標準財政規模（臨時財政対策債発行可能額を含む。）に対する割合。実質収支比率が正数の場合は実質収支の黒字、負数の場合は赤字を示す。
形　式　収　支 実　質　収　支	歳入決算総額から歳出決算総額を差し引いた歳入歳出差引額。 　当該年度に属すべき収入と支出との実質的な差額をみるもので、形式収支から、翌年度に繰り越すべき継続費逓次繰越（継続費の毎年度の執行残額を継続最終年度まで逓次繰り越すこと。）、繰越明許費繰越（歳出予算の経費のうち、その性質上又は予算成立後の事由等により年度内に支出を終わらない見込みのものを、予算の定めるところにより翌年度に繰り越すこと）等の財源を控除した額。 　通常、「黒字団体」、「赤字団体」という場合は、実質収支の黒字、赤字により判断する。

用　　　語	説　　　　　　　明
単 年 度 収 支	実質収支は前年度以前からの収支の累積であるので、その影響を控除した単年度の収支のこと。具体的には、当該年度における実質収支から前年度の実質収支を差し引いた額。
実質単年度収支	単年度収支から、実質的な黒字要素（財政調整基金への積立額及び地方債の繰上償還額）を加え、赤字要素（財政調整基金の取崩し額）を差し引いた額。
標準財政規模	地方公共団体の標準的な状態で通常収入されるであろう経常的一般財源の規模を示すもので、標準税収入額等に普通交付税を加算した額。 　なお、地方財政法施行令附則第10条第１項及び第２項の規定により、臨時財政対策債の発行可能額についても含まれる。
財 政 力 指 数	地方公共団体の財政力を示す指数で、基準財政収入額を基準財政需要額で除して得た数値の過去３年間の平均値。 　財政力指数が高いほど、普通交付税算定上の留保財源が大きいことになり、財源に余裕があるといえる。
実質赤字比率	当該地方公共団体の一般会計等を対象とした実質赤字額の標準財政規模に対する比率。福祉、教育、まちづくり等を行う地方公共団体の一般会計等の赤字の程度を指標化し、財政運営の悪化の度合いを示す指標ともいえる。
連結実質赤字比率	公営企業会計を含む当該地方公共団体の全会計を対象とした実質赤字額及び資金の不足額の標準財政規模に対する比率。 　全ての会計の赤字と黒字を合算して、地方公共団体全体としての赤字の程度を指標化し、地方公共団体全体としての財政運営の悪化の度合いを示す指標ともいえる。
実質公債費比率	当該地方公共団体の一般会計等が負担する元利償還金及び準元利償還金の標準財政規模を基本とした額※に対する比率。 　借入金（地方債）の返済額及びこれに準じる額の大きさを指標化し、資金繰りの程度を示す指標ともいえる。 　地方公共団体財政健全化法の実質公債費比率は、起債に協議を要する団体と許可を要する団体の判定に用いられる地方財政法の実質公債費比率と同じ。 　※標準財政規模から元利償還金等に係る基準財政需要額算入額を控除した額。
将来負担比率	地方公社や損失補償を行っている出資法人等に係るものも含め、当該地方公共団体の一般会計等が将来負担すべき実質的な負債の標準財政規模を基本とした額※に対する比率。

用　　　語	説　　　　　　　明
健全化判断比率	地方公共団体の一般会計等の借入金（地方債）や将来支払っていく可能性のある負担等の現時点での残高を指標化し、将来財政を圧迫する可能性の度合いを示す指標ともいえる。 　※標準財政規模から元利償還金等に係る基準財政需要額算入額を控除した額。 　実質赤字比率、連結実質赤字比率、実質公債費比率及び将来負担比率の４つの財政指標の総称。地方公共団体は、この健全化判断比率のいずれかが早期健全化基準又は財政再生基準以上となった場合には、財政健全化計画又は財政再生計画を策定し、財政健全化団体又は財政再生団体として、財政の健全化を図らなければならない。 　健全化判断比率は、財政の早期健全化等の必要性を判断するものであるとともに、他団体と比較することなどにより、当該団体の財政状況を客観的に表す意義を持つ。
ラスパイレス指数	加重指数の一種で、重要度を基準時点（又は場）に求めるラスパイレス式計算方法による指数。ここでは、地方公務員の給与水準を表すものとして、一般に用いられている国家公務員行政職（一）職員の俸給を基準とする地方公務員一般行政職職員の給与の水準を指す。

5．地方財政計画等

用　　　語	説　　　　　　　明
地方財政計画	内閣が作成する、翌年度の地方公共団体の歳入歳出総額の見込額に関する書類のこと。 　地方財政計画には、（1）地方交付税制度とのかかわりにおいての地方財源の保障を行う、（2）地方財政と国家財政・国民経済等との調整を行う、（3）個々の地方公共団体の行財政運営の指針となる、という役割がある。
地方債計画	地方財政法（昭和23年法律第109号）第５条の３第11項に規定する同意等を行う地方債の予定額の総額等を示した年度計画。
減収補填債	地方税の収入額が標準税収入額を下回る場合、その減収を補うために発行される地方債。地方財政法第５条に規定する建設地方債として発行されるものと、建設地方債を発行してもなお適正な財政運営を行うにつき必要とされる財源に不足を生ずると認められる場合に、地方財政法第５条の特例として発行される特例分が

用　　　語	説　　　　　　明
臨時財政対策債	ある。 　地方一般財源の不足に対処するため、投資的経費以外の経費にも充てられる地方財政法第5条の特例として発行される地方債。 　平成13〜31年度の間において、通常収支の財源不足額のうち、財源対策債等を除いた額を国と地方で折半し、国負担分は一般会計から交付税特別会計への繰入による加算（臨時財政対策加算）、地方負担分は臨時財政対策債により補填することとされている。
一般行政経費	地方財政計画上の経費の一区分。教育文化施策、社会福祉施策、国土及び環境保全施策等の諸施策の推進に要する経費を始め、地方公共団体の設置する各種公用・公共用施設の管理運営に要する経費等、地方公共団体が地域社会の振興を図るとともに、その秩序を維持し、住民の安全・健康、福祉の維持向上を図るために行う一切の行政事務に要する経費から、給与関係経費、公債費、維持補修費、投資的経費及び公営企業繰出金として別途計上している経費を除いたものであり、広範な内容にわたっている。
債務負担行為	数年度にわたる建設工事、土地の購入等翌年度以降の経費支出や、債務保証又は損失補償のように債務不履行等の一定の事実が発生したときの支出を予定するなどの、将来の財政支出を約束する行為。 　地方自治法第214条及び第215条で予算の一部を構成することと規定されている。
財政調整基金	地方公共団体における年度間の財源の不均衡を調整するための基金。
減債基金	地方債の償還を計画的に行うための資金を積み立てる目的で設けられる基金。
その他特定目的基金	財政調整基金、減債基金の目的以外の特定の目的のために財産を維持し、資金を積み立てるために設置される基金。具体的には、庁舎等の建設のための基金、社会福祉の充実のための基金、災害対策基金等がある。

6．公営企業

用　　　語	説　　　　　　明
公営企業（法適用企業・法非適用企業）	公営企業とは地方公共団体が経営する企業であり、地方公営企業法の全部又は一部を適用している事業を法適用企業、公営企業であって法適用企業以外のものを法非適用企業としている。

用　　　語	説　　　　　明
	地方公営企業法において、上水道、工業用水道、軌道、鉄道、自動車運送、電気（水力発電等）、ガスの7事業については全部の規定、病院事業については、財務規定等の適用が義務付けられている。その他の事業については、条例で地方公営企業法の全部又は財務規定等を適用することが可能となっている。 　公営企業の経理は特別会計を設けて行うこととされており、法適用企業は、地方公営企業法に基づき発生主義・複式簿記による企業会計方式により経理が行われ、法非適用企業は、一般会計と同様、地方自治法に基づき現金主義・単式簿記による財務処理が行われる。 　地方公営企業等の状況を調査する地方公営企業決算状況調査においては、法適用企業は地方公営企業法の全部又は財務規定等を適用している事業とし、法非適用企業は地方財政法第6条に基づきその経理を特別会計を設けて行っている同法施行令第46条に掲げる事業、並びに有料道路事業、駐車場整備事業及び介護サービス事業で、法適用企業以外のものとしている。
損 益 収 支	地方公営企業の経営活動に伴い、当該年度内に発生した収益とそれに対応する費用の状況。
資 本 収 支	地方公営企業の設置目的である住民へのサービス等の提供を維持するため及び将来の利用増等に対処して経営規模の拡大を図るために要する諸施設の整備、拡充等の建設改良費、これら建設改良に要する資金としての企業債収入、企業債の元金償還等に関する収入及び支出の状況。
収 益 的 収 入	地方公営企業の経営活動に伴い発生する料金を主体とした収益。
資 本 的 収 入	建設投資などの財源となる企業債、他会計繰入金、国庫（県）補助金などの収入。
資金不足比率	地方公共団体の公営企業会計ごとの資金の不足額※の事業の規模に対する比率。 　公営企業の資金不足を、公営企業の事業規模である料金収入の規模と比較して指標化し、経営状態の悪化の度合いを示す指標ともいえる。 　資金不足比率が、経営健全化基準以上である地方公共団体は、経営健全化計画を策定する。経営健全化計画を定めている地方公共団体を経営健全化団体という。 　※公営企業ごとに資金収支の累積不足額を表すもので、法適用

用　　　語	説　　　　　　　明
	企業については流動負債の額から流動資産の額を控除した額を基本として、法非適用企業については一般会計等の実質赤字額と同様に算定した額を基本としている。

出典：「平成31年版　地方財政白書」（総務省）より作成

○地方自治法（抄）

（昭和22年4月17日
法　律　第　67　号）

最終改正　令和2年2月5日法律第2号

〔地方公共団体の法人格及び事務〕

第2条

⑭　地方公共団体は、その事務を処理するに当つては、住民の福祉の増進に努めるとともに、最少の経費で最大の効果を挙げるようにしなければならない。

⑮　地方公共団体は、常にその組織及び運営の合理化に努めるとともに、他の地方公共団体に協力を求めてその規模の適正化を図らなければならない。

〔監査の請求とその処置〕

第75条　選挙権を有する者（道の方面公安委員会については、当該方面公安委員会の管理する方面本部の管轄区域内において選挙権を有する者）は、政令で定めるところにより、その総数の50分の1以上の者の連署をもつて、その代表者から、普通地方公共団体の監査委員に対し、当該普通地方公共団体の事務の執行に関し、監査の請求をすることができる。

②　前項の請求があつたときは、監査委員は、直ちに当該請求の要旨を公表しなければならない。

③　監査委員は、第1項の請求に係る事項につき監査し、監査の結果に関する報告を決定し、これを同項の代表者（第5項及び第6項において「代表者」という。）に送付し、かつ、公表するとともに、これを当該普通地方公共団体の議会及び長並びに関係のある教育委員会、選挙管理委員会、人事委員会若しくは公平委員会、公安委員会、労働委員会、農業委員会その他法律に基づく委員会又は委員に提出しなければならない。

④　前項の規定による監査の結果に関する報告の決定は、監査委員の合議によるものとする。

⑤　監査委員は、第3項の規定による監査の結果に関する報告の決定について、各監査委員の意見が一致しないことにより、前項の合議により決定することができない事項がある場合には、その旨及び当該事項についての各監査委員の意見を代表者に送付し、かつ、公表するとともに、これらを当該普通地方公共団体の議会及び長並びに関係のある教育委員会、選挙管理委員会、人事委員会若しくは公平委員会、公安委員会、労働委員会、農業委員会その他法律に基づく委員会又は委員に提出しなければならない。

⑥　第74条第5項の規定は第1項の選挙権を有する者及びその総数の50分の1の数について、同条第6項の規定は代表者について、同条第7項から第9項まで及び第74条の2から前条までの規定は第1項の規定による請求者の署名について、それぞれ準用する。この場合において、第74条第6項第3号中「区域内」とあるのは、「区域内（道の方面公安委員会に係る請求については、当該方面公安委員会の管理する

方面本部の管轄区域内）」と読み替えるものとする。

〔検閲・検査及び監査の請求〕

第98条 普通地方公共団体の議会は、当該普通地方公共団体の事務（自治事務にあつては労働委員会及び収用委員会の権限に属する事務で政令で定めるものを除き、法定受託事務にあつては国の安全を害するおそれがあることその他の事由により議会の検査の対象とすることが適当でないものとして政令で定めるものを除く。）に関する書類及び計算書を検閲し、当該普通地方公共団体の長、教育委員会、選挙管理委員会、人事委員会若しくは公平委員会、公安委員会、労働委員会、農業委員会又は監査委員その他法律に基づく委員会又は委員の報告を請求して、当該事務の管理、議決の執行及び出納を検査することができる。

② 議会は、監査委員に対し、当該普通地方公共団体の事務（自治事務にあつては労働委員会及び収用委員会の権限に属する事務で政令で定めるものを除き、法定受託事務にあつては国の安全を害するおそれがあることその他の事由により本項の監査の対象とすることが適当でないものとして政令で定めるものを除く。）に関する監査を求め、監査の結果に関する報告を請求することができる。この場合における監査の実施については、第199条第2項後段の規定を準用する。

〔設置及び定数〕

第195条 普通地方公共団体に監査委員を置く。

② 監査委員の定数は、都道府県及び政令で定める市にあつては4人とし、その他の市及び町村にあつては2人とする。ただし、条例でその定数を増加することができる。

〔選任及び兼職禁止〕

第196条 監査委員は、普通地方公共団体の長が、議会の同意を得て、人格が高潔で、普通地方公共団体の財務管理、事業の経営管理その他行政運営に関し優れた識見を有する者（議員である者を除く。以下この款において「識見を有する者」という。）及び議員のうちから、これを選任する。ただし、条例で議員のうちから監査委員を選任しないことができる。

② 識見を有する者のうちから選任される監査委員の数が2人以上である普通地方公共団体にあつては、少なくともその数から1を減じた人数以上は、当該普通地方公共団体の職員で政令で定めるものでなかつた者でなければならない。

③ 監査委員は、地方公共団体の常勤の職員及び短時間勤務職員と兼ねることができない。

④ 識見を有する者のうちから選任される監査委員は、常勤とすることができる。

⑤ 都道府県及び政令で定める市にあつては、識見を有する者のうちから選任される監査委員のうち少なくとも1人以上は、常勤としなければならない。

⑥ 議員のうちから選任される監査委員の数は、都道府県及び前条第2項の政令で定める市にあつては2人又は1人、その他の市及び町村にあつては1人とする。

〔任期〕

第197条 監査委員の任期は、識見を有する者のうちから選任される者にあつては4年とし、議員のうちから選任される者にあつては議員の任期による。ただし、後任

者が選任されるまでの間は、その職務を行うことを妨げない。

〔罷免〕

第197条の2　普通地方公共団体の長は、監査委員が心身の故障のため職務の遂行に堪えないと認めるとき、又は監査委員に職務上の義務違反その他監査委員たるに適しない非行があると認めるときは、議会の同意を得て、これを罷免することができる。この場合においては、議会の常任委員会又は特別委員会において公聴会を開かなければならない。

②　監査委員は、前項の規定による場合を除くほか、その意に反して罷免されることがない。

〔退職〕

第198条　監査委員は、退職しようとするときは、普通地方公共団体の長の承認を得なければならない。

〔監査委員になることができない者〕

第198条の2　普通地方公共団体の長又は副知事若しくは副市町村長と親子、夫婦又は兄弟姉妹の関係にある者は、監査委員となることができない。

②　監査委員は、前項に規定する関係が生じたときは、その職を失う。

〔服務〕

第198条の3　監査委員は、その職務を遂行するに当たつては、法令に特別の定めがある場合を除くほか、監査基準（法令の規定により監査委員が行うこととされている監査、検査、審査その他の行為（以下この項において「監査等」という。）の適切かつ有効な実施を図るための基準をいう。次条において同じ。）に従い、常に公正不偏の態度を保持して、監査等をしなければならない。

②　監査委員は、職務上知り得た秘密を漏らしてはならない。その職を退いた後も、同様とする。

〔監査基準の策定〕

第198条の4　監査基準は、監査委員が定めるものとする。

②　前項の規定による監査基準の策定は、監査委員の合議によるものとする。

③　監査委員は、監査基準を定めたときは、直ちに、これを普通地方公共団体の議会、長、教育委員会、選挙管理委員会、人事委員会又は公平委員会、公安委員会、労働委員会、農業委員会その他法律に基づく委員会及び委員に通知するとともに、これを公表しなければならない。

④　前2項の規定は、監査基準の変更について準用する。

⑤　総務大臣は、普通地方公共団体に対し、監査基準の策定又は変更について、指針を示すとともに、必要な助言を行うものとする。

〔職務〕

第199条　監査委員は、普通地方公共団体の財務に関する事務の執行及び普通地方公共団体の経営に係る事業の管理を監査する。

②　監査委員は、前項に定めるもののほか、必要があると認めるときは、普通地方公共団体の事務（自治事務にあつては労働委員会及び収用委員会の権限に属する事務で政令で定めるものを除き、法定受託事務にあつては国の安全を害するおそれがあ

ることその他の事由により監査委員の監査の対象とすることが適当でないものとして政令で定めるものを除く。）の執行について監査をすることができる。この場合において、当該監査の実施に関し必要な事項は、政令で定める。

③　監査委員は、第1項又は前項の規定による監査をするに当たつては、当該普通地方公共団体の財務に関する事務の執行及び当該普通地方公共団体の経営に係る事業の管理又は同項に規定する事務の執行が第2条第14項及び第15項の規定の趣旨にのつとつてなされているかどうかについて、特に、意を用いなければならない。

④　監査委員は、毎会計年度少なくとも1回以上期日を定めて第1項の規定による監査をしなければならない。

⑤　監査委員は、前項に定める場合のほか、必要があると認めるときは、いつでも第1項の規定による監査をすることができる。

⑥　監査委員は、当該普通地方公共団体の長から当該普通地方公共団体の事務の執行に関し監査の要求があつたときは、その要求に係る事項について監査をしなければならない。

⑦　監査委員は、必要があると認めるとき、又は普通地方公共団体の長の要求があるときは、当該普通地方公共団体が補助金、交付金、負担金、貸付金、損失補償、利子補給その他の財政的援助を与えているものの出納その他の事務の執行で当該財政的援助に係るものを監査することができる。当該普通地方公共団体が出資しているもので政令で定めるもの、当該普通地方公共団体が借入金の元金又は利子の支払を保証しているもの、当該普通地方公共団体が受益権を有する信託で政令で定めるものの受託者及び当該普通地方公共団体が第244条の2第3項の規定に基づき公の施設の管理を行わせているものについても、同様とする。

⑧　監査委員は、監査のため必要があると認めるときは、関係人の出頭を求め、若しくは関係人について調査し、若しくは関係人に対し帳簿、書類その他の記録の提出を求め、又は学識経験を有する者等から意見を聴くことができる。

⑨　監査委員は、第98条第2項の請求若しくは第6項の要求に係る事項についての監査又は第1項、第2項若しくは第7項の規定による監査について、監査の結果に関する報告を決定し、これを普通地方公共団体の議会及び長並びに関係のある教育委員会、選挙管理委員会、人事委員会若しくは公平委員会、公安委員会、労働委員会、農業委員会その他法律に基づく委員会又は委員に提出するとともに、これを公表しなければならない。

⑩　監査委員は、監査の結果に基づいて必要があると認めるときは、当該普通地方公共団体の組織及び運営の合理化に資するため、第75条第3項又は前項の規定による監査の結果に関する報告に添えてその意見を提出することができる。この場合において、監査委員は、当該意見の内容を公表しなければならない。

⑪　監査委員は、第75条第3項の規定又は第9項の規定による監査の結果に関する報告のうち、普通地方公共団体の議会、長、教育委員会、選挙管理委員会、人事委員会若しくは公平委員会、公安委員会、労働委員会、農業委員会その他法律に基づく委員会又は委員において特に措置を講ずる必要があると認める事項については、その者に対し、理由を付して、必要な措置を講ずべきことを勧告することができる。

この場合において、監査委員は、当該勧告の内容を公表しなければならない。

⑫　第9項の規定による監査の結果に関する報告の決定、第10項の規定による意見の決定又は前項の規定による勧告の決定は、監査委員の合議によるものとする。

⑬　監査委員は、第9項の規定による監査の結果に関する報告の決定について、各監査委員の意見が一致しないことにより、前項の合議により決定することができない事項がある場合には、その旨及び当該事項についての各監査委員の意見を普通地方公共団体の議会及び長並びに関係のある教育委員会、選挙管理委員会、人事委員会若しくは公平委員会、公安委員会、労働委員会、農業委員会その他法律に基づく委員会又は委員に提出するとともに、これらを公表しなければならない。

⑭　監査委員から第75条第3項の規定又は第9項の規定による監査の結果に関する報告の提出があつた場合において、当該監査の結果に関する報告の提出を受けた普通地方公共団体の議会、長、教育委員会、選挙管理委員会、人事委員会若しくは公平委員会、公安委員会、労働委員会、農業委員会その他法律に基づく委員会又は委員は、当該監査の結果に基づき、又は当該監査の結果を参考として措置（次項に規定する措置を除く。以下この項において同じ。）を講じたときは、当該措置の内容を監査委員に通知しなければならない。この場合において、監査委員は、当該措置の内容を公表しなければならない。

⑮　監査委員から第11項の規定による勧告を受けた普通地方公共団体の議会、長、教育委員会、選挙管理委員会、人事委員会若しくは公平委員会、公安委員会、労働委員会、農業委員会その他法律に基づく委員会又は委員は、当該勧告に基づき必要な措置を講ずるとともに、当該措置の内容を監査委員に通知しなければならない。この場合において、監査委員は、当該措置の内容を公表しなければならない。

〔監査執行上の除斥〕

第199条の2　監査委員は、自己若しくは父母、祖父母、配偶者、子、孫若しくは兄弟姉妹の一身上に関する事件又は自己若しくはこれらの者の従事する業務に直接の利害関係のある事件については、監査することができない。

〔代表監査委員〕

第199条の3　監査委員は、識見を有する者のうちから選任される監査委員の1人（監査委員の定数が2人の場合において、そのうち1人が議員のうちから選任される監査委員であるときは、識見を有する者のうちから選任される監査委員）を代表監査委員としなければならない。

②　代表監査委員は、監査委員に関する庶務及び次項又は第242条の3第5項に規定する訴訟に関する事務を処理する。

③　代表監査委員又は監査委員の処分又は裁決に係る普通地方公共団体を被告とする訴訟については、代表監査委員が当該普通地方公共団体を代表する。

④　代表監査委員に事故があるとき、又は代表監査委員が欠けたときは、監査委員の定数が3人以上の場合には代表監査委員の指定する監査委員が、2人の場合には他の監査委員がその職務を代理する。

〔事務局・事務局長・書記その他の職員〕

第200条

② 市町村の監査委員に条例の定めるところにより、事務局を置くことができる。

〔監査専門委員〕

第200条の2 監査委員に常設又は臨時の監査専門委員を置くことができる。

② 監査専門委員は、専門の学識経験を有する者の中から、代表監査委員が、代表監査委員以外の監査委員の意見を聴いて、これを選任する。

③ 監査専門委員は、監査委員の委託を受け、その権限に属する事務に関し必要な事項を調査する。

④ 監査専門委員は、非常勤とする。

〔準用規定〕

第201条 第141条第1項、第154条、第159条、第164条及び第166条第1項の規定は監査委員に、第153条第1項の規定は代表監査委員に、第172条第4項の規定は監査委員の事務局長、書記その他の職員にこれを準用する。

〔条例事項〕

第202条 法令に特別の定めがあるものを除くほか、監査委員に関し必要な事項は、条例でこれを定める。

（決算）

第233条 会計管理者は、毎会計年度、政令で定めるところにより、決算を調製し、出納の閉鎖後3箇月以内に、証書類その他政令で定める書類と併せて、普通地方公共団体の長に提出しなければならない。

2 普通地方公共団体の長は、決算及び前項の書類を監査委員の審査に付さなければならない。

3 普通地方公共団体の長は、前項の規定により監査委員の審査に付した決算を監査委員の意見を付けて次の通常予算を議する会議までに議会の認定に付さなければならない。

4 前項の規定による意見の決定は、監査委員の合議によるものとする。

5 普通地方公共団体の長は、第3項の規定により決算を議会の認定に付するに当つては、当該決算に係る会計年度における主要な施策の成果を説明する書類その他政令で定める書類を併せて提出しなければならない。

6 普通地方公共団体の長は、第3項の規定により議会の認定に付した決算の要領を住民に公表しなければならない。

7 普通地方公共団体の長は、第三項の規定による決算の認定に関する議案が否決された場合において、当該議決を踏まえて必要と認める措置を講じたときは、速やかに、当該措置の内容を議会に報告するとともに、これを公表しなければならない。

（現金出納の検査及び公金の収納等の監査）

第235条の2 普通地方公共団体の現金の出納は、毎月例日を定めて監査委員がこれを検査しなければならない。

2 監査委員は、必要があると認めるとき、又は普通地方公共団体の長の要求があるときは、前条の規定により指定された金融機関が取り扱う当該普通地方公共団体の公金の収納又は支払の事務について監査することができる。

3 監査委員は、第1項の規定による検査の結果に関する報告又は前項の規定による

監査の結果に関する報告を普通地方公共団体の議会及び長に提出しなければならない。

（基金）

第241条　普通地方公共団体は、条例の定めるところにより、特定の目的のために財産を維持し、資金を積み立て、又は定額の資金を運用するための基金を設けることができる。

2　基金は、これを前項の条例で定める特定の目的に応じ、及び確実かつ効率的に運用しなければならない。

3　第1項の規定により特定の目的のために財産を取得し、又は資金を積み立てるための基金を設けた場合においては、当該目的のためでなければこれを処分することができない。

4　基金の運用から生ずる収益及び基金の管理に要する経費は、それぞれ毎会計年度の歳入歳出予算に計上しなければならない。

5　第1項の規定により特定の目的のために定額の資金を運用するための基金を設けた場合においては、普通地方公共団体の長は、毎会計年度、その運用の状況を示す書類を作成し、これを監査委員の審査に付し、その意見を付けて、第233条第5項の書類と併せて議会に提出しなければならない。

6　前項の規定による意見の決定は、監査委員の合議によるものとする。

7　基金の管理については、基金に属する財産の種類に応じ、収入若しくは支出の手続、歳計現金の出納若しくは保管、公有財産若しくは物品の管理若しくは処分又は債権の管理の例による。

8　第2項から前項までに定めるもののほか、基金の管理及び処分に関し必要な事項は、条例でこれを定めなければならない。

（住民監査請求）

第242条　普通地方公共団体の住民は、当該普通地方公共団体の長若しくは委員会若しくは委員又は当該普通地方公共団体の職員について、違法若しくは不当な公金の支出、財産の取得、管理若しくは処分、契約の締結若しくは履行若しくは債務その他の義務の負担がある（当該行為がなされることが相当の確実さをもつて予測される場合を含む。）と認めるとき、又は違法若しくは不当に公金の賦課若しくは徴収若しくは財産の管理を怠る事実（以下「怠る事実」という。）があると認めるときは、これらを証する書面を添え、監査委員に対し、監査を求め、当該行為を防止し、若しくは是正し、若しくは当該怠る事実を改め、又は当該行為若しくは怠る事実によつて当該普通地方公共団体の被つた損害を補塡するために必要な措置を講ずべきことを請求することができる。

2　前項の規定による請求は、当該行為のあつた日又は終わつた日から1年を経過したときは、これをすることができない。ただし、正当な理由があるときは、この限りでない。

3　第1項の規定による請求があつたときは、監査委員は、直ちに当該請求の要旨を当該普通地方公共団体の議会及び長に通知しなければならない。

4　第1項の規定による請求があつた場合において、当該行為が違法であると思料す

るに足りる相当な理由があり、当該行為により当該普通地方公共団体に生ずる回復の困難な損害を避けるため緊急の必要があり、かつ、当該行為を停止することによつて人の生命又は身体に対する重大な危害の発生の防止その他公共の福祉を著しく阻害するおそれがないと認めるときは、監査委員は、当該普通地方公共団体の長その他の執行機関又は職員に対し、理由を付して次項の手続が終了するまでの間当該行為を停止すべきことを勧告することができる。この場合において、監査委員は、当該勧告の内容を第1項の規定による請求人（以下この条において「請求人」という。）に通知するとともに、これを公表しなければならない。

5 　第1項の規定による請求があつた場合には、監査委員は、監査を行い、当該請求に理由がないと認めるときは、理由を付してその旨を書面により請求人に通知するとともに、これを公表し、当該請求に理由があると認めるときは、当該普通地方公共団体の議会、長その他の執行機関又は職員に対し期間を示して必要な措置を講ずべきことを勧告するとともに、当該勧告の内容を請求人に通知し、かつ、これを公表しなければならない。

6 　前項の規定による監査委員の監査及び勧告は、第1項の規定による請求があつた日から60日以内に行わなければならない。

7 　監査委員は、第5項の規定による監査を行うに当たつては、請求人に証拠の提出及び陳述の機会を与えなければならない。

8 　監査委員は、前項の規定による陳述の聴取を行う場合又は関係のある当該普通地方公共団体の長その他の執行機関若しくは職員の陳述の聴取を行う場合において、必要があると認めるときは、関係のある当該普通地方公共団体の長その他の執行機関若しくは職員又は請求人を立ち会わせることができる。

9 　第5項の規定による監査委員の勧告があつたときは、当該勧告を受けた議会、長その他の執行機関又は職員は、当該勧告に示された期間内に必要な措置を講ずるとともに、その旨を監査委員に通知しなければならない。この場合において、監査委員は、当該通知に係る事項を請求人に通知するとともに、これを公表しなければならない。

10 　普通地方公共団体の議会は、第1項の規定による請求があつた後に、当該請求に係る行為又は怠る事実に関する損害賠償又は不当利得返還の請求権その他の権利の放棄に関する議決をしようとするときは、あらかじめ監査委員の意見を聴かなければならない。

11 　第4項の規定による勧告、第5項の規定による監査及び勧告並びに前項の規定による意見についての決定は、監査委員の合議によるものとする。

　（住民訴訟）

第242条の2 　普通地方公共団体の住民は、前条第1項の規定による請求をした場合において、同条第5項の規定による監査委員の監査の結果若しくは勧告若しくは同条第9項の規定による普通地方公共団体の議会、長その他の執行機関若しくは職員の措置に不服があるとき、又は監査委員が同条第5項の規定による監査若しくは勧告を同条第6項の期間内に行わないとき、若しくは議会、長その他の執行機関若しくは職員が同条第9項の規定による措置を講じないときは、裁判所に対し、同条第

　1項の請求に係る違法な行為又は怠る事実につき、訴えをもつて次に掲げる請求をすることができる。

一　当該執行機関又は職員に対する当該行為の全部又は一部の差止めの請求

二　行政処分たる当該行為の取消し又は無効確認の請求

三　当該執行機関又は職員に対する当該怠る事実の違法確認の請求

四　当該職員又は当該行為若しくは怠る事実に係る相手方に損害賠償又は不当利得返還の請求をすることを当該普通地方公共団体の執行機関又は職員に対して求める請求。ただし、当該職員又は当該行為若しくは怠る事実に係る相手方が第243条の2の2第3項の規定による賠償の命令の対象となる者である場合には、当該賠償の命令をすることを求める請求

2　前項の規定による訴訟は、次の各号に掲げる場合の区分に応じ、当該各号に定める期間内に提起しなければならない。

一　監査委員の監査の結果又は勧告に不服がある場合　当該監査の結果又は当該勧告の内容の通知があつた日から30日以内

二　監査委員の勧告を受けた議会、長その他の執行機関又は職員の措置に不服がある場合　当該措置に係る監査委員の通知があつた日から30日以内

三　監査委員が請求をした日から60日を経過しても監査又は勧告を行わない場合　当該60日を経過した日から30日以内

四　監査委員の勧告を受けた議会、長その他の執行機関又は職員が措置を講じない場合　当該勧告に示された期間を経過した日から30日以内

3　前項の期間は、不変期間とする。

4　第1項の規定による訴訟が係属しているときは、当該普通地方公共団体の他の住民は、別訴をもつて同一の請求をすることができない。

5　第1項の規定による訴訟は、当該普通地方公共団体の事務所の所在地を管轄する地方裁判所の管轄に専属する。

6　第1項第1号の規定による請求に基づく差止めは、当該行為を差し止めることによつて人の生命又は身体に対する重大な危害の発生の防止その他公共の福祉を著しく阻害するおそれがあるときは、することができない。

7　第1項第4号の規定による訴訟が提起された場合には、当該職員又は当該行為若しくは怠る事実の相手方に対して、当該普通地方公共団体の執行機関又は職員は、遅滞なく、その訴訟の告知をしなければならない。

8　前項の訴訟告知があつたときは、第1項第4号の規定による訴訟が終了した日から6月を経過するまでの間は、当該訴訟に係る損害賠償又は不当利得返還の請求権の時効は、完成しない。

9　民法第153条第2項の規定は、前項の規定による時効の完成猶予について準用する。

10　第1項に規定する違法な行為又は怠る事実については、民事保全法（平成元年法律第91号）に規定する仮処分をすることができない。

11　第2項から前項までに定めるもののほか、第1項の規定による訴訟については、行政事件訴訟法第43条の規定の適用があるものとする。

12　第1項の規定による訴訟を提起した者が勝訴（一部勝訴を含む。）した場合において、弁護士又は弁護士法人に報酬を支払うべきときは、当該普通地方公共団体に対し、その報酬額の範囲内で相当と認められる額の支払を請求することができる。
（訴訟の提起）
第242条の3　前条第1項第4号本文の規定による訴訟について、損害賠償又は不当利得返還の請求を命ずる判決が確定した場合においては、普通地方公共団体の長は、当該判決が確定した日から60日以内の日を期限として、当該請求に係る損害賠償金又は不当利得の返還金の支払を請求しなければならない。
2　前項に規定する場合において、当該判決が確定した日から60日以内に当該請求に係る損害賠償金又は不当利得による返還金が支払われないときは、当該普通地方公共団体は、当該損害賠償又は不当利得返還の請求を目的とする訴訟を提起しなければならない。
3　前項の訴訟の提起については、第96条第1項第12号の規定にかかわらず、当該普通地方公共団体の議会の議決を要しない。
4　前条第1項第4号本文の規定による訴訟の裁判が同条第7項の訴訟告知を受けた者に対してもその効力を有するときは、当該訴訟の裁判は、当該普通地方公共団体と当該訴訟告知を受けた者との間においてもその効力を有する。
5　前条第1項第4号本文の規定による訴訟について、普通地方公共団体の執行機関又は職員に損害賠償又は不当利得返還の請求を命ずる判決が確定した場合において、当該普通地方公共団体がその長に対し当該損害賠償又は不当利得返還の請求を目的とする訴訟を提起するときは、当該訴訟については、代表監査委員が当該普通地方公共団体を代表する。
（普通地方公共団体の長等の損害賠償責任の一部免責）
第243条の2　普通地方公共団体は、条例で、当該普通地方公共団体の長若しくは委員会の委員若しくは委員又は当該普通地方公共団体の職員（次条第3項の規定による賠償の命令の対象となる者を除く。以下この項において「普通地方公共団体の長等」という。）の当該普通地方公共団体に対する損害を賠償する責任を、普通地方公共団体の長等が職務を行うにつき善意でかつ重大な過失がないときは、普通地方公共団体の長等が賠償の責任を負う額から、普通地方公共団体の長等の職責その他の事情を考慮して政令で定める基準を参酌して、政令で定める額以上で当該条例で定める額を控除して得た額について免れさせる旨を定めることができる。
2　普通地方公共団体の議会は、前項の条例の制定又は改廃に関する議決をしようとするときは、あらかじめ監査委員の意見を聴かなければならない。
3　前項の規定による意見の決定は、監査委員の合議によるものとする。
（職員の賠償責任）
第243条の2の2　会計管理者若しくは会計管理者の事務を補助する職員、資金前渡を受けた職員、占有動産を保管している職員又は物品を使用している職員が故意又は重大な過失（現金については、故意又は過失）により、その保管に係る現金、有価証券、物品（基金に属する動産を含む。）若しくは占有動産又はその使用に係る物品を亡失し、又は損傷したときは、これによって生じた損害を賠償しなければな

らない。次に掲げる行為をする権限を有する職員又はその権限に属する事務を直接補助する職員で普通地方公共団体の規則で指定したものが故意又は重大な過失により法令の規定に違反して当該行為をしたこと又は怠つたことにより普通地方公共団体に損害を与えたときも、同様とする。

一　支出負担行為

二　第232条の4第1項の命令又は同条第2項の確認

三　支出又は支払

四　第234条の2第1項の監督又は検査

2　前項の場合において、その損害が2人以上の職員の行為により生じたものであるときは、当該職員は、それぞれの職分に応じ、かつ、当該行為が当該損害の発生の原因となつた程度に応じて賠償の責めに任ずるものとする。

3　普通地方公共団体の長は、第1項の職員が同項に規定する行為により当該普通地方公共団体に損害を与えたと認めるときは、監査委員に対し、その事実があるかどうかを監査し、賠償責任の有無及び賠償額を決定することを求め、その決定に基づき、期限を定めて賠償を命じなければならない。

4　第242条の2第1項第4号ただし書の規定による訴訟について、賠償の命令を命ずる判決が確定した場合には、普通地方公共団体の長は、当該判決が確定した日から60日以内の日を期限として、賠償を命じなければならない。この場合においては、前項の規定による監査委員の監査及び決定を求めることを要しない。

5　前項の規定により賠償を命じた場合において、当該判決が確定した日から60日以内に当該賠償の命令に係る損害賠償金が支払われないときは、当該普通地方公共団体は、当該損害賠償の請求を目的とする訴訟を提起しなければならない。

6　前項の訴訟の提起については、第96条第1項第12号の規定にかかわらず、当該普通地方公共団体の議会の議決を要しない。

7　第242条の2第1項第4号ただし書の規定による訴訟の判決に従いなされた賠償の命令について取消訴訟が提起されているときは、裁判所は、当該取消訴訟の判決が確定するまで、当該賠償の命令に係る損害賠償の請求を目的とする訴訟の訴訟手続を中止しなければならない。

8　第3項の規定により監査委員が賠償責任があると決定した場合において、普通地方公共団体の長は、当該職員からなされた当該損害が避けることのできない事故その他やむを得ない事情によるものであることの証明を相当と認めるときは、議会の同意を得て、賠償責任の全部又は一部を免除することができる。この場合においては、あらかじめ監査委員の意見を聴き、その意見を付けて議会に付議しなければならない。

9　第3項の規定による決定又は前項後段の規定による意見の決定は、監査委員の合議によるものとする。

10　第242条の2第1項第4号ただし書の規定による訴訟の判決に従い第3項の規定による処分がなされた場合には、当該処分については、審査請求をすることができない。

11　普通地方公共団体の長は、第3項の規定による処分についての審査請求がされた

　　場合には、当該審査請求が不適法であり、却下するときを除き、議会に諮問した
　　上、当該審査請求に対する裁決をしなければならない。
12　議会は、前項の規定による諮問を受けた日から20日以内に意見を述べなければな
　　らない。
13　普通地方公共団体の長は、第11項の規定による諮問をしないで同項の審査請求を
　　却下したときは、その旨を議会に報告しなければならない。
14　第１項の規定により損害を賠償しなければならない場合には、同項の職員の賠償
　　責任については、賠償責任に関する民法の規定は、適用しない。
　　（外部監査契約）
第252条の27　この法律において「外部監査契約」とは、包括外部監査契約及び個別
　　外部監査契約をいう。
２　この法律において「包括外部監査契約」とは、第252条の36第１項各号に掲げる
　　普通地方公共団体及び同条第２項の条例を定めた同条第１項第２号に掲げる市以外
　　の市又は町村が、第２条第14項及び第15項の規定の趣旨を達成するため、この法律
　　の定めるところにより、次条第１項又は第２項に規定する者の監査を受けるととも
　　に監査の結果に関する報告の提出を受けることを内容とする契約であつて、この法
　　律の定めるところにより、当該監査を行う者と締結するものをいう。
３　この法律において「個別外部監査契約」とは、次の各号に掲げる普通地方公共団
　　体が、当該各号に掲げる請求又は要求があつた場合において、この法律の定めると
　　ころにより、当該請求又は要求に係る事項について次条第１項又は第２項に規定す
　　る者の監査を受けるとともに監査の結果に関する報告の提出を受けることを内容と
　　する契約であつて、この法律の定めるところにより、当該監査を行う者と締結する
　　ものをいう。
　　一　第252条の39第１項に規定する普通地方公共団体　　第75条第１項の請求
　　二　第252条の40第１項に規定する普通地方公共団体　　第98条第２項の請求
　　三　第252条の41第１項に規定する普通地方公共団体　　第199条第６項の要求
　　四　第252条の42第１項に規定する普通地方公共団体　　第199条第７項の要求
　　五　第252条の43第１項に規定する普通地方公共団体　　第242条第１項の請求
第252条の38　包括外部監査人は、監査のため必要があると認めるときは、監査委員
　　と協議して、関係人の出頭を求め、若しくは関係人について調査し、若しくは関係
　　人の帳簿、書類その他の記録の提出を求め、又は学識経験を有する者等から意見を
　　聴くことができる。
２　包括外部監査人は、監査の結果に基づいて必要があると認めるときは、当該包括
　　外部監査対象団体の組織及び運営の合理化に資するため、監査の結果に関する報告
　　に添えてその意見を提出することができる。
３　監査委員は、前条第５項の規定により監査の結果に関する報告の提出があつたと
　　きは、これを公表しなければならない。
４　監査委員は、包括外部監査人の監査の結果に関し必要があると認めるときは、当
　　該包括外部監査対象団体の議会及び長並びに関係のある教育委員会、選挙管理委員
　　会、人事委員会若しくは公平委員会、公安委員会、労働委員会、農業委員会その他

法律に基づく委員会又は委員にその意見を提出することができる。
5　第1項の規定による協議又は前項の規定による意見の決定は、監査委員の合議によるものとする。
6　前条第5項の規定による監査の結果に関する報告の提出があつた場合において、当該監査の結果に関する報告の提出を受けた包括外部監査対象団体の議会、長、教育委員会、選挙管理委員会、人事委員会若しくは公平委員会、公安委員会、労働委員会、農業委員会その他法律に基づく委員会又は委員は、当該監査の結果に基づき、又は当該監査の結果を参考として措置を講じたときは、その旨を監査委員に通知するものとする。この場合においては、監査委員は、当該通知に係る事項を公表しなければならない。
　（住民監査請求等の特例）
第252条の43　第242条第1項の請求に係る監査について監査委員の監査に代えて契約に基づく監査によることができることを条例により定める普通地方公共団体の住民は、同項の請求をする場合において、特に必要があると認めるときは、政令で定めるところにより、その理由を付して、併せて監査委員の監査に代えて個別外部監査契約に基づく監査によることを求めることができる。
2　監査委員は、前項の規定により個別外部監査契約に基づく監査によることが求められた第242条第1項の請求（以下この条において「住民監査請求に係る個別外部監査の請求」という。）があつた場合において、当該住民監査請求に係る個別外部監査の請求について、監査委員の監査に代えて個別外部監査契約に基づく監査によることが相当であると認めるときは、個別外部監査契約に基づく監査によることを決定し、当該住民監査請求に係る個別外部監査の請求があつた日から20日以内に、その旨を当該普通地方公共団体の長に通知しなければならない。この場合において、監査委員は、当該通知をした旨を、当該住民監査請求に係る個別外部監査の請求に係る請求人に直ちに通知しなければならない。
3　第252条の39第5項から第11項までの規定は、前項前段の規定による通知があつた場合について準用する。この場合において、同条第5項中「事務の監査の請求に係る個別外部監査の請求について監査委員の監査に代えて個別外部監査契約に基づく監査によることについて議会の議決を経た」とあるのは「第252条の43第2項前段の規定による通知があつた」と、「事務の監査の請求に係る個別外部監査の請求に係る」とあるのは「同項に規定する住民監査請求に係る個別外部監査の請求に係る」と、同条第7項中「第3項」とあるのは「第252条の43第2項の規定による監査委員の監査に代えて個別外部監査契約に基づく監査によることの決定」と、同条第8項第1号中「事務の監査の請求に係る個別外部監査の請求」とあるのは「第252条の43第2項に規定する住民監査請求に係る個別外部監査の請求」と読み替えるものとする。
4　前項において準用する第252条の39第5項の個別外部監査契約を締結した者は、当該個別外部監査契約で定める個別外部監査契約の期間内に、住民監査請求に係る個別外部監査の請求に係る事項について監査を行い、かつ、監査の結果に関する報告を決定するとともに、これを監査委員に提出しなければならない。

5 第2項前段の規定による通知があつた場合における第242条第5項から第7項まで及び第11項並びに第242条の2第1項及び第2項の規定の適用については、第242条第5項中「第1項の規定による請求」とあるのは「第252条の43第4項の規定による監査の結果に関する報告の提出」と、「監査を行い」とあるのは「当該監査の結果に関する報告に基づき」と、「請求人に通知する」とあるのは「同条第2項に規定する住民監査請求に係る個別外部監査の請求に係る請求人（以下この条において「請求人」という。）に通知する」と、同条第6項中「監査委員の監査」とあるのは「請求に理由があるかどうかの決定」と、「第1項の規定による」とあるのは「第252条の43第2項に規定する住民監査請求に係る個別外部監査の」と、「60日」とあるのは「90日」と、同条第7項中「監査委員は、第5項」とあるのは「第252条の43第3項において準用する第252条の39第5項の個別外部監査契約を締結した者は、第252条の43第4項」と、同条第11項中「第4項の規定による勧告、第5項」とあるのは「第5項」と、「監査及び勧告並びに前項の規定による意見」とあるのは「請求に理由があるかどうかの決定及び勧告」と、第242条の2第1項中「前条第1項の規定による」とあるのは「第252条の43第2項に規定する住民監査請求に係る個別外部監査の」と、「同条第5項の規定による監査委員の監査の結果」とあるのは「前条第5項の規定による請求に理由がない旨の決定」と、「監査若しくは」とあるのは「請求に理由がない旨の決定若しくは」と、「同条第1項」とあるのは「第252条の43第2項に規定する住民監査請求に係る個別外部監査」と、同条第2項第1号中「の監査の結果」とあるのは「の請求に理由がない旨の決定」と、「当該監査の結果」とあるのは「当該請求に理由がない旨」と、同項第3号中「60日」とあるのは「90日」と、「監査又は」とあるのは「当該請求に理由がない旨の決定又は」とする。

6 第252条の38第1項、第2項及び第5項の規定は、住民監査請求に係る個別外部監査の請求に係る事項についての個別外部監査人の監査について準用する。この場合において、同条第2項中「包括外部監査対象団体」とあるのは、「個別外部監査契約を締結した普通地方公共団体」と読み替えるものとする。

7 個別外部監査人は、第5項において読み替えて適用する第242条第7項の規定による陳述の聴取を行う場合又は関係のある当該普通地方公共団体の長その他の執行機関若しくは職員の陳述の聴取を行う場合において、必要があると認めるときは、監査委員と協議して、関係のある当該普通地方公共団体の長その他の執行機関若しくは職員又は請求人を立ち会わせることができる。

8 前項の規定による協議は、監査委員の合議によるものとする。

9 住民監査請求に係る個別外部監査の請求があつた場合において、監査委員が当該住民監査請求に係る個別外部監査の請求があつた日から20日以内に、当該普通地方公共団体の長に第2項前段の規定による通知を行わないときは、当該住民監査請求に係る個別外部監査の請求は、初めから第1項の規定により個別外部監査契約に基づく監査によることが求められていない第242条第1項の請求であつたものとみなす。この場合において、監査委員は、同条第5項の規定による通知を行うときに、併せて当該普通地方公共団体の長に第2項前段の規定による通知を行わなかつた理

　由を書面により当該住民監査請求に係る個別外部監査の請求に係る請求人に通知するとともに、これを公表しなければならない。

○地方公営企業法（抄）

$$\begin{pmatrix} 昭和27年8月1日 \\ 法\ 律\ 第\ 292\ 号 \end{pmatrix}$$

最終改正　令和元年6月14日号外法律第37号

（公金の収納等の監査）

第27条の2　監査委員は、必要があると認めるとき、又は管理者の要求があるときは、前条の規定により指定された金融機関が取り扱う地方公営企業の業務に係る公金の収納又は支払の事務について監査することができる。

2　監査委員は、前項の規定により監査をしたときは、監査の結果に関する報告を地方公共団体の議会及び長並びに管理者に提出しなければならない。

（決算）

第30条　管理者は、毎事業年度終了後2月以内に当該地方公営企業の決算を調製し、証書類、当該年度の事業報告書及び政令で定めるその他の書類と併せて、当該地方公共団体の長に提出しなければならない。

2　地方公共団体の長は、決算及び前項の書類を監査委員の審査に付さなければならない。

3　監査委員は、前項の審査をするに当たつては、地方公営企業の運営が第3条の規定の趣旨に従つてされているかどうかについて、特に、意を用いなければならない。

4　地方公共団体の長は、第2項の規定により監査委員の審査に付した決算を、監査委員の意見を付けて、遅くとも当該事業年度終了後3月を経過した後において最初に招集される定例会である議会の認定（地方自治法第102条の2第1項の議会においては、遅くとも当該事業年度終了後3月を経過した後の最初の定例日（同条第6項に規定する定例日をいう。）に開かれる会議において議会の認定）に付さなければならない。

5　前項の規定による意見の決定は、監査委員の合議によるものとする。

6　地方公共団体の長は、第4項の規定により決算を議会の認定に付するに当たつては、第2項の規定により監査委員の審査に付した当該年度の事業報告書及び政令で定めるその他の書類を併せて提出しなければならない。

7　地方公共団体の長は、第4項の規定により議会の認定に付した決算の要領を住民に公表しなければならない。

8　地方公共団体の長は、第4項の規定による決算の認定に関する議案が否決された場合において、当該議決を踏まえて必要と認める措置を講じたとき、又は管理者が当該議決を踏まえて必要と認める措置を講じて当該措置の内容を当該地方公共団体の長に報告したときは、速やかに、これらの措置の内容を議会に報告するとともに、公表しなければならない。

9　第1項の決算について作成すべき書類は、当該年度の予算の区分に従つて作成した決算報告書並びに損益計算書、剰余金計算書又は欠損金計算書、剰余金処分計算

書又は欠損金処理計算書及び貸借対照表とし、その様式は、総務省令で定める。

（剰余金の処分等）

第32条　地方公営企業は、毎事業年度利益を生じた場合において前事業年度から繰り越した欠損金があるときは、その利益をもつてその欠損金をうめなければならない。

2　毎事業年度生じた利益の処分は、前項の規定による場合を除くほか、条例の定めるところにより、又は議会の議決を経て、行わなければならない。

3　毎事業年度生じた資本剰余金の処分は、条例の定めるところにより、又は議会の議決を経て、行わなければならない。

4　資本金の額は、議会の議決を経て、減少することができる。

（欠損の処理）

第32条の2　地方公営企業は、毎事業年度欠損を生じた場合において前事業年度から繰り越した利益があるときは、その利益をもつてその欠損金をうめなければならない。

（職員の賠償責任）

第34条　地方自治法第243条の2の2の規定は、地方公営企業の業務に従事する職員の賠償責任について準用する。この場合において、同条第1項中「規則」とあるのは「規則又は企業管理規程」と、同条第8項中「議会の同意を得て」とあるのは「条例で定める場合には議会の同意を得て」と読み替えるほか、第7条の規定により管理者が置かれている地方公営企業の業務に従事する職員の賠償責任について準用する場合に限り、同法第243条の2の2第3項中「普通地方公共団体の長」とあるのは「管理者」と、同条第8項中「普通地方公共団体の長」とあるのは「管理者」と、「あらかじめ監査委員の意見を聴き、その意見」とあるのは「管理者があらかじめ監査委員の意見を聴き、普通地方公共団体の長が当該意見」と読み替えるものとする。

○地方公共団体の財政の健全化に関する法律（抄）

$$\left(\begin{array}{l}\text{平成19年 6 月22日}\\ \text{法 律 第 94 号}\end{array}\right)$$

最終改正　平成29年 6 月 9 日法律第54号

（健全化判断比率の公表等）

第 3 条　地方公共団体の長は、毎年度、前年度の決算の提出を受けた後、速やかに、実質赤字比率、連結実質赤字比率、実質公債費比率及び将来負担比率（以下「健全化判断比率」という。）並びにその算定の基礎となる事項を記載した書類を監査委員の審査に付し、その意見を付けて当該健全化判断比率を議会に報告するとともに、当該健全化判断比率を公表しなければならない。

2　前項の規定による意見の決定は、監査委員の合議によるものとする。

3　地方公共団体の長は、第 1 項の規定により公表した健全化判断比率を、速やかに、都道府県及び地方自治法第252条の19第 1 項の指定都市（以下「指定都市」という。）の長にあっては総務大臣に、指定都市を除く市町村（第29条を除き、以下「市町村」という。）及び特別区の長にあっては都道府県知事に報告しなければならない。この場合において、当該報告を受けた都道府県知事は、速やかに、当該健全化判断比率を総務大臣に報告しなければならない。

4　都道府県知事は、毎年度、前項前段の規定による報告を取りまとめ、その概要を公表するものとする。

5　総務大臣は、毎年度、第 3 項の規定による報告を取りまとめ、その概要を公表するものとする。

6　地方公共団体は、健全化判断比率の算定の基礎となる事項を記載した書類をその事務所に備えて置かなければならない。

7　包括外部監査対象団体（地方自治法第252条の36第 4 項に規定する包括外部監査対象団体をいう。以下同じ。）においては、包括外部監査人（同法第252条の29に規定する包括外部監査人をいう。以下同じ。）は、同法第252条の37第 1 項の規定による監査のため必要があると認めるときは、第 1 項の規定により公表された健全化判断比率及びその算定の基礎となる事項を記載した書類について調査することができる。

（資金不足比率の公表等）

第22条　公営企業を経営する地方公共団体の長は、毎年度、当該公営企業の前年度の決算の提出を受けた後、速やかに、資金不足比率及びその算定の基礎となる事項を記載した書類を監査委員の審査に付し、その意見を付けて当該資金不足比率を議会に報告し、かつ、当該資金不足比率を公表しなければならない。

2　前項に規定する「資金不足比率」とは、公営企業ごとに、政令で定めるところにより算定した当該年度の前年度の資金の不足額を政令で定めるところにより算定した当該年度の前年度の事業の規模で除して得た数値をいう。

3　第 3 条第 2 項から第 7 項までの規定は、資金不足比率について準用する。

（地方自治法の監査の特例）

第26条　財政健全化計画、財政再生計画又は経営健全化計画を定めなければならない地方公共団体の長は、これらの計画を定めるに当たっては、あらかじめ、当該地方公共団体の財政の健全化のために改善が必要と認められる事務の執行について、監査委員に対し、地方自治法第199条第6項の監査の要求をしなければならない。この場合においては、同法第252条の41第1項中「第199条第6項」とあるのは「地方公共団体の財政の健全化に関する法律（平成19年法律第94号）第26条第1項の規定に基づく第199条第6項」と、「監査委員の監査に代えて契約に基づく監査によることができることを条例により定める普通地方公共団体」とあるのは「同法の規定により財政健全化計画、財政再生計画又は経営健全化計画を定めなければならない地方公共団体」と、「同項の要求をする場合において、特に必要があると認めるときは、その理由を付して、併せて」とあるのは「同項の要求と併せて、理由を付して」と、「求めることができる」とあるのは「求めなければならない」と読み替えて、同法第2編第13章の規定を適用する。

2　財政健全化団体、財政再生団体又は経営健全化団体（以下この項において「財政健全化団体等」という。）が包括外部監査対象団体である場合にあっては、当該財政健全化団体等の包括外部監査人は、地方自治法第252条の37第1項の規定による監査をするに当たっては、同条第2項の規定によるほか、当該財政健全化団体等の財務に関する事務の執行及び当該財政健全化団体等の経営に係る事業の管理が財政の早期健全化、財政の再生又は公営企業の経営の健全化を図る観点から適切であるかどうかに、特に、意を用いなければならない。

○監査関係判例

□大東市債権放棄議決事件

（平成24年4月20日　最高裁判所第二小法廷平成21年（行ヒ）235号）

1．普通地方公共団体の議会において住民訴訟の対象とされている損害賠償請求権などを放棄する旨の議決がされる場合、当該請求権の発生原因である財務会計行為等の性質その他の諸般の事情を総合考慮して、これを放棄することが普通地方公共団体の民主的かつ実効的な行政運営の確保を旨とする地方自治法の趣旨等に照らして不合理であって議会の裁量権の範囲の逸脱又は濫用に当たると認められるときは、その議決は違法となり、当該放棄は無効となるものと解するのが相当であるところ、かかる諸般の事情の総合考慮による判断枠組を採ることなく、考慮されるべき事情について何ら検討せずに本件議決が適法であるとした原審の判断は違法であるとして、原判決中上告人の請求を棄却した部分について原審に差し戻された事例。

2．市長に対する本件退職慰労金の支給に係る市の損害賠償請求権につき、その権利放棄の議決がなされたところ、住民訴訟の対象とされている損害賠償請求権又は不当利得返還請求権の発生原因に係る諸般の事情を総合考慮すべきであるのに、原審は本件議決の存在について認定判断するのみであり、それらについて何ら検討されていないことから、原審の判断には審理不尽の結果、法令の解釈適用を誤った違法があるとされた事例。

3．普通地方公共団体による債権の放棄は、条例による場合を除き、その議会が債権の放棄の議決をしただけでは放棄の効力は生ぜず、その効力が生ずるには、その長による執行行為としての放棄の意思表示を要するものとされた事例。

□損害賠償代位請求事件

（平成14年7月2日　最高裁三小法廷平成10年（行ヒ）第51号）

1．県の実施した指名競争入札において、談合により不当に高額な工事請負契約を締結したことが県に対する不法行為に該当するが、県は指名業者らに対して損害賠償請求権を有しているにもかかわらず、その行使を怠っているとした住民監査請求について、当該行為のあった日又は終わった日から1年を経過すると原則として監査請求をすることができないという地方自治法242条2項の規定が適用されないとされた事例。

2．実体法上の請求権の行使を怠る事実を対象としてされた住民監査請求について、監査委員が監査を遂げるために、特定の財務会計上の行為の存否、内容等について検討しなければならないとしても、当該行為が特定の財務会計上の行為の違法を判断しなければならない関係にはない場合には、当該監査請求に当該行為のあった日又は終わった日から1年を経過すると原則として監査請求をすることができないという地方自治法242条2項は適用されない。

□県会議員カラ出張住民訴訟事件

（平成11年2月9日　最高裁三小法廷平成9年（行ツ）第247号）

1．住民訴訟において、第一審で一部勝訴した後、附帯控訴に伴い弁護士報酬相当額について請求を拡張した場合、拡張された請求について改めて監査請求を経ることを要しない。

2．県議会議員らの出張がいわゆるカラ出張であるとして、議会事務局長個人に対して損害賠償を請求する住民訴訟（4号請求）につき、第一審判決で認容された損害金が判決後に県に返還されたために、控訴審で請求が棄却された場合において、控訴審で拡張された県に対する弁護士報酬相当額の請求は、拡張前の請求をすべて棄却すべきである以上、認容する余地はないとされた事例。

□損害賠償請求事件

（平成10年12月18日　最高裁三小法廷平成10年（行ツ）第68号）

1．監査委員が適法な住民監査請求を不適法であるとして却下した場合、住民は、直ちに住民訴訟を提起することが許される。

2．監査委員が適法な住民監査請求を不適法であるとして却下した場合、住民は、直ちに住民訴訟を提起することが許されるが、その出訴期間は、地方自治法242条の2第2項1号に準じて却下の通知があった日から30日以内と解するのが相当である。

3．監査委員が適法な住民監査請求を不適法として却下した場合、当該請求をした住民は、直ちに住民訴訟を提起することができるだけでなく、却下の理由に応じて必要な補正を加えるなどして、同一の財務会計上の行為又は怠る事実を対象として再度の住民監査請求をすることも許される。

4．監査委員が適法な住民監査請求を不適法であるとして却下した場合、住民訴訟の出訴期間は、地方自治法242条の2第1号にいう監査委員の監査結果に不服がある場合に準じて、却下の通知があった日から30日以内と解すべきである。

5．住民監査請求が不適法として却下された後、同一の財務会計上の行為に対して再度の住民監査請求がなされたが再び却下された場合において、再度の住民監査請求が適法なものであれば、住民訴訟の出訴期間は再度の監査請求の却下の日から30日以内と解すべきである。

□損害賠償請求事件

（平成10年11月12日　最高裁一小法廷平成6年（行ツ）第239号）

1．普通地方公共団体の所有に属する不動産は公有財産として地方自治法における「財産」に当たるものと規定されているから、普通地方公共団体の所有に属する不動産の処分は、当該不動産が普通地方公共団体の住民の負担に係る公租公課等によって形成されたものであるか否かを問わず、同法242条1項所定の「財産の処分」として住民訴訟の対象となり、また、前記の不動産について売買契約を締結する行為は同項所定の「契約の締結」に当たり、住民訴訟の対象となる。

2．市が土地区画整理事業の保留地として取得した保留地を随意契約の方法により売

却する行為は、住民訴訟の対象となる「財産の処分」及び「契約の締結」に当たる。

3．市がその施行する土地区画整理事業において土地区画整理法96条2項・104条11項に基づいて取得した保留地を随意契約の方法により売却する行為は、住民訴訟の対象となる「財産の処分」及び「契約の締結」に当たる。

□所有権移転登記抹消登記手続等請求事件

（平成10年7月3日　最高裁二小法廷平成6年（行ツ）第53号）

　住民訴訟においては、その対象とする財務会計上の行為又は怠る事実について監査請求を経ていると認められる限り、監査請求の相手方とは異なる者を被告として、監査請求で求めた措置の内容とは異なる請求をすることも許されると解すべきである。

□徳島市職員住居不正支給損害金返還等請求事件

（平成10年6月30日　最高裁三小法廷平成7年（行ツ）第98号）

　市が民間のマンションを賃借して職員に宿舎として貸与した場合において、マンションの賃借料（月額4万5,000円）と職員から徴収した使用料（月額7,797～8,965円）の差額が法律又は条例によらない違法な給付であるとして市長個人に損害賠償を求めた住民訴訟（4号請求）につき、本件訴訟において違法な財務会計上の行為と主張されているものは、市が前記職員に現実に金銭等を支給したということではなく、実質的にみて同人に前記差額分に相当する利益を与えたということを指すのであるから、住民訴訟の対象として地方自治法242条1項が定めるいずれの事項にも当たらないというほかはないとして、訴えが却下された事例。

□損害賠償請求事件

（平成9年1月28日　最高裁三小法廷平成6年（行ツ）第206号）

　市が国鉄から転売禁止特約付きで買い受けた土地を特約に違反して転売し、裁判上の和解に基づいて国鉄清算事業団に違約金の一部を支払った場合において、市が右特約の有効性を争い違約金債務の負担を否定し続けていた等の事実関係の下では、右の転売行為をした市長個人に対する損害賠償請求権の行使を怠っているとしてなされた住民監査請求の監査請求期間は、転売の日ではなく、和解の日を基準とすべきである。

□損害賠償等請求事件

（平成7年2月21日　最高裁三小法廷平成6年（行ツ）第108号）

　概算払による公金の支出自体についての住民監査請求は、当該公金の支出がされた日から1年を経過したときはすることができない。

□損害賠償等請求事件

（平成6年9月8日　最高裁一小法廷平成6年（行ツ）第97号)

1．人格なき社団に対してなされた法人市民税の申告納付の通知の取消しを求めた住民監査請求に対して、当該通知について違法、不当な事由があるとしても、それが地方公共団体に損害をもたらすものではないため、住民監査請求の対象となる行為等には該当しないとされた事例。
2．住民監査請求は、地方公共団体の職員等による違法又は不当な行為等により当該地方公共団体が損害を被ることを防止するために定められたものであるので、住民監査請求の対象となる行為は、当該地方公共団体に損害を与えるものでなければならない。

□損害賠償請求事件
　（平成 3 年11月28日　最高裁一小法廷平成 3 年（行ツ）第43号）
　　公有地の拡大の推進に関する法律10条に基づいて設立された土地開発公社の理事の違法な行為につき、その設立者である普通地方公共団体の住民は、住民訴訟（四号請求）を提起することはできない。

□不作為の違法確認請求事件
　（平成 2 年10月25日　最高裁一小法廷平成 2 年（行ツ）第130号）
1．市道敷地の一部を隣地所有者が不法占有しているのに市長がこれを放置しているとして、市長を被告として右不法占有の排除および隣地との境界の確定をそれぞれ怠っていることの違法確認を求める住民訴訟（ 4 号請求）は、市が右市道敷を使用する権利は道路法施行法 5 条 1 項に基づく使用貸借権に過ぎないから、地方自治法238条 1 項 4 号にいう「地上権、地役権、鉱業権その他これらに準ずる権利」に該当せず、結局同法242条の 2 第 1 項および242条 1 項にいう「財産」に含まれないとして、不適法であるとされた事例。
2．道路法施行法 5 条 1 項に基づく使用貸借による権利は、地方自治法238条 1 項 4 号にいう「地上権、地役権、鉱業権その他これらに準ずる権利」に当らない。

□違法支出金補填請求事件
　（平成 2 年 6 月 5 日　最高裁三小法廷平成 1 年（行ツ）第68号）
1．住民監査請求が請求の対象の特定を欠くものとして不適法とされた事例。
2．住民監査請求は、その対象とする財務会計上の行為または怠る事実を他の事項から区別し、特定して認識できるように個別的、具体的に摘示していなければならないとして、複数の行為を包括的に摘示し、個々の行為の日時、支出金額等を特定しなかった住民監査請求が不適法であるとされ、右監査請求を前提とする住民訴訟が却下された事例。

□損害金請求事件
　（平成 2 年 3 月23日　最高裁二小法廷昭和61年（行ツ）第95号）
1．市長個人を被告人とする刑事訴訟について、弁護人に対する報酬等を市の公金から支出したことは、右訴訟において間接的に市の行政の当否が審理の対象となると

しても、違法である。
2．市の指導要綱に基づき給水契約留保の措置をとり、水道法違反により起訴された市長個人のため、市がその弁護士費用を支出したことが、違法な公金の支出に当るとされた事例。

□**損害賠償等請求事件**
（昭和63年4月22日　最高裁二小法廷昭和62年（行ツ）第76号）
　　支出から約4年6か月後に議会広報で報道された公金の支出につき、右広報の発行から4か月後になされた監査請求は地方自治法242項但書にいう正当な理由がないとされた事例。

□**違法支出金補填請求事件**
（昭和62年4月10日　最高裁二小法廷昭和55年（行ツ）第157号）
1．地方自治法242条の2第1項4号にいう「当該職員」とは、当該訴訟において適否が問題とされている財務会計上の行為を行う権限を法令上本来的に有するとされている者、およびその者から権限の委任を受けるなどして右権限を有するに至った者をいう。
2．東京都議会議長の職にあった者が在任中議会運営費のうち交際費等の公金を違法に支出したとして、その者を被告として提起された住民訴訟（4号請求）において、右議長は同号所定の「当該職員」に該当せず、右訴は不適法であるとされた事例。
3．東京都議会議長の職にあった者は、在任中議会運営費のうちの交際費等の公金の支出につき、財務会計上の行為を行う権限を有していたとはいえないとされた事例。

□**町有財産売却処分違法確認等請求及び共同訴訟参加事件**
（昭和62年2月20日　最高裁二小法廷昭和57年（行ツ）第164号）
1．住民監査請求が、普通地方公共団体の長その他の財務会計職員の財務会計上の行為を違法であるとし、当該行為が違法・無効であることに基づいて発生する実体法上の請求権の不行使をもって、財産の管理を怠る事実としているものであるときは、監査請求期間は、右請求権の発生原因たる当該行為のあった日または終った日から1年間とすべきである。
2．普通地方公共団体の長、その他の財務会計職員の財産会計上の行為を違法、不当としてその是正措置を求める住民監査請求は、特段の事情がない限り、当該行為が違法・無効であることに基づいて発生する実体法上の請求権の不行使を違法・不当とする財産の管理を怠る事実についての監査請求をも、その対象として含むものと解すべきである。
3．同一住民が、同一の財務会計上の行為または怠る事実を対象として、再度の住民監査請求をすることは許されない。

□損害賠償請求事件

（昭和60年9月12日　最高裁一小法廷昭和55年（行ツ）第84号）

1．収賄罪で逮捕された市職員を懲戒免職でなく分限免職にしたことが、違法であるとまで認めることは困難であるとされた事例。
2．収賄罪で逮捕された市職員を懲戒免職でなく分限免職にして退職手当を支給したことは、地方自治法242条の2第1項にいう違法な公金の支出に当たらない。

□損害賠償請求事件

（昭和58年9月8日　最高裁一小法廷昭和57年（行ツ）第89号）

1．地方自治法242条の2第1項4号の住民訴訟が、出訴期間を遵守したものと認められた事例。
2．地方自治体の財務会計に関する違法な状態を指摘するにとどめ、その是正措置の選択を執行機関等に委ねる形式の勧告も地方自治法242条3項にいう勧告に含まれる。

□損害賠償請求上告事件

（昭和58年7月15日　最高裁二小法廷昭和52年（行ツ）第127号）

1．森林組合の組合長理事を兼ねる町長が、専ら森林組合の事務に従事させることを予定して町職員に採用したうえ森林組合に出向させた者に対し、7年余にわたって町予算から総額796万余円の給与を支払ったが、同人は、その間町長の指揮監督を受けることなく、森林組合の事務所で専ら森林組合の事務に従事し、町の事務を行ったことはない等の事実関係のもとにおいては、同町長は、右給与を支払うことにより違法に町の公金を支出したものといわなければならない。
2．専ら森林組合の事務に従事させることを予定して町職員に採用したうえ森林組合に出向させた者に対し、7年余にわたって町予算から給与を支払ったことが違法とされた事例。

□住民訴訟損害賠償請求事件

（昭和55年2月22日　最高裁二小法廷昭和51年（行ツ）第22号）

1．住民訴訟は、原告が死亡した場合、当該原告の請求に関する部分にかぎり、当然終了する。
2．地方公共団体が地方債を起こす方法によらずに金融機関から資金を借入れ公共用地の購入代金の支払にあてた場合において、支払利息の全額につき地方公共団体の損害にはあたらない。
3．地方公共団体が地方債を起す方法によらずに金融機関から資金を借入れ公共用地の購入代金の支払にあてた場合において、地方債の発行に伴い通常負担する利息相当額は地方公共団体の損害に当らない。

□損害補填請求事件

（昭和53年6月23日　最高裁三小法廷昭和52年（行ツ）第84号）

1．地方自治法242条の2第1項4号によるいわゆる代位請求訴訟において、原告より地方公共団体が有する実体上の請求権を履行する義務があると主張された町長に被告適格が認められた事例。
2．地方自治法242条の2第1項4号によるいわゆる代位請求訴訟の被告適格を有する者は、右訴訟の原告により訴訟の目的である地方公共団体が有する実体法上の請求権を履行する義務があると主張されている者であると解するのが相当である。

《出典》『D1-Law.com判例体系』要旨（第一法規）
※「平成14年7月2日　最高裁第三小法廷平成10年（行ヒ）第51号（損害賠償代位請求事件）」「平成6年9月8日最高裁一小法廷平成6年（行ツ）第97号（損害賠償等請求事件）」については、全国町村監査委員協議会で判例要旨作成

○企業会計原則

（昭和24年 7 月 9 日
企 業 会 計 審 議 会）

最終改正　昭和57年 4 月20日

第 1 　一般原則

1　企業会計は、企業の財政状態及び経営成績に関して、真実な報告を提供するものでなければならない。

2　企業会計は、すべての取引につき、正規の簿記の原則に従つて、正確な会計帳簿を作成しなければならない。（注 1 ）

3　資本取引と損益取引とを明瞭に区別し、特に資本剰余金と利益剰余金とを混同してはならない。（注 2 ）

4　企業会計は、財務諸表によつて、利害関係者に対し必要な会計事実を明瞭に表示し、企業の状況に関する判断を誤らせないようにしなければならない。（注 1 ）（注 1 ― 2 ）（注 1 ― 3 ）（注 1 ― 4 ）

5　企業会計は、その処理の原則及び手続を毎期継続して適用し、みだりにこれを変更してはならない。（注 1 ― 2 ）（注 3 ）

6　企業の財政に不利な影響を及ぼす可能性がある場合には、これに備えて適当に健全な会計処理をしなければならない。（注 4 ）

7　株主総会提出のため、信用目的のため、租税目的のため等種々の目的のために異なる形式の財務諸表を作成する必要がある場合、それらの内容は、信頼しうる会計記録に基づいて作成されたものであつて、政策の考慮のために事実の真実な表示をゆがめてはならない。

第 2 　損益計算書原則

（損益計算書の本質）

1　損益計算書は、企業の経営成績を明らかにするため、一会計期間に属するすべての収益とこれに対応するすべての費用とを記載して経常利益を表示し、これに特別損益に属する項目を加減して当期純利益を表示しなければならない。

A　すべての費用及び収益は、その支出及び収入に基づいて計上し、その発生した期間に正しく割当てられるように処理しなければならない。ただし、未実現収益は、原則として、当期の損益計算に計上してはならない。

前払費用及び前受収益は、これを当期の損益計算から除去し、未払費用及び未収収益は、当期の損益計算に計上しなければならない。（注 5 ）

B　費用及び収益は、総額によつて記載することを原則とし、費用の項目と収益の

項目とを直接に相殺することによつてその全部又は一部を損益計算書から除去してはならない。

C　費用及び収益は、その発生源泉に従つて明瞭に分類し、各収益項目とそれに関連する費用項目とを損益計算書に対応表示しなければならない。

（損益計算書の区分）

2　損益計算書には、営業損益計算、経常損益計算及び純損益計算の区分を設けなければならない。

A　営業損益計算の区分は、当該企業の営業活動から生ずる費用及び収益を記載して、営業利益を計算する。

　　二つ以上の営業を目的とする企業にあつては、その費用及び収益を主要な営業別に区分して記載する。

B　経常損益計算の区分は、営業損益計算の結果を受けて、利息及び割引料、有価証券売却損益その他営業活動以外の原因から生ずる損益であつて特別損益に属しないものを記載し、経常利益を計算する。

C　純損益計算の区分は、経常損益計算の結果を受けて、前期損益修正額、固定資産売却損益等の特別損益を記載し、当期純利益を計算する。

D　純損益計算の結果を受けて、前期繰越利益等を記載し、当期未処分利益を計算する。

（営業利益）

3　営業損益計算は、一会計期間に属する売上高と売上原価とを記載して売上総利益を計算し、これから販売費及び一般管理費を控除して、営業利益を表示する。

A　企業が商品等の販売と役務の給付とをともに主たる営業とする場合には、商品等の売上高と役務による営業収益とは、これを区別して記載する。

B　売上高は、実現主義の原則に従い、商品等の販売又は役務の給付によつて実現したものに限る。ただし、長期の未完成請負工事等については、合理的に収益を見積り、これを当期の損益計算に計上することかできる。（注6）（注7）

C　売上原価は、売上高に対応する商品等の仕入原価又は製造原価であつて、商業の場合には、期首商品たな卸高に当期商品仕入高を加え、これから期末商品たな卸高を控除する形式で表示し、製造工業の場合には、期首製品たな卸高に当期製品製造原価を加え、これから期末製品たな卸高を控除する形式で表示する。（注8）（注9）（注10）

D　売上総利益は、売上高から売上原価を控除して表示する。役務の給付を営業とする場合には、営業収益から役務の費用を控除して総利益を表示する。

E　同一企業の各経営部門の間における商品等の移転によつて発生した内部利益は、売上高及び売上原価を算定するに当つて除去しなければならない。（注11）

F　営業利益は、売上総利益から販売費及び一般管理費を控除して表示する。販売
費及び一般管理費は、適当な科目に分類して営業損益計算の区分に記載し、これ
を売上原価及び期末たな卸高に算入してはならない。ただし、長期の請負工事に
ついては、販売費及び一般管理費を適当な比率で請負工事に配分し、売上原価及
び期末たな卸高に算入することができる。

（営業外損益）

4　営業外損益は、受取利息及び割引料、有価証券売却益等の営業外収益と支払利息
及び割引料、有価証券売却損、有価証券評価損等の営業外費用とに区分して表示す
る。

（経常利益）

5　経常利益は、営業利益に営業外収益を加え、これから営業外費用を控除して表示
する。

（特別損益）

6　特別損益は、前期損益修正益、固定資産売却益等の特別利益と前期損益修正損、
固定資産売却損、災害による損失等の特別損失とに区分して表示する。（注12）

（税引前当期純利益）

7　税引前当期純利益は、経常利益に特別利益を加え、これから特別損失を控除して
表示する。

（当期純利益）

8　当期純利益は、税引前当期純利益から当期の負担に属する法人税額、住民税額等
を控除して表示する。（注13）

（当期未処分利益）

9　当期未処分利益は、当期純利益に前期繰越利益、一定の目的のために設定した積
立金のその目的に従つた取崩額、中間配当額、中間配当に伴う利益準備金の積立額
等を加減して表示する。

第3　貸借対照表原則

（貸借対照表の本質）

1　貸借対照表は、企業の財政状態を明らかにするため、貸借対照表日におけるすべ
ての資産、負債及び資本を記載し、株主、債権者その他の利害関係者にこれを正し
く表示するものでなければならない。ただし、正規の簿記の原則に従つて処理され
た場合に生じた簿外資産及び簿外負債は、貸借対照表の記載外におくことができ
る。（注1）

A　資産、負債及び資本は、適当な区分、配列、分類及び評価の基準に従つて記載
しなければならない。

B　資産、負債及び資本は、総額によつて記載することを原則とし、資産の項目と

負債又は資本の項目とを相殺することによつて、その全部又は一部を貸借対照表から除去してはならない。

C　受取手形の割引高又は裏書譲渡高、保証債務等の偶発債務、債務の担保に供している資産、発行済株式１株当たり当期純利益及び同一株当たり純資産額等企業の財務内容を判断するために重要な事項は、貸借対照表に注記しなければならない。

D　将来の期間に影響する特定の費用は、次期以後の期間に配分して処理するため、経過的に貸借対照表の資産の部に記載することができる。(注15)

E　貸借対照表の資産の合計金額は、負債と資本の合計金額に一致しなければならない。

（貸借対照表の区分）

2　貸借対照表は、資産の部、負債の部及び資本の部の３区分に分ち、さらに資産の部を流動資産、固定資産及び繰延資産に、負債の部を流動負債及び固定負債に区分しなければならない。

（貸借対照表の配列）

3　資産及び負債の項目の配列は、原則として、流動性配列法によるものとする。

（貸借対照表科目の分類）

4　資産、負債及び資本の各科目は、一定の基準に従つて明瞭に分類しなければならない。

(1)　資産

資産は、流動資産に属する資産、固定資産に属する資産及び繰延資産に属する資産に区別しなければならない。仮払金、未決算等の勘定を貸借対照表に記載するには、その性質を示す適当な科目で表示しなければならない。(注16)

A　現金預金、市場性ある有価証券で一時的所有のもの、取引先との通常の商取引によつて生じた受取手形、売掛金等の債権、商品、製品、半製品、原材料、仕掛品等のたな卸資産及び期限が１年以内に到来する債権は、流動資産に属するものとする。

前払費用で１年以内に費用となるものは、流動資産に属するものとする。

受取手形、売掛金その他流動資産に属する債権は、取引先との通常の商取引上の債権とその他の債権とに区別して表示しなければならない。

B　固定資産は、有形固定資産、無形固定資産及び投資その他の資産に区分しなければならない。

建物、構築物、機械装置、船舶、車両運搬具、工具器具備品、土地、建設仮勘定等は、有形固定資産に属するものとする。

営業権、特許権、地上権、商標権等は、無形固定資産に属するものとする。

　　　子会社株式その他流動資産に属しない有価証券、出資金、長期貸付金並びに有形固定資産、無形固定資産及び繰延資産に属するもの以外の長期資産は、投資その他の資産に属するものとする。

　　　有形固定資産に対する減価償却累計額は、原則として、その資産が属する科目ごとに取得原価から控除する形式で記載する。（注17）

　　　無形固定資産については、減価償却額を控除した未償却残高を記載する。

　C　創立費、開業費、新株発行費、社債発行費、社債発行差金、開発費、試験研究費及び建設利息は、繰延資産に属するものとする。これらの資産については、償却額を控除した未償却残高を記載する。（注15）

　D　受取手形、売掛金その他の債権に対する貸倒引当金は、原則として、その債権が属する科目ごとに債権金額又は取得価額から控除する形式で記載する。（注17）（注18）

　　　債権のうち、役員等企業の内部の者に対するものと親会社又は子会社に対するものは、特別の科目を設けて区別して表示し、又は注記の方法によりその内容を明瞭に示さなければならない。

（2）　負債

　　負債は流動負債に属する負債と固定負債に属する負債とに区別しなければならない。仮受金、未決算等の勘定を貸借対照表に記載するには、その性質を示す適当な科目で表示しなければならない。（注16）

　A　取引先との通常の商取引によつて生じた支払手形、買掛金等の債務及び期限が1年以内に到来する債務は、流動負債に属するものとする。

　　　支払手形、買掛金その他流動負債に属する債務は、取引先との通常の商取引上の債務とその他の債務とに区別して表示しなければならない。

　　　引当金のうち、賞与引当金、工事補償引当金、修繕引当金のように、通常1年以内に使用される見込のものは流動負債に属するものとする。（注18）

　B　社債、長期借入金等の長期債務は、固定負債に属するものとする。

　　　引当金のうち、退職給与引当金、特別修繕引当金のように、通常1年をこえて使用される見込のものは、固定負債に属するものとする。（注18）

　C　債務のうち、役員等企業の内部の者に対するものと親会社又は子会社に対するものは、特別の科目を設けて区別して表示し、又は注記の方法によりその内容を明瞭に示さなければならない。

（3）　資本

　　資本は、資本金に属するものと剰余金に属するものとに区別しなければならない。（注19）

　A　資本金の区分には、法定資本の額を記載する。発行済株式の数は、普通株、

優先株等の種類別に注記するものとする。

B　剰余金は、資本準備金、利益準備金及びその他の剰余金に区分して記載しなければならない。

株式払込剰余金、減資差益及び合併差益は、資本準備金として表示する。

その他の剰余金の区分には、任意積立金及び当期未処分利益を記載する。

C　新株式払込金又は申込期日経過後における新株式申込証拠金は、資本金の区分の次に特別の区分を設けて表示しなければならない。

D　法律で定める準備金で資本準備金又は利益準備金に準ずるものは、資本準備金又は利益準備金の次に特別の区分を設けて表示しなければならない。

（資産の貸借対照表価額）

5　貸借対照表に記載する資産の価額は、原則として、当該資産の取得原価を基礎として計上しなければならない。

資産の取得原価は、資産の種類に応じた費用配分の原則によつて、各事業年度に配分しなければならない。有形固定資産は、当該資産の耐用期間にわたり、定額法、定率法等の一定の減価償却の方法によつて、その取得原価を各事業年度に配分し、無形固定資産は、当該資産の有効期間にわたり、一定の減価償却の方法によつて、その取得原価を各事業年度に配分しなければならない。繰延資産についても、これに準じて、各事業年度に均等額以上を配分しなければならない。（注20）

A　商品、製品、半製品、原材料、仕掛品等のたな卸資産については、原則として購入代価又は製造原価に引取費用等の付随費用を加算し、これに個別法、先入先出法、後入先出法、平均原価法等の方法を適用して算定した取得原価をもつて貸借対照表価額とする。ただし、時価が取得原価より著しく下落したときは、回復する見込があると認められる場合を除き、時価をもつて貸借対照表価額としなければならない。（注9）（注10）（注21）

たな卸資産の貸借対照表価額は、時価が取得原価よりも下落した場合には時価による方法を適用して算定することができる。（注10）

B　有価証券については、原則として購入代価に手数料等の付随費用を加算し、これに平均原価法等の方法を適用して算定した取得原価をもつて貸借対照表価額とする。ただし、取引所の相場のある有価証券については、時価が著しく下落したときは、回復する見込があると認められる場合を除き、時価をもつて貸借対照表価額としなければならない。取引所の相場のない有価証券のうち株式については、当該会社の財政状態を反映する株式の実質価額が著しく低下したときは、相当の減額をしなければならない。（注22）

取引所の相場のある有価証券で子会社の株式以外のものの貸借対照表価額は、時価が取得原価よりも下落した場合には時価による方法を適用して算定すること

ができる。

C　受取手形、売掛金その他の債権の貸借対照表価額は、債権金額又は取得価額から正常な貸倒見積高を控除した金額とする。(注23)

D　有形固定資産については、その取得原価から減価償却累計額を控除した価額をもつて貸借対照表価額とする。有形固定資産の取得原価には、原則として当該資産の引取費用等の付随費用を含める。現物出資として受入れた固定資産については、出資者に対して交付された株式の発行価額をもつて取得原価とする。(注24)

　　償却済の有形固定資産は、除却されるまで残存価額又は備忘価額で記載する。

E　無形固定資産については、当該資産の取得のために支出した金額から減価償却累計額を控除した価額をもつて貸借対照表価額とする。(注25)

F　贈与その他無償で取得した資産については、公正な評価額をもつて取得原価とする。(注24)

○企業会計原則注解

〔注１〕 重要性の原則の適用について（一般原則２、４及び貸借対照表原則１）

　　企業会計は、定められた会計処理の方法に従つて正確な計算を行うべきものであるが、企業会計が目的とするところは、企業の財務内容を明らかにし、企業の状況に関する利害関係者の判断を誤らせないようにすることにあるから、重要性の乏しいものについては、本来の厳密な会計処理によらないで他の簡便な方法によることも、正規の簿記の原則に従つた処理として認められる。

　　重要性の原則は、財務諸表の表示に関しても適用される。

　　重要性の原則の適用例としては、次のようなものがある。

(1)　消耗品、消耗工具器具備品その他の貯蔵品等のうち、重要性の乏しいものについては、その買入時又は払出時に費用として処理する方法を採用することができる。

(2)　前払費用、未収収益、未払費用及び前受収益のうち、重要性の乏しいものについては、経過勘定項目として処理しないことができる。

(3)　引当金のうち、重要性の乏しいものについては、これを計上しないことができる。

(4)　たな卸資産の取得原価に含められる引取費用、関税、買入事務費、移管費、保管費等の付随費用のうち、重要性の乏しいものについては、取得原価に算入しないことができる。

(5)　分割返済の定めのある長期の債権又は債務のうち、期限が１年以内に到来するもので重要性の乏しいものについては、固定資産又は固定負債として表示することができる。

〔注１―２〕 重要な会計方針の開示について（一般原則４及び５）

　　財務諸表には、重要な会計方針を注記しなければならない。

　　会計方針とは、企業が損益計算書及び貸借対照表の作成に当たつて、その財政状態及び経営成績を正しく示すために採用した会計処理の原則及び手続並びに表示の方法をいう。

　　会計方針の例としては、次のようなものがある。

イ　有価証券の評価基準及び評価方法

ロ　たな卸資産の評価基準及び評価方法

ハ　固定資産の減価償却方法

　ニ　繰延資産の処理方法

　ホ　外貨建資産・負債の本邦通貨への換算基準

　ヘ　引当金の計上基準

　ト　費用・収益の計上基準

　代替的な会計基準が認められていない場合には、会計方針の注記を省略することができる。

〔注1—3〕**重要な後発事象の開示について**（一般原則4）

　財務諸表には、損益計算書及び貸借対照表を作成する日までに発生した重要な後発事象を注記しなければならない。

　後発事象とは、貸借対照表日後に発生した事象で、次期以後の財政状態及び経営成績に影響を及ぼすものをいう。

　重要な後発事象を注記事項として開示することは、当該企業の将来の財政状態及び経営成績を理解するための補足情報として有用である。

　重要な後発事象の例としては、次のようなものがある。

　イ　火災、出水等による重大な損害の発生

　ロ　多額の増資又は減資及び多額の社債の発行又は繰上償還

　ハ　会社の合併、重要な営業の譲渡又は譲受

　ニ　重要な係争事件の発生又は解決

　ホ　主要な取引先の倒産

〔注1—4〕**注記事項の記載方法について**（一般原則4）

　重要な会計方針に係る注記事項は、損益計算書及び貸借対照表の次にまとめて記載する。

　なお、その他の注記事項についても、重要な会計方針の注記の次に記載することができる。

〔注2〕**資本取引と損益取引との区別について**（一般原則3）

　(1)　資本剰余金は、資本取引から生じた剰余金であり、利益剰余金は損益取引から生じた剰余金、すなわち利益の留保額であるから、両者が混同されると、企業の財政状態及び経営成績が適正に示されないことになる。従つて、例えば、新株発行による株式払込剰余金から新株発行費用を控除することは許されない。

　(2)　商法上資本準備金として認められる資本剰余金は限定されている。従つて、資本剰余金のうち、資本準備金及び法律で定める準備金で資本準備金に準ずるもの以外のものを計上する場合には、その他の剰余金の区分に記載されることになる。

〔注3〕**継続性の原則について**（一般原則5）

　企業会計上継続性が問題とされるのは、一つの会計事実について二つ以上の会計

処理の原則又は手続の選択適用が認められている場合である。

このような場合に、企業が選択した会計処理の原則及び手続を毎期継続して適用しないときは、同一の会計事実について異なる利益額が算出されることになり、財務諸表の期間比較を困難ならしめ、この結果、企業の財務内容に関する利害関係者の判断を誤らしめることになる。

従つて、いつたん採用した会計処理の原則又は手続は、正当な理由により変更を行う場合を除き、財務諸表を作成する各時期を通じて継続して適用しなければならない。

なお、正当な理由によつて、会計処理の原則又は手続に重要な変更を加えたときは、これを当該財務諸表に注記しなければならない。

〔注4〕 **保守主義の原則について**（一般原則6）

企業会計は、予測される将来の危険に備えて、慎重な判断に基づく会計処理を行わなければならないが、過度に保守的な会計処理を行うことにより、企業の財政状態及び経営成績の真実な報告をゆがめてはならない。

〔注5〕 **経過勘定項目について**（損益計算書原則1のAの2項）

(1) 前払費用

前払費用は、一定の契約に従い、継続して役務の提供を受ける場合、いまだ提供されていない役務に対し支払われた対価をいう。従つて、このような役務に対する対価は、時間の経過とともに次期以降の費用となるものであるから、これを当期の損益計算から除去するとともに貸借対照表の資産の部に計上しなければならない。また、前払費用は、かかる役務提供契約以外の契約等による前払金とは区別しなければならない。

(2) 前受収益

前受収益は、一定の契約に従い、継続して役務の提供を行う場合、いまだ提供していない役務に対し支払を受けた対価をいう。従つて、このような役務に対する対価は、時間の経過とともに次期以降の収益となるものであるから、これを当期の損益計算から除去するとともに貸借対照表の負債の部に計上しなければならない。また、前受収益は、かかる役務提供契約以外の契約等による前受金とは区別しなければならない。

(3) 未払費用

未払費用は、一定の契約に従い、継続して役務の提供を受ける場合、既に提供された役務に対していまだその対価の支払が終らないものをいう。従つて、このような役務に対する対価は、時間の経過に伴い既に当期の費用として発生しているものであるから、これを当期の損益計算に計上するとともに貸借対照表の負債の部に計上しなければならない。また、未払費用は、かかる役務提供契約以外の

契約等による未払金とは区別しなければならない。

(4) 未収収益

　未収収益は、一定の契約に従い、継続して役務の提供を行う場合、既に提供した役務に対していまだその対価の支払を受けていないものをいう。従つて、このような役務に対する対価は時間の経過に伴い既に当期の収益として発生しているものであるから、これを当期の損益計算に計上するとともに貸借対照表の資産の部に計上しなければならない。また、未収収益は、かかる役務提供契約以外の契約等による未収金とは区別しなければならない。

〔注6〕**実現主義の適用**について（損益計算書原則3のB）

　委託販売、試用販売、予約販売、割賦販売等特殊な販売契約による売上収益の実現の基準は、次によるものとする。

(1) 委託販売

　委託販売については、受託者が委託品を販売した日をもつて売上収益の実現の日とする。従つて、決算手続中に仕切精算書（売上計算書）が到達すること等により決算日までに販売された事実が明らかとなつたものについては、これを当期の売上収益に計上しなければならない。ただし、仕切精算書が販売のつど送付されている場合には、当該仕切精算書が到達した日をもつて売上収益の実現の日とみなすことができる。

(2) 試用販売

　試用販売については、得意先が買取りの意思を表示することによつて売上が実現するのであるから、それまでは、当期の売上高に計上してはならない。

(3) 予約販売

　予約販売については、予約金受取額のうち、決算日までに商品の引渡し又は役務の給付が完了した分だけを当期の売上高に計上し、残額は貸借対照表の負債の部に記載して次期以後に繰延べなければならない。

(4) 割賦販売

　割賦販売については、商品等を引渡した日をもつて売上収益の実現の日とする。

　しかし、割賦販売は通常の販売と異なり、その代金回収の期間が長期にわたり、かつ、分割払であることから代金回収上の危険率が高いので、貸倒引当金及び代金回収費、アフター・サービス費等の引当金の計上について特別の配慮を要するが、その算定に当つては、不確実性と煩雑さとを伴う場合が多い。従つて、収益の認識を慎重に行うため販売基準に代えて、割賦金の回収期限の到来の日又は入金の日をもつて売上収益実現の日とすることも認められる。

〔注7〕**工事収益**について（損益計算書原則3のBただし書）

　長期の請負工事に関する収益の計上については、工事進行基準又は工事完成基準のいずれかを選択適用することができる。

(1)　工事進行基準

　　決算期末に工事進行程度を見積り、適正な工事収益率によつて工事収益の一部を当期の損益計算に計上する。

(2)　工事完成基準

　　工事が完成し、その引渡しが完了した日に工事収益を計上する。

〔注8〕**製品等の製造原価について**（損益計算書原則3のC）

　製品等の製造原価は、適正な原価計算基準に従つて算定しなければならない。

〔注9〕**原価差額の処理について**（損益計算書原則3のC及び貸借対照表原則5のAの1項）

　原価差額を売上原価に賦課した場合には、損益計算書に売上原価の内訳科目として次の形式で原価差額を記載する。

　　売上原価

1	期首製品たな卸高	×××	
2	当期製品製造原価	×××	
	合　　計	×××	
3	期末製品たな卸高	×××	
	標準（予定）売上原価	×××	
4	原価差額	×××	×××

　原価差額をたな卸資産の科目別に配賦した場合には、これを貸借対照表上のたな卸資産の科目別に各資産の価額に含めて記載する。

〔注10〕**たな卸資産の評価損について**（損益計算書原則3のC及び貸借対照表原則5のA）

(1)　商品、製品、原材料等のたな卸資産に低価基準を適用する場合に生ずる評価損は、原則として、売上原価の内訳科目又は営業外費用として表示しなければならない。

(2)　時価が取得原価より著しく下落した場合（貸借対照表原則5のA第1項ただし書の場合）の評価損は、原則として、営業外費用又は特別損失として表示しなければならない。

(3)　品質低下、陳腐化等の原因によつて生ずる評価損については、それが原価性を有しないものと認められる場合には、これを営業外費用又は特別損失として表示し、これらの評価損が原価性を有するものと認められる場合には、製造原価、売上原価の内訳科目又は販売費として表示しなければならない。

〔注11〕**内部利益とその除去の方法について**（損益計算書原則3のE）

　　内部利益とは、原則として、本店、支店、事業部等の企業内部における独立した会計単位相互間の内部取引から生ずる未実現の利益をいう。従つて、会計単位内部における原材料、半製品等の振替から生ずる振替損益は内部利益ではない。

　　内部利益の除去は、本支店等の合併損益計算書において売上高から内部売上高を控除し、仕入高（又は売上原価）から内部仕入高（又は内部売上原価）を控除するとともに、期末たな卸高から内部利益の額を控除する方法による。これらの控除に際しては、合理的な見積概算額によることも差支えない。

〔注12〕　**特別損益項目について**（損益計算書原則6）

　　特別損益に属する項目としては次のようなものがある。

（1）　臨時損益

　　イ　固定資産売却損益

　　ロ　転売以外の目的で取得した有価証券の売却損益

　　ハ　災害による損失

（2）　前期損益修正

　　イ　過年度における引当金の過不足修正額

　　ロ　過年度における減価償却の過不足修正額

　　ハ　過年度におけるたな卸資産評価の訂正額

　　ニ　過年度償却済債権の取立額

　　なお、特別損益に属する項目であつても、金額の僅少なもの又は毎期経常的に発生するものは、経常損益計算に含めることができる。

〔注13〕　**法人税等の追徴税額等について**（損益計算書原則8）

　　法人税等の更正決定等による追徴税額及び還付税額は、税引前当期純利益に加減して表示する。この場合、当期の負担に属する法人税額等とは区別することを原則とするが、重要性の乏しい場合には、当期の負担に属するものに含めて表示することができる。

〔注14〕　削除

〔注15〕　**将来の期間に影響する特定の費用について**（貸借対照表原則1のD及び4の
　　(1)のC）

　　「将来の期間に影響する特定の費用」とは、既に代価の支払が完了し又は支払義務が確定し、これに対応する役務の提供を受けたにもかかわらず、その効果が将来にわたつて発現するものと期待される費用をいう。

　　これらの費用は、その効果が及ぶ数期間に合理的に配分するため、経過的に貸借対照表上繰延資産として計上することができる。

　　なお、天災等により固定資産又は企業の営業活動に必須の手段たる資産の上に生じた損失が、その期の純利益又は当期未処分利益から当期の処分予定額を控除した

金額をもつて負担しえない程度に巨額であつて特に法令をもつて認められた場合には、これを経過的に貸借対照表の資産の部に記載して繰延経理することができる。

〔注16〕 **流動資産又は流動負債と固定資産又は固定負債とを区別する基準について**（貸借対照表原則4の(1)及び(2)）

受取手形、売掛金、前払金、支払手形、買掛金、前受金等の当該企業の主目的たる営業取引により発生した債権及び債務は、流動資産又は流動負債に属するものとする。ただし、これらの債権のうち、破産債権、更生債権及びこれに準ずる債権で1年以内に回収されないことが明らかなものは、固定資産たる投資その他の資産に属するものとする。

貸付金、借入金、差入保証金、受入保証金、当該企業の主目的以外の取引によつて発生した未収金、未払金等の債権及び債務で、貸借対照表日の翌日から起算して1年以内に入金又は支払の期限が到来するものは、流動資産又は流動負債に属するものとし、入金又は支払の期限が1年をこえて到来するものは、投資その他の資産又は固定負債に属するものとする。

現金預金は、原則として、流動資産に属するが、預金については、貸借対照表日の翌日から起算して1年以内に期限が到来するものは、流動資産に属するものとし、期限が1年をこえて到来するものは、投資その他の資産に属するものとする。

所有有価証券のうち、証券市場において流通するもので、短期的資金運用のために一時的に所有するものは、流動資産に属するものとし、証券市場において流通しないもの若しくは他の企業を支配する等の目的で長期的に所有するものは、投資その他の資産に属するものとする。

前払費用については、貸借対照表日の翌日から起算して1年以内に費用となるものは、流動資産に属するものとし、1年をこえる期間を経て費用となるものは、投資その他の資産に属するものとする。未収収益は流動資産に属するものとし、未払費用及び前受収益は、流動負債に属するものとする。

商品、製品、半製品、原材料、仕掛品等のたな卸資産は、流動資産に属するものとし、企業がその営業目的を達成するために所有し、かつ、その加工若しくは売却を予定しない財貨は、固定資産に属するものとする。

なお、固定資産のうち残存耐用年数が1年以下となつたものも流動資産とせず固定資産に含ませ、たな卸資産のうち恒常在庫品として保有するもの若しくは余剰品として長期間にわたつて所有するものも固定資産とせず流動資産に含ませるものとする。

〔注17〕 **貸倒引当金又は減価償却累計額の控除形式について**（貸借対照表原則4の(1)のBの5項及びDの1項）

貸倒引当金又は減価償却累計額は、その債権又は有形固定資産が属する科目ごと

に控除する形式で表示することを原則とするが、次の方法によることも妨げない。

(1) 二以上の科目について、貸倒引当金又は減価償却累計額を一括して記載する方法

(2) 債権又は有形固定資産について、貸倒引当金又は減価償却累計額を控除した残額のみを記載し、当該貸倒引当金又は減価償却累計額を注記する方法

〔注18〕 **引当金について**（貸借対照表原則4の(1)のDの1項、(2)のAの3項及びBの2項）

　将来の特定の費用又は損失であつて、その発生が当期以前の事象に起因し、発生の可能性が高く、かつ、その金額を合理的に見積ることができる場合には、当期の負担に属する金額を当期の費用又は損失として引当金に繰入れ、当該引当金の残高を貸借対照表の負債の部又は資産の部に記載するものとする。

　製品保証引当金、売上割戻引当金、返品調整引当金、賞与引当金、工事補償引当金、退職給与引当金、修繕引当金、特別修繕引当金、債務保証損失引当金、損害補償損失引当金、貸倒引当金等がこれに該当する。

　発生の可能性の低い偶発事象に係る費用又は損失については、引当金を計上することはできない。

〔注19〕 **剰余金について**（貸借対照表原則4の(3)）

　会社の純資産額が法定資本の額をこえる部分を剰余金という。

　剰余金は、次のように資本剰余金と利益剰余金とに分れる。

(1) 資本剰余金

　株式払込剰余金、減資差益、合併差益等

　なお、合併差益のうち消滅した会社の利益剰余金に相当する金額については、資本剰余金としないことができる。

(2) 利益剰余金

　利益を源泉とする剰余金

〔注20〕 **減価償却の方法について**（貸借対照表原則5の2項）

　固定資産の減価償却の方法としては、次のようなものがある。

(1) 定額法　固定資産の耐用期間中、毎期均等額の減価償却費を計上する方法

(2) 定率法　固定資産の耐用期間中、毎期期首未償却残高に一定率を乗じた減価償却費を計上する方法

(3) 級数法　固定資産の耐用期間中、毎期一定の額を算術級数的に逓減した減価償却費を計上する方法

(4) 生産高比例法　固定資産の耐用期間中、毎期当該資産による生産又は用役の提供の度合に比例した減価償却費を計上する方法

　この方法は、当該固定資産の総利用可能量が物理的に確定でき、かつ、減価が

主として固定資産の利用に比例して発生するもの、例えば、鉱業用設備、航空機、自動車等について適用することが認められる。

なお、同種の物品が多数集まつて一つの全体を構成し、老朽品の部分的取替を繰り返すことにより全体が維持されるような固定資産については、部分的取替に要する費用を収益的支出として処理する方法（取替法）を採用することができる。

〔注21〕 **たな卸資産の貸借対照表価額について**（貸借対照表原則5のAの1項）

(1) たな卸資産の貸借対照表価額の算定のための方法としては、次のようなものが認められる。

   イ 個別法 たな卸資産の取得原価を異にするに従い区別して記録し、その個々の実際原価によつて期末たな卸品の価額を算定する方法

   ロ 先入先出法 最も古く取得されたものから順次払出しが行われ、期末たな卸品は最も新しく取得されたものからなるものとみなして期末たな卸品の価額を算定する方法

   ハ 後入先出法 最も新しく取得されたものから払出しが行われ、期末たな卸品は最も古く取得されたものからなるものとみなして期末たな卸品の価額を算定する方法

   ニ 平均原価法 取得したたな卸資産の平均原価を算出し、この平均原価によつて期末たな卸品の価額を算定する方法

     平均原価は、総平均法又は移動平均法により算出する。

   ホ 売価還元原価法 異なる品目の資産を値入率の類似性に従つて適当なグループにまとめ、1グループに属する期末商品の売価合計額に原価率を適用して期末たな卸品の価額を算定する方法

     この方法は、取扱品種のきわめて多い小売業及び卸売業におけるたな卸資産の評価に適用される。

(2) 製品等の製造原価については、適正な原価計算基準に従つて、予定価格又は標準原価を適用して算定した原価によることができる。

〔注22〕 **社債の貸借対照表価額について**（貸借対照表原則5のBの1項）

   所有する社債については、社債金額より低い価額又は高い価額で買入れた場合には、当該価額をもつて貸借対照表価額とすることができる。この場合においては、その差額に相当する金額を償還期に至るまで毎期一定の方法で逐次貸借対照表価額に加算し、又は貸借対照表価額から控除することができる。

〔注23〕 **債権の貸借対照表価額について**（貸借対照表原則5のC）

   債権については、債権金額より低い価額で取得したときその他これに類する場合には、当該価額をもつて貸借対照表価額とすることができる。この場合においては、その差額に相当する金額を弁済期に至るまで毎期一定の方法で逐次貸借対照表

価額に加算することができる。

〔注24〕 **国庫補助金等**によつて**取得した資産について**（貸借対照表原則5のDの1項及びF）

　国庫補助金、工事負担金等で取得した資産については、国庫補助金等に相当する金額をその取得原価から控除することができる。

　この場合においては、貸借対照表の表示は、次のいずれかの方法によるものとする。

(1)　取得原価から国庫補助金等に相当する金額を控除する形式で記載する方法

(2)　取得原価から国庫補助金等に相当する金額を控除した残額のみを記載し、当該国庫補助金等の金額を注記する方法

〔注25〕 **営業権について**（貸借対照表原則5のE）

　営業権は、有償で譲受け又は合併によつて取得したものに限り貸借対照表に計上し、毎期均等額以上を償却しなければならない。

〔参考〕負債性引当金等に係る企業会計原則注解の修正に関する解釈指針

$$\left(\begin{array}{l} 昭和57年4月20日 \\ 企業会計審議会 \end{array} \right)$$

　企業会計審議会は、昭和57年4月20日「企業会計原則」の一部修正を行つたが、このうち、企業会計原則注解18に定める「負債性引当金について」及び同注解14に定める「負債性引当金以外の引当金について」に関する規定の修正の趣旨及び主な修正理由は、次のとおりである。

1　企業会計原則注解18に定める「負債性引当金について」の修正について

　今回の修正に当たつては、負債性引当金のみでなく、広く会計上の引当金についてその概念・範囲を明らかにするとともに、修正前の注解18に定める負債性引当金に関する解釈上の疑義をできる限り解消すべく文言の一部修正を行つた。

①　修正前の注解では、負債性引当金の概念・範囲を定めているが、負債性引当金と評価性引当金（例・貸倒引当金）は、いずれも将来の特定の費用又は損失の計上に係る引当金項目であり、その会計的性格は同一と考えられる。このため、企業会計原則上、両者を引当金として一本化するとともに、この趣旨に沿つて名称等を修正した。

　なお、修正前の「企業会計原則」では、減価償却費の累計額を「減価償却引当金」としていたが、当該累計額の性格・概念は、修正後の企業会計原則注解18に定める引当金に該当しないと考えられるので、減価償却引当金を「減価償却累計額」に修正した。

② 修正前の注解では、負債性引当金の計上範囲を「特定の費用（又は収益の控除）たる支出」としているが、「特定の費用」には「特定の損失」（例・債務保証損失引当金及び損害補償損失引当金の繰入対象となる損失）も含まれるので、その文意を明確にするため、これを「特定の費用又は損失」に修正した。

なお、「収益の控除」に係る引当金も含まれることは、従前と同様である。

③ 修正前の注解では、負債性引当金の設定要件の一つとして「将来において特定の費用たる支出が確実に起ると予想され」としているが、「確実に起ると予想され」の文意は、特定の費用又は損失に係る事象の発生の確率がかなり高いとの意味であるので、その文意を明確にするため、「確実に起ると予想され」を「発生の可能性が高く」に修正した。

④ 修正前の注解では、「偶発損失についてこれを計上することはできない」としているが、これは偶発損失の引当計上をすべて否定しているものではなく、発生の可能性が低い場合の引当計上を禁止しているものである。この趣旨を明らかにするため、「発生の可能性の低い偶発事象に係る費用又は損失については、引当金を計上することはできない」と修正した。

⑤ 修正後の注解18に掲げられている引当金項目は、実務の参考に供するための例示であるが、この例示に関しては、次の点に留意することを要する。

すなわち、この例示は、このような科目・名称を用いれば、いかなる引当項目もその性格・金額等のいかんにかかわらず、すべて注解18に定める引当金として正当視されることを意味するものではない。また、この例示は、未払金又は未払費用として処理されるべき項目を引当金として処理すべきことを要求しているものでもない。例えば、注解に「賞与引当金」が掲げられているが、これは、従業員に対する賞与の引当計上が同注解に定める引当金の要件に該当する場合には、これを賞与引当金として計上すべきことを定めているものであつて、その性格が未払賞与たるものについても、これを賞与引当金として処理すべきことを要求しているものではない。

2 企業会計原則注解14に定める「負債性引当金以外の引当金」の修正について

修正前の企業会計原則注解14は、「負債性引当金以外の引当金を計上することが法令によつて認められる場合には、当該引当金残高を負債の部の特定引当金の部に記載する」旨を定めていたが、この規定は、本来、企業会計原則が負債性引当金以外の引当金の計上を容認する趣旨によるものではなく、商法第287条ノ2の規定の解釈上、負債性引当金に該当しないいわゆる利益留保性の引当金の計上が適法なものとして認められるのであれば、企業会計原則上、証券取引法監査と商法監査の一元化の観点から、この種の引当金の計上を認めざるを得ないと判断したことによるものである。

　しかしながら、今回の商法改正により、いわゆる利益留保性の引当金の計上はすべて排除されたので、もはやこのような注解を存置する必要性は認められなくなつた。これが同注解を削除することとした理由である。

　なお、現行実務上、特定引当金の部に掲げられているものの大部分は、①租税特別借置法上の準備金及び②特別法（いわゆる業法）上の準備金であるが、これらの準備金については、次のように取扱うことが妥当と考える。

(1)　租税特別措置法上の準備金について

　　租税特別措置法上の準備金であつてもその実態が修正後の企業会計原則注解18に定める引当金に該当すると認められるものについては、損金処理方式により負債の部に計上することが妥当である。しかしながら、その他の準備金については、これを負債の部に計上することは適正な会計処理とは認められないこととなつたので、利益処分方式により資本の部へ計上しなければならないこととなる。

　　（注）　租税特別措置法上の準備金が修正後の企業会計原則注解18に定める引当金に該当するかどうかの監査上の取扱いについては、日本公認会計士協会が関係者と協議のうえ必要な措置を講ずることが適当と考える。

(2)　特別法上の準備金について

　　①　特別法上の準備金は、特別の法令で負債の部に計上することが強制されているものであるが、この準備金のうち、修正後の注解18に定める引当金に該当するものであれば、当該準備金の特別法による処理は同注解に定める処理と異ならないので、企業会計原則上問題は生じない。

　　②　しかしながら、特別法上の準備金が同注解に定める引当金に該当しない場合には、当該準備金の特別法による処理は同注解に定める引当金の処理と食い違うことになる。この食い違いを避けるために、仮にこの種の準備金について特別法による処理を認める旨の注解を設けることとした場合には、一般に公正妥当と認められる企業会計の基準を定めるべき企業会計原則が、同注解に定める引当金以外のものを容認することになり、企業会計原則の本旨にそわないことになる。

　　③　特別法上の準備金に係る証券取引法上の運用に当たつては、当面、次のように取扱うことが適当と考える。すなわち、特別法上の準備金については、特定業種の公益性の観点から、その計上が特別の法令で強制されており、また、その繰入及び取崩しの条件が定められている等の事情を考慮して、特別法上の取扱いを認めることとする。

（参考）

　改正前の商法第287条ノ2の規定に基づいて計上された引当金の残高のうち、利益留保性の引当金の残高を利益処分方式で計上し直す場合、一般の決算手続によれ

ば当該引当金残高を変更年度の特別利益に計上し、同額を利益処分を通じて任意積立金に計上する方法が採られることになるが、この方法によると、多額の引当金残高が特別利益に計上されることになるので、引当金残高を負債の部から、直接、資本の部へ振替える方法を、経過的な措置として法令上認めることが適当と考える。

○公益法人会計基準

公益法人会計基準の運用指針（抄）

> 平成 20 年 4 月 11 日
> 改正平成21年10月16日
> 改正平成30年 6 月15日
> 内閣府公益認定等委員会

1　設定及び改正の経緯等について

(1)　設定について

　　公益法人会計基準の運用指針（以下、「運用指針」という。）は、公益法人制度改革関連三法の成立に伴い、公益法人等の指導監督等に関する関係省庁連絡会議申合せとして平成16年に改正された公益法人会計基準（以下、「平成16年改正基準」という。）の見直しを行った結果、平成16年改正基準のうち表示に関する項目、別表及び様式については、平成16年改正基準から切り離し、公益法人制度改革関連三法、関係する施行令及び施行規則に従うべく内容を改め、ここに運用指針として定めたものである。加えて、公益法人等の指導監督等に関する関係省庁連絡会議幹事会申合せとして平成17年に公表された平成16年改正基準の運用指針のうち、公益法人会計基準の適用にあたって引き続き必要となる事項につき、本運用指針において定めるものとした。

　　本運用指針を定めた目的は、「公益社団法人及び公益財団法人の認定等に関する法律」（以下、「認定法」という。）第2条第3号に定めのある公益法人、及び「一般社団法人及び一般財団法人に関する法律及び公益社団法人及び公益財団法人の認定等に関する法律の施行に伴う関係法律の整備等に関する法律」（以下「整備法」という。）第123条第1項に定めのある移行法人が、公益法人制度のもとで、法人運営の適切な状況を広く法人の関係者に伝えるため、別途定めのある公益法人会計基準と合わせて法人の情報開示を行うための方法を定めることにある。

　　なお、本運用指針の適用の前提としては、公益法人制度改革関連三法、関係する施行令及び施行規則並びに公益法人会計基準がある。法人が会計に関する書類を作成する際に、公益法人会計基準に定めのない事項については、本運用指針によるものとする。

(2)　一部改正について

①　平成21年10月改正

一般社団法人及び一般財団法人に関する法律施行規則の改正（平成21年8月1日施行）に伴う所要の改正を行ったものである（平成21年10月16日）。

主な改正内容は、運用指針6(1)において、当該公益法人を支配する法人（支配法人）及び支配される法人（被支配法人）を、議決権の保有割合のほか、法人が公益財団法人又は一般財団法人である場合には評議員に占める割合に応じて判断すること等の改正を行い、支配法人及び被支配法人に公益財団法人又は一般財団法人が含まれることを文理上明確化するものである。

② 平成30年6月改正

主な改正内容は、財務諸表の科目において、為替差損益の取り扱いを明示したこと及び様式2―3、様式2―4の正味財産増減計算書内訳表の様式において、他会計振替前当期一般正味財産増減額の科目を追加したことである。

2 **公益法人会計基準における公益法人について**

公益法人会計基準における公益法人は、以下に定めた法人とする。

① 認定法第2条第3号に定めのある公益法人（以下「公益社団・財団法人」という。）

② 整備法第123条第1項に定めのある移行法人（以下「移行法人」という。）

③ 整備法第60条に定めのある特例民法法人（以下「申請法人」という。）（整備法第44条、第45条の申請をする際の計算書類を作成する場合。）

④ 認定法第7条の申請をする一般社団法人又は一般財団法人（以下「一般社団・財団法人」という。）

3 **キャッシュ・フロー計算書の作成について**

公益法人会計基準に定めのあるキャッシュ・フロー計算書の作成に当たっては、以下によるものとする。

(1) 作成しないことができる法人

公益法人会計基準に定めのあるキャッシュ・フロー計算書については、認定法第5条第12号の規定により会計監査人を設置する公益社団・財団法人以外の公益法人は、これを作成しないことができる。

(2) キャッシュ・フロー計算書の表示方法

事業活動によるキャッシュ・フローの区分においては、直接法又は間接法のいずれかを用いてキャッシュ・フローの状況を記載しなければならない。

4 **財産目録の作成について**

公益法人会計基準に定めのある財産目録については、移行法人及び一般社団・財団法人は、これを作成しないことができる。

5 **退職給付会計における退職給付債務の期末要支給額による算定について**

退職給付会計の適用に当たり、退職給付の対象となる職員数が300人未満の公益

法人のほか、職員数が300人以上であっても、年齢や勤務期間に偏りがあるなどにより数理計算結果に一定の高い水準の信頼性が得られない公益法人や原則的な方法により算定した場合の額と期末要支給額との差異に重要性が乏しいと考えられる公益法人においては、退職一時金に係る債務について期末要支給額により算定することができるものとする。

6　関連当事者との取引の内容について

公益法人会計基準注解の注17における関連当事者との取引の内容について財務諸表に注記を付す場合の関連当事者の範囲及び重要性の基準は、以下のとおりである。

(1)　関連当事者の範囲

①　当該公益法人を支配する法人

当該公益法人を支配する法人（以下「支配法人」という。）とは、当該公益法人の財務及び事業の方針を決定する機関を支配している法人をいい、次の場合には当該法人は、支配法人に該当するものとする。なお、当該法人にはその被支配法人を含むものとする。

ア　当該法人が当該公益法人の議決権の過半数を自己の計算において所有していること

イ　当該法人が当該公益法人の議決権の100分の40以上、100分の50以下を自己の計算において所有している場合で、以下のいずれかの要件に該当すること

a．自己の計算において所有している議決権と、自己と出資、人事、資金、技術、取引等において緊密な関係があることにより自己の意思と同一の内容の議決権を行使すると認められる者及び自己の意思と同一の内容の議決権を行使することに同意している者が所有している議決権とを合わせて、当該公益法人の議決権の過半数を占めていること

b．当該法人の役員（理事、監事、取締役、会計参与、監査役、執行役その他これらに準ずる者をいう。以下同じ。）、評議員若しくは職員である者又はこれらであった者で自己が当該公益法人の財務及び事業の方針の決定に関して影響を与えることができる者が、当該公益法人の理事会の構成員の過半数を占めていること

c．当該公益法人の重要な財務及び事業の方針の決定を支配する契約等が存在すること

d．当該公益法人の資金調達額（貸借対照表の負債の部に計上されているものに限る。）の総額の過半についての融資を行っていること

e．その他、当該公益法人の意思決定機関を支配していることが推測される事実が存在すること

ウ　当該法人が自己の計算において所有している議決権と、自己と出資、人事、資金、技術、取引等において緊密な関係があることにより自己の意思と同一の内容の議決権を行使すると認められる者及び自己の意思と同一の内容の議決権を行使することに同意している者が所有している議決権とを合わせた場合（自己の計算において議決権を所有していない場合を含み、上記ア、イに該当する場合を除く。）に当該公益法人の議決権の過半数を占めている場合で、上記イのｂからｅに掲げるいずれかの要件に該当すること

　　ただし、財務上又は事実上の関係から当該公益法人の意思決定機関を支配していないことが明らかな場合には、対象外とすることができるものとする。

　　また、当該公益法人が公益財団法人又は一般財団法人である場合には、上記ア〜ウにおける自己の計算において所有している議決権については、以下に掲げる者が当該公益法人の評議員会の構成員を占めていることとする。

ａ．当該法人の役員、評議員若しくは職員である者又は就任日前５年以内にこれらであった者

ｂ．当該法人によって選任された者又は就任日前５年以内に当該公益法人の評議員に選任されたことがある者

　　なお、国及び地方公共団体については、公益法人の監督等を実施していることをもって、ただちに支配法人とはしないが、上記ア〜ウに該当しない場合であっても、国又は地方公共団体が当該公益法人の財務又は事業の方針を決定する機関を支配している一定の事実が認められる場合には、当該公益法人は、国又は地方公共団体を支配法人とみなして公益法人会計基準注解の注17に定める注記をすることが望ましいものとする。

② 当該公益法人によって支配される法人

　　当該公益法人によって支配される法人（以下「被支配法人」という。）とは、当該公益法人が他の法人の財務及び事業の方針を決定する機関を支配している場合の他の法人をいい、次の場合には当該他の法人は、被支配法人に該当するものとする。なお、当該公益法人にはその被支配法人を含むものとする。

ア　当該公益法人が他の法人の議決権の過半数を自己の計算において所有していること

イ　当該公益法人が他の法人の議決権の100分の40以上、100分の50以下を自己の計算において所有している場合で、以下のいずれかの要件に該当すること

ａ．自己の計算において所有している議決権と、自己と出資、人事、資金、技術、取引等において緊密な関係があることにより自己の意思と同一の内容の議決権を行使すると認められる者及び自己の意思と同一の内容の議決

権を行使することに同意している者が所有している議決権とを合わせて、他の法人の議決権の過半数を占めていること

　ｂ．当該公益法人の役員、評議員若しくは職員である者又はこれらであった者で自己が他の法人の財務及び事業の方針の決定に関して影響を与えることができる者が、他の法人の理事会その他これに準ずる機関の構成員の過半数を占めていること

　ｃ．他の法人の重要な財務及び事業の方針の決定を支配する契約等が存在すること

　ｄ．他の法人の資金調達額（貸借対照表の負債の部に計上されているものに限る。）の総額の過半についての融資を行っていること

　ｅ．その他、他の法人の意思決定機関を支配していることが推測される事実が存在すること

ウ　当該公益法人が自己の計算において所有している議決権と、自己と出資、人事、資金、技術、取引等において緊密な関係があることにより自己の意思と同一の内容の議決権を行使すると認められる者及び自己の意思と同一の内容の議決権を行使することに同意している者が所有している議決権とを合わせた場合（自己の計算において議決権を所有していない場合を含み、上記ア、イに該当する場合を除く。）に他の法人の議決権の過半数を占めている場合で、上記イのｂからｅに掲げるいずれかの要件に該当すること

　ただし、当該公益法人が他の法人の財務上又は事実上の関係から他の法人の意思決定機関を支配していないことが明らかな場合には、対象外とすることができるものとする。

　なお、他の法人が公益財団法人又は一般財団法人である場合には、上記ア〜ウにおける自己の計算において所有している議決権については、以下に掲げる者が当該他の法人の評議員会の構成員を占めていることとする。

　ａ．当該公益法人の役員、評議員若しくは職員である者又は就任日前５年以内にこれらであった者

　ｂ．当該公益法人によって選任された者又は就任日前５年以内に他の法人の評議員に選任されたことがある者

③　当該公益法人と同一の支配法人をもつ法人
　当該公益法人と同一の支配法人をもつ法人とは、支配法人が当該公益法人以外に支配している法人のこととする。

④　当該公益法人の役員又は評議員及びそれらの近親者
　当該公益法人の役員又は評議員及びそれらの近親者とは、以下に該当するものとする。

　ア　役員又は評議員及びそれらの近親者（3親等内の親族及びこの者と特別の関係にある者）

　イ　役員又は評議員及びそれらの近親者が議決権の過半数を有している法人

　　　ただし、公益法人の役員又は評議員のうち、対象とする者は有給常勤者に限定するものとする。

(2)　重要性の基準

　①　支配法人、被支配法人又は同一の支配法人を持つ法人との取引

　　ア　正味財産増減計算書項目に係る関連当事者との取引

　　　　経常収益又は経常費用の各項目に係る関連当事者との取引については、各項目に属する科目ごとに、経常収益又は経常費用の合計額の100分の10を超える取引を開示する。

　　　　経常外収益又は経常外費用の各項目に係る関連当事者との取引については、各項目に属する科目ごとに100万円を超える増減額について、その取引総額を開示し、取引総額と損益が相違する場合には損益を併せて開示する。

　　　　なお、指定正味財産から経常収益や経常外収益に振替られたものについては、関連当事者との取引の開示においては含めないものとする。

　　　　指定正味財産増減の部の各項目に係る関連当事者との取引については、各項目に属する科目ごとに100万円を超える増加額について、その取引総額を開示する。

　　　　ただし、経常外収益又は経常外費用の各項目及び指定正味財産の部に係る関連当事者との取引については、上記基準により開示対象となる場合であっても、各項目に属する科目の取引に係る損益の合計額が、当期一般正味財産増減額の100分の10以下となる場合には、開示を要しないものとする。

　　イ　貸借対照表項目等に係る関連当事者との取引

　　　　貸借対照表項目に属する科目の残高及びその注記事項に係る関連当事者との取引、被保証債務並びに関連当事者による当該法人の債務に対する担保提供資産に係る取引については、その金額が資産の合計額の100分の1を超える取引について開示する。

　　　　ただし、資金貸借取引、有形固定資産や有価証券の購入・売却取引等については、それぞれの残高が100分の1以下であっても、取引の発生総額が資産の合計額の100分の1を超える場合には開示を要するものとする。

　②　役員又は評議員及びそれらの近親者との取引

　　　役員又は評議員及びそれらの近親者との取引については、正味財産増減計算書項目及び貸借対照表項目のいずれに係る取引についても、100万円を超える取引については全て開示対象とするものとする。

7 指定正味財産として計上される額について

指定正味財産として計上される額は、例えば、以下のような寄付によって受け入れた資産で、寄付者等の意思により当該資産の使途、処分又は保有形態について制約が課せられている場合の当該資産の価額をいうものとする。

① 寄付者等から公益法人の基本財産として保有することを指定された土地

② 寄付者等から奨学金給付事業のための積立資産として、当該法人が元本を維持することを指定された金銭

8 子会社株式・関連会社株式について

子会社株式とは、公益法人が営利企業の議決権の過半数を保有している場合の当該営利企業の株式をいう。また、関連会社株式とは、公益法人が営利企業の議決権の20％以上50％以下を保有している場合の当該営利企業の株式をいう。

9 基金について

公益法人会計基準注解の注5、注7及び注12における基金とは、「一般社団法人及び一般財団法人に関する法律」（以下「一般社団・財団法人法」という。）第131条により設置されたものとする。

10 補助金等の取扱いについて

公益法人会計基準注解の注13における補助金等とは、補助金、負担金、利子補給金及びその他相当の反対給付を受けない給付金等をいう。なお、補助金等には役務の対価としての委託費等については含まないものとする。

11 資産の時価が著しく下落した場合について

(1) 時価が著しく下落したとき

資産の時価が著しく下落したときとは、時価が帳簿価額から概ね50％を超えて下落している場合をいうものとする。

(2) 使用価値

資産の時価が著しく下落したときは、回復する見込みがあると認められる場合を除き、時価をもって貸借対照表価額としなければならないが、有形固定資産及び無形固定資産について使用価値が時価を超える場合には、取得価額から減価償却累計額を控除した価額を超えない限りにおいて、使用価値をもって貸借対照表価額とすることができるものとされている。この時価と比較する使用価値の見積りに当たっては、資産又は資産グループを単位として行うことができるものとする。

12 財務諸表の科目

（後略）

○監査委員条例の例

第1条 この条例は、地方自治法（昭和22年法律第67号。以下「法」という。）及びこれに基づく政令並びに町（村）条例で定めるものを除き、○○町（村）監査委員（以下「監査委員」という。）に関し必要な事項を定めるものとする。

第2条 監査委員の定数は○人とする。（参考）

第3条 法第196条第4項の規定により、識見を有する者は、常勤とする。（参考）

第4条 監査委員に関する事務を処理するため、監査委員に事務局を置き、○○町（村）監査委員事務局（以下「事務局」という。）と称する。

2 事務局職員の定数は、○○町（村）職員定数条例（昭和○○年町（村）条例第○○号）の定めるところによる。

第5条 監査委員は、監査又は検査若しくは審査（以下「監査等」という。）を行うときは期日を指定し、あらかじめ監査等の対象となる機関に通知するものとする。ただし、緊急に監査等を行う必要があると認められるときは、この限りでない。

2 監査等の結果の報告若しくは通知及び公表は、当該監査等の終了後速やかに行うものとする。

第6条 監査委員の行う公表については、○○町（村）公告式条例の例による。

第7条 この条例の施行について必要な事項は、監査委員が定める。

附則 （令和○○年○○月○○日条例第○号）
この条例は、公布の日から施行する。

本件は、監査委員条例を制定する際の参考例として示したものです。

注1　第2条は、識見の監査委員の数を増加させる場合に用いる。

　2　第3条は、識見の監査委員を常勤とする場合に用いる。また、監査委員の数を複数にしている場合は、常勤とする識見の監査委員の数についても規定すること。

　　　例　法第196条第4項の規定により、識見を有する者のうち○人は、常勤とする。

サービス・インフォメーション

―――――― 通話無料 ――――――

① 商品に関するご照会・お申込みのご依頼
　　　　　TEL 0120 (203) 694／FAX 0120 (302) 640
② ご住所・ご名義等各種変更のご連絡
　　　　　TEL 0120 (203) 696／FAX 0120 (202) 974
③ 請求・お支払いに関するご照会・ご要望
　　　　　TEL 0120 (203) 695／FAX 0120 (202) 973

● フリーダイヤル（TEL）の受付時間は、土・日・祝日を除く
　9：00～17：30です。
● FAXは24時間受け付けておりますので、あわせてご利用ください。

監査必携〈第四版〉

平成16年 9 月30日　　初版発行
平成19年 4 月30日　　第二版発行
平成25年 4 月30日　　第三版第 1 刷発行
令和元年 6 月30日　　第三版第 6 刷発行
令和 2 年 4 月10日　　第四版第 1 刷発行
令和 4 年 6 月30日　　第四版第 3 刷発行

編　著　　全国町村監査委員協議会
　　　　　〒102－0082　東京都千代田区一番町25
　　　　　　　　　　　　全国町村議員会館内
　　　　　TEL　03（3264）8183
　　　　　FAX　03（3264）6204
発行者　　田 中 英 弥
発行所　　第一法規株式会社
　　　　　〒107－8560　東京都港区南青山2-11-17
　　　　　ホームページ　https://www.daiichihoki.co.jp/

監査必携4　ISBN978-4-474-06886-5　C2031　（6）